もっと身近に、大人の和装スタイル

あたらしい着物の教科書

木下着物研究所
木下勝博　木下紅子

日本文芸社

はじめに

「着物は憧れ、いつか着たい」「さらっと着こなせたら素敵」「複雑な決まりごとが難しそう」「着付けが大変そう」――。憧れる装いでありつつ、同時に迷いや悩ましさもくっついている。着物のおしゃれとは、なんとも罪深いものだと思います。

着物に関わる以前、わたしたちも「素敵だけど、大変そう」というイメージを着物に抱いていました。それが、毎日着物で生活するようになってみると、心象はがらり。大変そうに見えていたことなど、悩むに足りないことに気づきました。これは着物を着るほとんどの方が同意してくださると思うのですが、着物のように自分もまわりも幸せにするツールはないとさえ思えるのです。

着物が今のように敷居が高いイメージになったのは、戦後に着物が日常生活から外れ、セレモニー服になってしまったあたりが原因の一つだと思います。ただ、日本人の生活がいくら洋式化されても、わたしたちが着物に心惹かれてやまないのは、日本という風土から生まれた着物の中に自然との調和や普遍性を感じるからではないでしょうか。

そこで、現代に暮らす「着物を着たい」方々のために、セレモニー服に限らずファッションとしても、もっと楽しくラクに装えるように何かお伝えできないだろうか、と始まったのがこの本です。

決まりごとだと思われていることの多くは、慣習であって絶対的なルールではないこと。着物は時代とともに進化する存在であること。着たい人たちが自分のペースでゆっくりと、着物に向き合うための「考え方」を、一冊を通して仕立ててみました。

書き手であるわたしたち自身、書物を含め、古今の着物人の知恵を借りながら綴ったことで、着物という装いをあらためて考えるきっかけになりました。

この本を手にしてくださった読者の方々の傍らで、着物の幸せを少しでも感じて頂けるお手伝いができたとしたら、これほど嬉しいことはありません。

木下着物研究所　木下勝博
木下紅子

『あたらしい着物の教科書』
――三つの基本軸について

1
現代に合った「衣服としての着物」を考える

本書は、現代の街に暮らす大人の女性たちが、ワードローブの一つとして着物を取り入れることをテーマとしたものです。留袖や振袖などの特別な礼装は省き、訪問着から紬や浴衣まで日常着物が中心です。また、着物の種類や決めごとについての知識を記憶するためだけではなく、「自分らしい着物の装い」を探すためのお手伝いをする一冊としています。

おしゃれは自己裁量ですが、着物に関しては、自分らしく装うために、まず「着物のおしゃれとは何か」を知り、整理しなくてはいけません。そのために、大まかに着物のおしゃれのフィールドが見渡せることが大事で、そうした情報を本書に揃えています。これから着てみたい着物を考えたり、また着こなしに迷っているときなどに本書をめくると、考えるきっかけになるはずです。装いを気軽に楽しくするために本書をお役立てください。

❷ 「伝統」と「リアル」をバランスよく

着物は日本の伝統衣装ではありますが、流行もあります。何百年と変わらないルールがあったわけでなく、素材やデザイン、着方なども、その時代に合わせた工夫があり、進化してきたのです。ライフスタイルや気候が激変している今、じつは着物の世界でも、現代に着る人たちの間では「着やすく進化」している事柄が多々あります。

伝統の変化の流れがわかりやすいように、本書では一章のアイテム紹介では、「従来」で着物の背景に触れつつ「これから」で今の着こなしの傾向などを添えています。三章、四章では、現代の暮らしに適った着物暦、着こなし方、コーディネート術などもご紹介。着るシーンに合わせて、「伝統」と「リアル」を、バランスよく取り入れる参考としてください。

❸ 「着付け」ではなく「着方」を身につける

着物が日常着だった時代は、着物を着ることは当たり前のことでしたが、現代では特別な技術になってしまいました。従来の「着付け」は「他人を着せつけること（＝他装）」を指し、この言葉で「難しい」イメージがふくらみ、プレッシャーが強く働いていることも。

そこで本書では「自分で着物を着ること（＝自装）」を「着方」という言葉でお伝えしています。二章では、自分一人で着られる「着物の着方」としての提案をし、かつて着物で暮らしていた人たちによく活用されていた「前で結ぶ」帯結びをご紹介しています。心地よく、着ていて幸せになる着方をぜひ身につけてください。

※本書に掲載の着物には著者・関係者の私物を含め、実際に着用されている着物を使用しています。
無理のない自然な「着方」を生かすため、撮影用に特別な仕様の着物を使用したり、
過度に美しい着付けで作り込んだりすることはあえて避けています。

目次

第二章 体に心地よい着方

第三章　季節のまとい方

第四章　着こなし方

＊本書に登場する着物や帯などについて、
とくに記載がないものは著者・関係者の私物です。

●覚えておきたい着物の各部名称

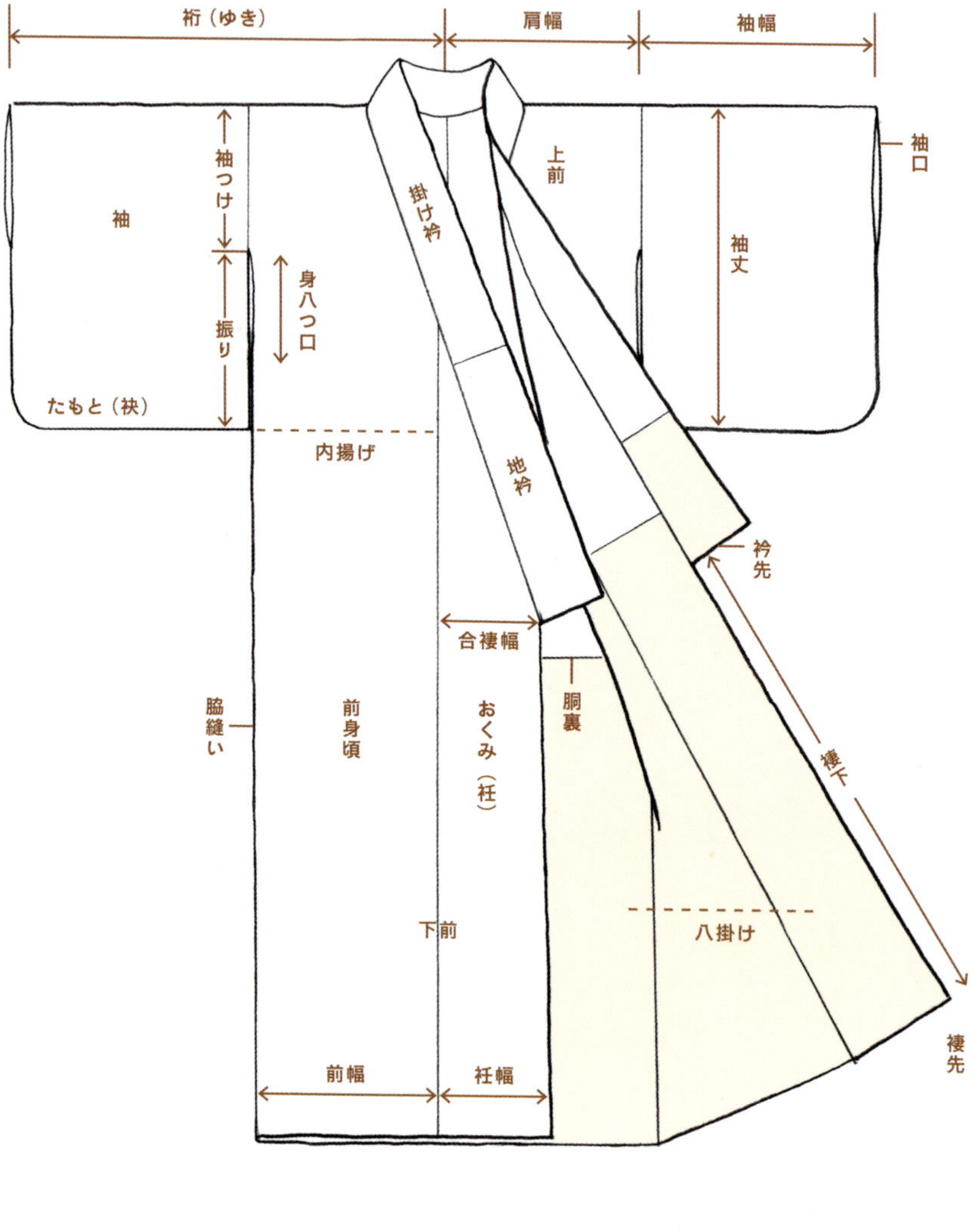

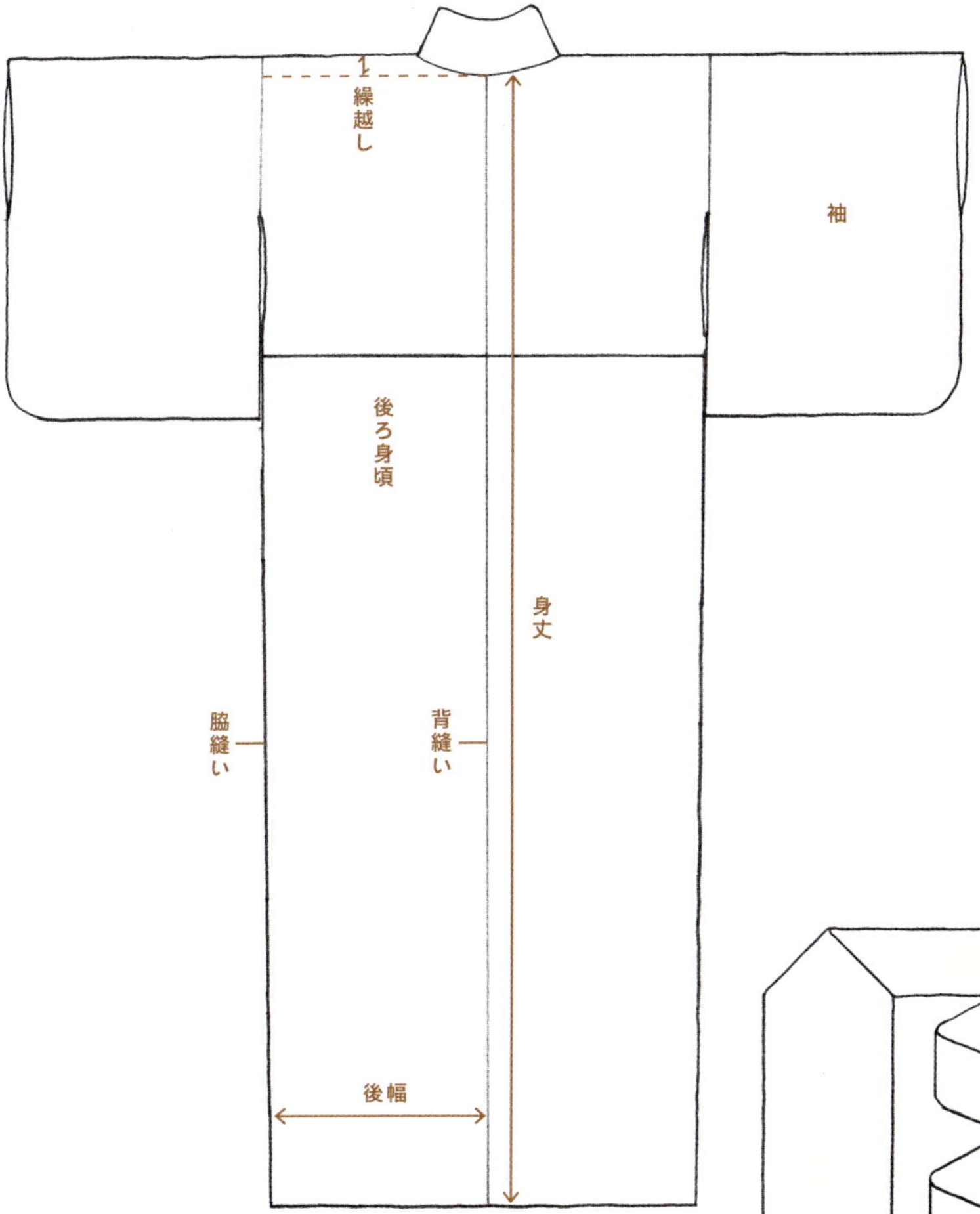
1
繰越し
袖
後ろ身頃
身丈
脇縫い
背縫い
後幅

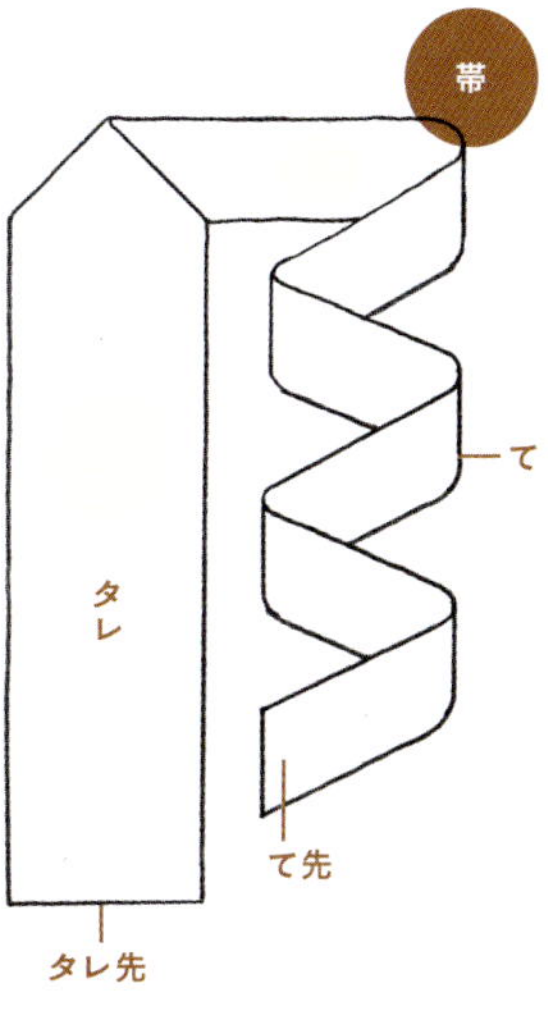
帯
て
タレ
て先
タレ先

第一章

着物を知る

着物、帯、小物などの種類を知り、
自分らしい装いに必要なものを選びましょう。

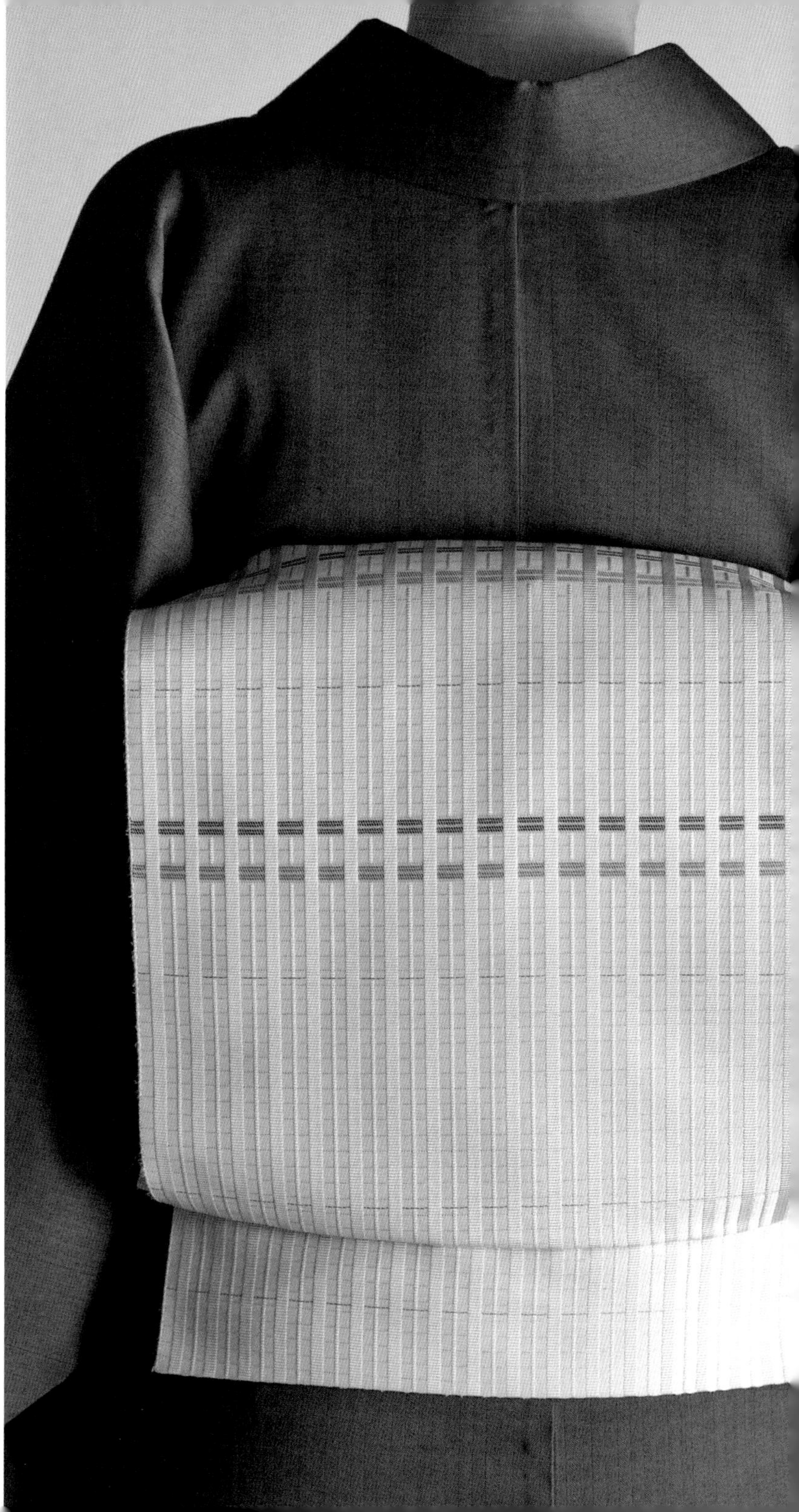

【着物の早わかり図】

着物の種類と位置づけ

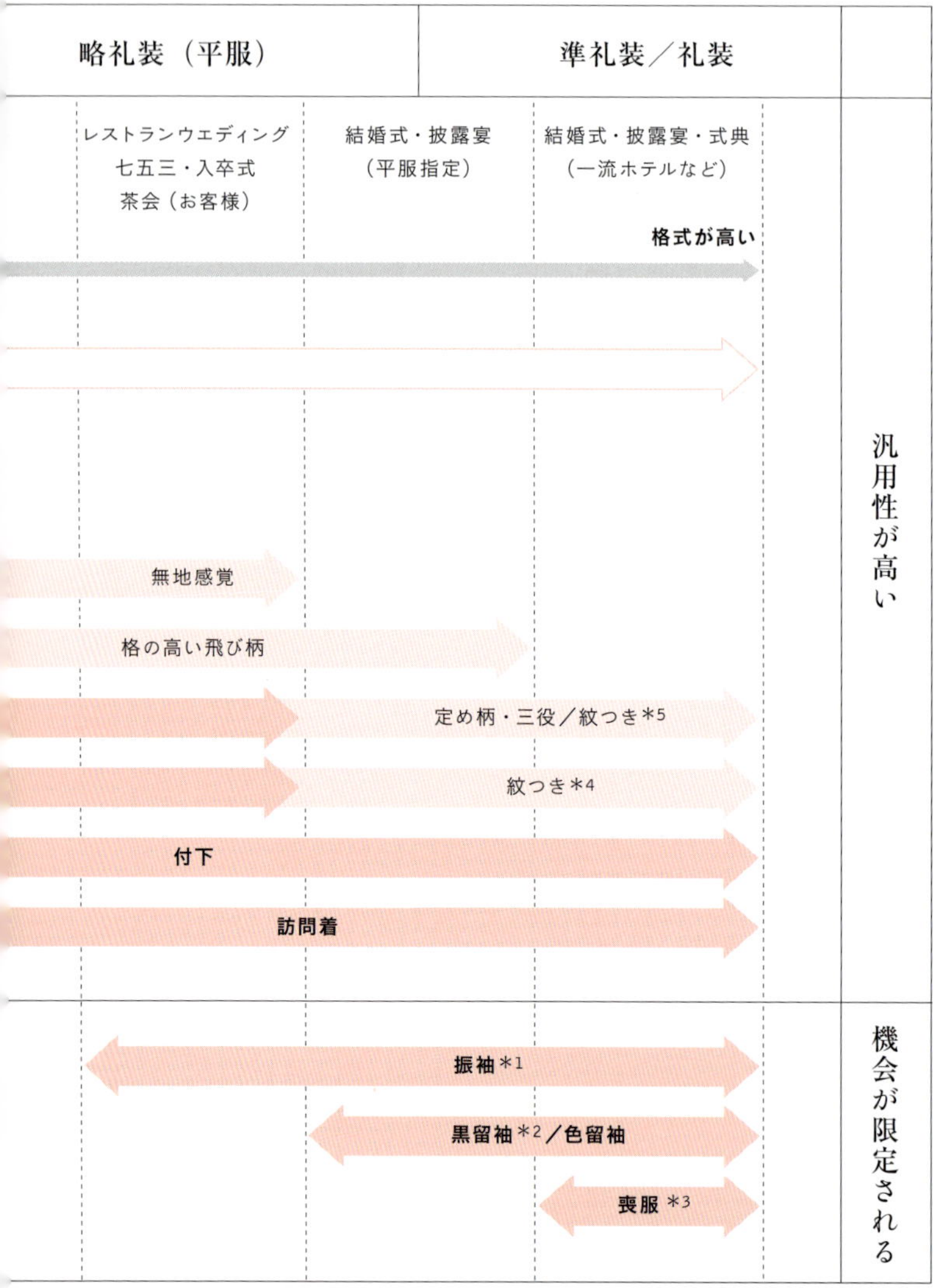

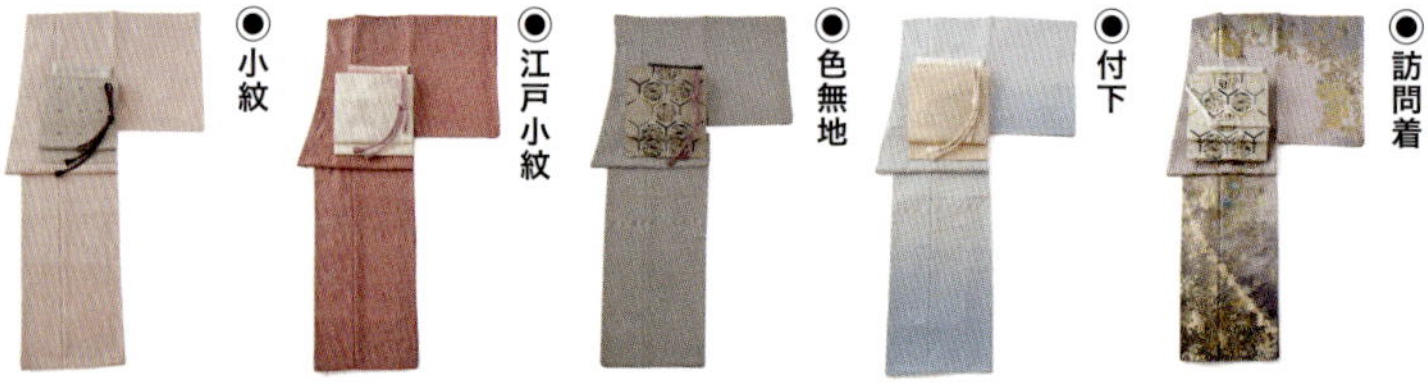

◉小紋　◉江戸小紋　◉色無地　◉付下　◉訪問着

【本書での礼装の種類】

礼装…冠婚葬祭の正装。結婚式の親族や仲人など《留袖、振袖、喪服》

準礼装…礼装に準じた装い。一般ゲスト《訪問着、付下、色無地、江戸小紋》

略礼装…格式張らない結婚式や披露宴など《付下、色無地、江戸小紋、小紋》

※合わせる帯や紋により格は変わる。

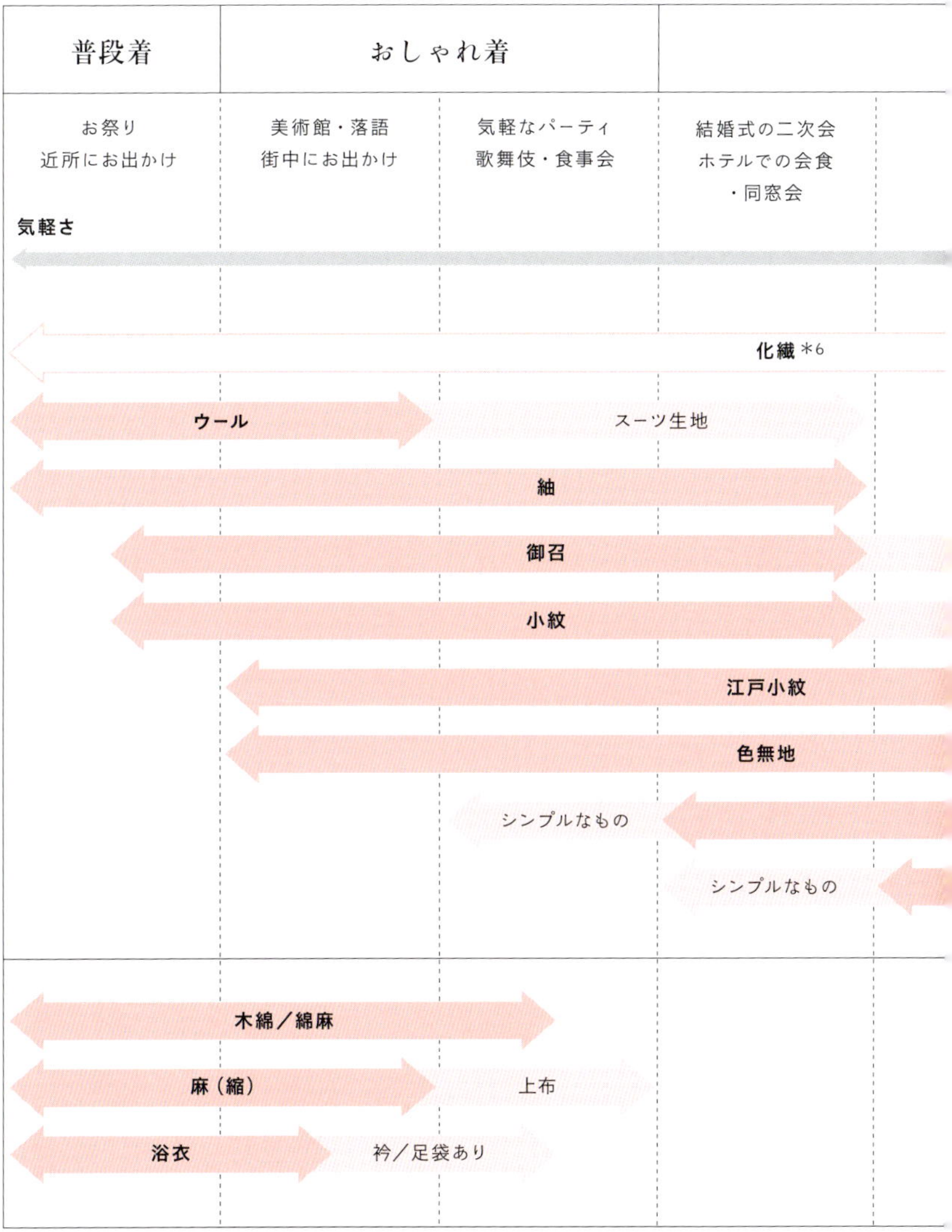

●木綿／綿麻
●麻（縮）
●木綿／綿麻
●ウール
●紬
●御召

＊1　未婚者の正装。
＊2　母親や仲人の立場で着用。
＊3　告別式で着る着物。

＊4　紋を入れると紋のない訪問着より格上に。
＊5　定め柄・三役に紋を入れると準礼装に。
＊6　何の着物の代用かによって着用範囲が変わる。

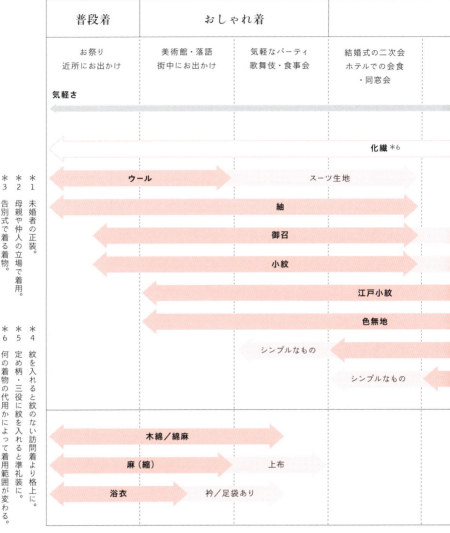

【染め】

訪問着《ほうもんぎ》・付下《つけさげ》とは——

結婚式や式典などの社交着として
ドレスアップできる着物

優雅で品格ある「訪問着」は、留袖や振袖の次にあらたまった準礼装。「付下」は訪問着の略装。どちらも未婚、既婚を問わない社交着で、着用シーンもほぼ共通です。

全体に模様が多めな訪問着に対して、付下は模様が少なく控えめな印象になることも。礼装がカジュアル化している近年は、豪華な印象の着物を敬遠する向きもあり、訪問着も柄づけがぐっとシンプルになり、付下との見た目の違いが曖昧なものも増えました。

柄が少なめなら、合わせる帯や小物で印象に変化をつけ、晴れの席からちょっとした食事会など幅広く活用できます。また吉祥文様の着物なら、慶事に祝福の気持ちを添えて、和装ならではの豊かさを演出できます。

従来 訪問着は大正時代に百貨店が提案し、戦後、礼装着物のスタンダードに。付下は華美を禁じる戦時中に生まれ、戦後に普及。

これから 訪問着や付下の分類にこだわらず、季節を問わない好みの文様で、質のいい「安心の一枚」を幅広く着回して。

●「柄づけ」の違い

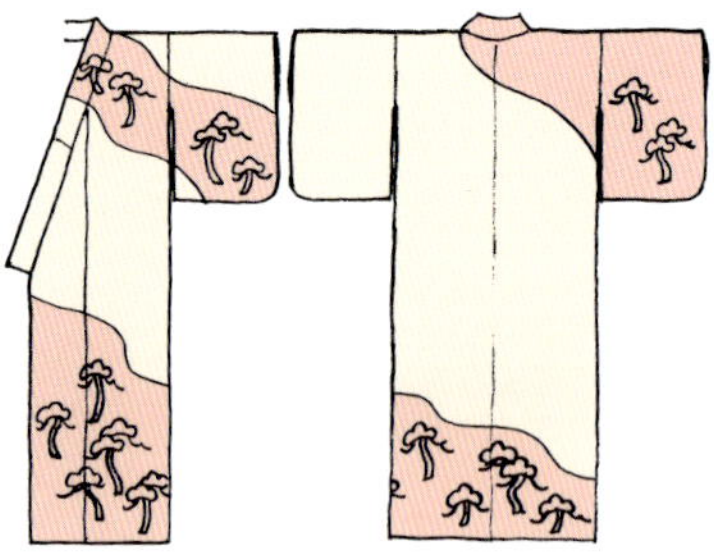

訪問着の柄づけ 仮仕立てをして下絵を施し染めたもの。肩から袖など縫い目を越えて全体が一枚の絵のように柄づけされた絵羽《えば》模様が特徴。

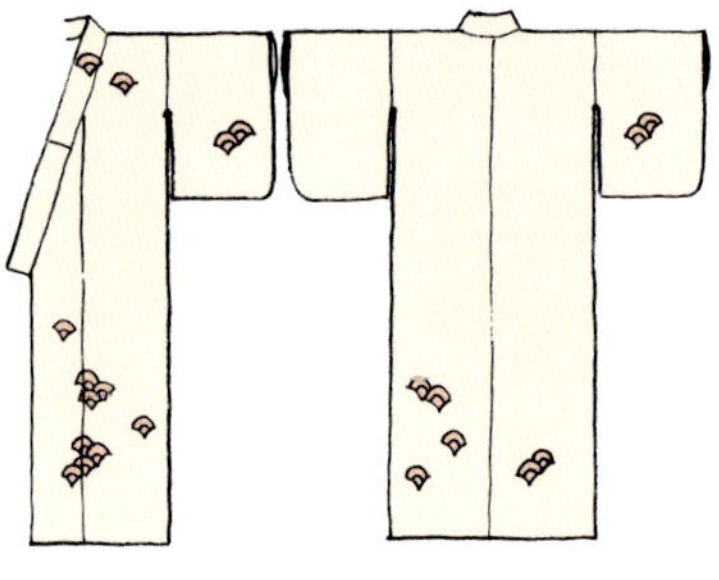

付下の柄づけ 小紋と違い、文様が上向き。背と脇の縫い目（上前以外）で文様がつながらない。訪問着との違いがわかりづらいデザインも。

●紋つけ

訪問着・付下ともに紋は省略されることが多い。ただ茶席の着物では、付下に一つ紋をつけて準礼装に格上げする場合もある。

手描き友禅の訪問着／色紙唐草文の袋帯［ともに紅衣］

すっきりした文様の訪問着は白いトーンで優雅に

手描きの短冊文様に帯の銀の糸が、品を感じさせる装い。あらたまった場には、格調のある袋帯に、白や金銀の小物合わせが定番。シックな訪問着や付下は帯や小物で印象を変化させやすい。

【染め】

色無地《いろむじ》とは——

白い生地を、黒以外の一色で染めたものが「色無地」です。多彩な文様のある染め着物に比べると控えめですが、シンプルゆえに、用途によって幾通りも着回しができるのが大きな魅力です。また、生地によって地紋のあるものと、地紋のないものがあり、慶事には吉祥文様、慶弔両用するなら流水、雲、菊などから選びます。

紋のある色無地に、礼装の袋帯を合わせると格が上がって準礼装に。紋がなくても、色無地はもともと格式のある着物なので、帯次第で華やかなシーンにも。逆にカジュアルダウンすることもできます。用途を考慮し、顔映りのよさで選ぶと活躍度が高い一枚になります。

従来　卒業式は色無地に袴、花嫁の白無垢や還暦祝いの紅衣装、喪服の黒無地と、人生の節目にまとう式服に用いられた。

これから　式服からおしゃれ着にも着回せる使い勝手のよい定番アイテム。最初の一枚なら明るめの色選びがおすすめ。

一色染めの無地着物は、慶弔どちらも着回せるオールマイティなアイテム

●地紋選び

慶事向きの地紋　吉祥文様は慶事に使える。写真は亀甲《きっこう》の地紋。ほかに青海波《せいがいは》などがある。

慶弔両用できる地紋　写真は雲の地紋。ほかに、菊、波、紗綾形《さや》などの有職《ゆうそく》文様は両用可能。

●紋つけ

「紋のある色無地」は「紋のない訪問着」より格上にも。幅広く活用するなら家紋は入れないほうが無難だが、フォーマルシーンが多い方は背に目立ちにくい縫い紋を一つだけ入れると活用しやすい。

●好きな色に染める

染め上がった色無地が一般的だが、好みの白生地を好きな色に染めることもできる。同色でも地紋が変わると印象も変わる。

薄い唐草の地紋入りの色無地／
霞ぼかしの九寸名古屋帯［ともに紅衣］

色数はおさえつつ、帯まわりに華やぎを添えて

淡いブルーの色無地は通年着回しやすい色の一つ。春をイメージした霞ぼかしの染めの名古屋帯を締めて。観劇や茶道の習いごとなどにも、気負わずさらっと着られる組み合わせ。

【染め】

江戸小紋《えどこもん》とは――

遠目には無地に見えるシンプル着物は
一定の格と粋なおしゃれ感が魅力

「江戸小紋」は精巧な細かい文様を型染めしたもので、遠目には無地の着物に見えます。武士の裃《かみしも》をルーツとする文様（裃柄）で、微小な点や線を染めて描かれ、数千ともいわれる図案の多様さが魅力の一つ。

知っておきたいのは、「三役《さんやく》――鮫《さめ》・行儀《ぎょうぎ》・角通し《かくとお》し」や「定《さだ》め柄」と呼ばれる格が高い柄。これらは紋つきなら、あらたまった席で着用できます。加えて「いわれ柄」という遊び着向きの柄があります。また技法では、伊勢型紙を使って染める伝統的な江戸小紋（東京染小紋）のほかに、スクリーン型などで染める江戸小紋柄なども。無地に見えて凝った柄の江戸小紋は、着る人のおしゃれ心をくすぐる着物です。

従来　「礼装には着物」が一般的な時代は、格の高い柄に五つ紋、三つ紋を入れたことも。近年は茶席で着る方も一つ紋までが多い。

これから　格のある柄も紋なしが一般的に。三役より格のある定め柄を選べば、紋なしでも略礼装まで幅広く着回せるという考え方も。

◉代表的な柄

《江戸小紋の三役》

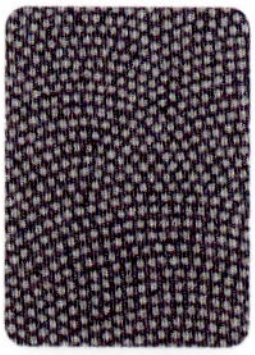

鮫　鮫の鱗のように細かなドットを染め抜いた柄。鮫肌は鎧のように堅いことから、身を守る厄よけの意も。

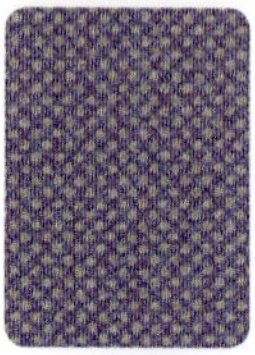

行儀　小さな霰《あられ》を斜めに整然と配した柄。規則正しい並びから「礼を尽くす」意も。

角通し　小さな四角を縦横に整然と並べた柄。縦にも横にも「筋を通す」の意も。

《定め柄》

大名ごとに定めた文様で、当時は一般に使うことを禁じた柄。「留《とめ》柄《がら》」とも。徳川家「御《お》召十《めしじゅう》」「松葉」、紀州家「極鮫《ごくさめ》」、前田家「菊菱《きくびし》」、細川家「梅鉢」、島津家「大小霰」（写真下右）など。

《いわれ柄》

食べ物や日用品など、遊び心から生み出された柄（礼装には不向き）。「大根におろし金」（写真下左）は江戸庶民の台所から図案化されたユーモラスな柄で厄よけの意もある。

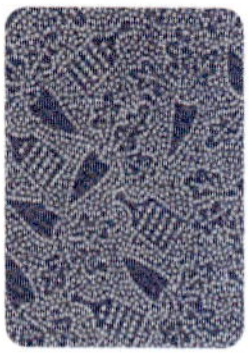

[すべて廣瀬染工場]

変わり花散らし文様の江戸小紋／
西陣織の名古屋帯［白イ烏］

古風な江戸小紋は、帯揚げ帯締めで今らしく

一見無地に見える小花は珍しい「変わり花散らし」の文様。落ち着いて見える濃い地色の帯に、帯揚げ・帯締めの色合いで爽やかに。目上の方と同席する際などにおすすめの組み合わせ。

【染め】

小紋《こもん》とは――

染めのデザインもおしゃれシーンも多彩
「プリントワンピース」感覚の着物

小紋は、文様の大小に関係なく「くり返し文様が染められた着物」の総称。型染めなどの伝統の染めからインクジェットなどの染めまで、豊富なデザインが魅力です。江戸時代には「小柄が小紋、中柄が中形、大柄が大紋」と分類され、明治以降には大柄が増え、化学染料の普及につれ、柄が多色で華やかに。昭和の戦後に江戸小紋(P.20)と、その他の小紋は明確に分けられました。

柄の種類も豊富で、全体にたっぷり柄の入った「総柄」で多色なものは、カジュアル度が高め。ところどころに柄の入った「飛び柄」で吉祥文様などの上品な色柄なら、袋帯を合わせるとフォーマル感を醸しやすく、入学式や七五三などのセレモニーにも活用できます。

従来 昭和の高度成長期など着物の多売時代は大胆柄で多色の小紋が多く、帯も色柄を合わせる「柄×柄」が装いの主流に。

これから 無地っぽい小紋で洋服感覚の気軽な装いに。個性的な色柄は素敵な半面、着回しが利きにくい側面も。

◉代表的な染め

型染め 型を用いて模様を染める染色技法。職人の手彫りした型や、写真技術を応用したスクリーン型など、型や防染糊《ぼうせんのり》の活用で模様を表現。

手描き友禅 友禅には手描き友禅と型友禅がある。手描き友禅は図案をもとに白生地に手描きし、柄の輪郭に防染糊を施して染め抜くのが特徴。

絞り 布を部分的に縛るなどして模様を染め出す手間のかかる技法。写真は疋田《ひった》絞り。

ぼかし染め 地色の一部をぼかして染めること。主に刷毛を使って美しいグラデーションを描く。

◉総柄タイプの小紋の装いは――

少しくだけた印象に。多色使いの柄の場合は、柄の中にある一色を選び、同系色の帯や帯締め、帯揚げを組み合わせるとまとまりやすい。

扇柄の総柄小紋／桔梗鼠地に日照柄の刺繍の名古屋帯［紅衣］

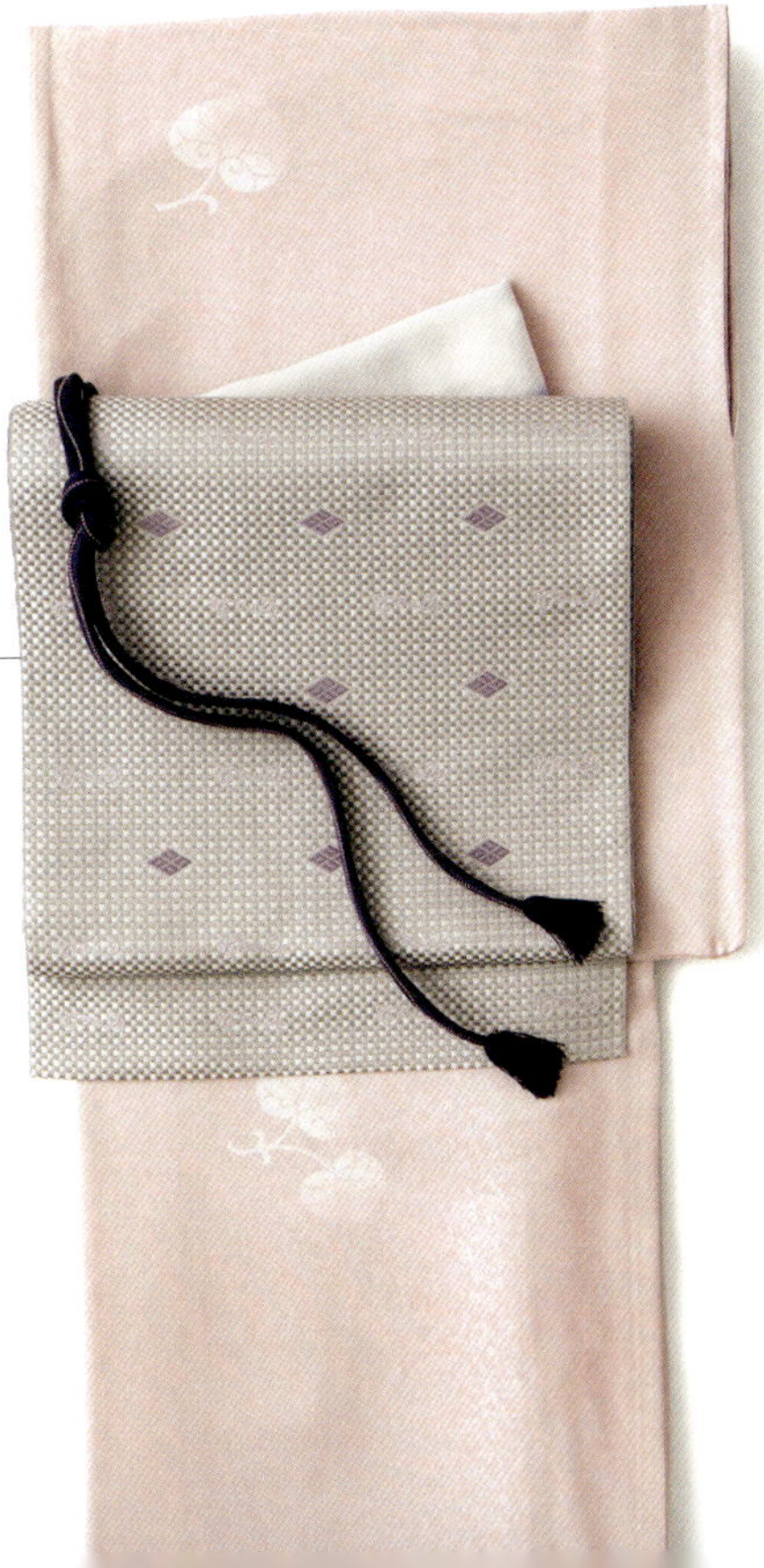

◉飛び柄タイプの小紋の装いは――

総柄小紋に比べると落ち着いた印象に。吉祥文様などのおめでたい柄の小紋なら、ややあらたまった印象の帯を合わせ、セミフォーマルにも活用できる。

薄桜地に葵の飛び柄小紋［キモノヴィラ京都］／市松地紋に菱と唐草の名古屋帯［OKANO］

空色地に若松菱の小紋／
綟（もじ）り織の名古屋帯［OKANO］

やや時代を感じる大柄の小紋は、同系色で現代風に

大きな若松の柄が全体に染められた小紋。柄は大胆だが柄と地の色の差が少なく、そこまで個性を押し出さない着物。同系色の名古屋帯や小物を洋服感覚で若々しくあしらって。

紬地に唐草の飛び柄小紋／黒地に花唐草文の袋帯
［ともにキモノヴィラ京都］

紬地の小紋は生地の表情を活かし、ほっこり装う

縮緬などやわらかな生地に染められた小紋が多い中で、こちらは節のある紬地に飛び柄の染め小紋。シンプルだが紬地のほっこりした素材感を活かした装いに。

【織り】

御召《おめし》とは——

江戸時代の将軍・徳川家斉が好んで着ていたことから「御召」と呼ばれるようになったもの。そんな出自もあって、男性の御召は背紋《せもん》を入れると茶会や式典などフォーマルにも活用され、女性の御召も紬より格上のよそゆき着として扱われてきました。

織りの着物の中では最も染めの着物に近いやわらかい雰囲気と、シャリ感のある肌ざわりが特色。縮緬《ちりめん》のように強く撚《よ》りをかけた緯《よこ》糸を使った織りの生地は、軽くて裾さばきのよい着心地が、着物通や茶人に好まれてきました。「染めの着物だと決まりすぎ、紬だとくだけすぎ」と迷うシーンなどでは、染めと紬の中間に位置する御召が使い勝手がいいのです。

従来 染めの着物がよそゆき着の定番になった戦前、御召は染めの縮緬の着物と同等、または格上と位置づけられていたそう。

これから 光沢のある上質さを生かし、男物のように女性も無地感覚の御召（左ページ）をスーツ感覚で色無地っぽく装って。

小紋と紬の中間アイテムの織りの着物は シャリ感と光沢で、きれいめの装いに重宝

◉おすすめの種類

ひと昔前に女学生の人気を集めていた矢羽根《やばね》絣柄や縞など幾何学的な織り文様が多彩。

定番の御召 捺染《なっせん》という技法で糸染めを施してから織られた杉綾柄（ヘリンボーン）の御召。

紋御召 ジャカード織機を使い精緻な文様を織り上げる。写真はユニークなワインボトルとグラスの柄。

無地御召 無地感覚の御召生地。強い撚りを掛けた御召用の糸で織られた独特のシャリ感が気持ちいい。

［ワタマサ］

◉仕立ての留意点

かなり撚りが強い強撚糸《きょうねんし》を使った昔ながらの御召には、湿気に弱く縮みやすいものもある。最近の御召は撚りが加減されて縮みも気になりにくいものが多いが、お仕立ての際には縮みに留意しておいて。

芥子色地に変わり角通しの御召／
黒地にペルシャ文様の織りの袋帯［キモノヴィラ京都］

無地感覚の御召に袋帯を合わせ、知的でエレガントに

細かな地紋入りの御召は男性用から誂《あつら》えたもの。やわらかな色調で女性が着ても素敵。きりっと黒っぽい袋帯を締めると色無地のような印象で、およばれの席にもぴったり。

【織り】

紬《つむぎ》とは——

織りの着物の代表アイテムは温もりのある素材感や応用力が魅力

紬の着物は、紬糸（P.219）で織り上げたもの。紬糸は節が多く、その織り地の素材感と温もりのある風合いが、今日まで着物好きに愛されてきました。

町人に絹織物の着用が禁じられた江戸時代に、耐久性に優れた紬が裕福な商人の日常着に。その背景から「普段着」の位置づけでしたが、着物自体がよそゆき着になった現代では、華やかな場での着用も広がっています。

全国にあった紬産地の中でも「憧れの紬」の双璧をなす結城紬や大島紬など、特徴のある紬を着る楽しみもあります。ただ、作り手の減少もあり、伝統の紬は高価に。近年は産地ブランドにこだわらず、洋服のように着回しや素材感を重視して選ばれる方も増えています。

従来 高度成長期には紬地の訪問着や、微細な絣の結城紬など、時間と手技をかけた趣味性の高い紬が数多く作られた。

これから 帯次第で印象が変えられる無地に近いシンプル系が人気。ツヤのある無地感覚の紬を小物合わせでドレッシーな装いにも。

◉代表的な産地の紬

結城紬（絣） 真綿から手紡ぎした糸を用いた織り地は暖か。昔ながらの結城紬は微細な絣が見事。近年は手頃な価格帯の動力織機の反物も。

大島紬（絣） 光沢とさらっとした生地感が、ほかの紬とは異なる美しさ。現代では紬という名はつくものの紬糸を使わず織り上げる。

◉おすすめの種類

無地の紬 節があり不均等な糸で織った紬は、無地でも表情豊か。絣に比べて価格も手頃。

縞の紬 絣が登場する以前、紬の定番柄は縞。縞の太さや間隔で印象が変わる。

格子の紬 縦の縞に横にも線を織り出した格子は、縞同様に紬のスタンダード。

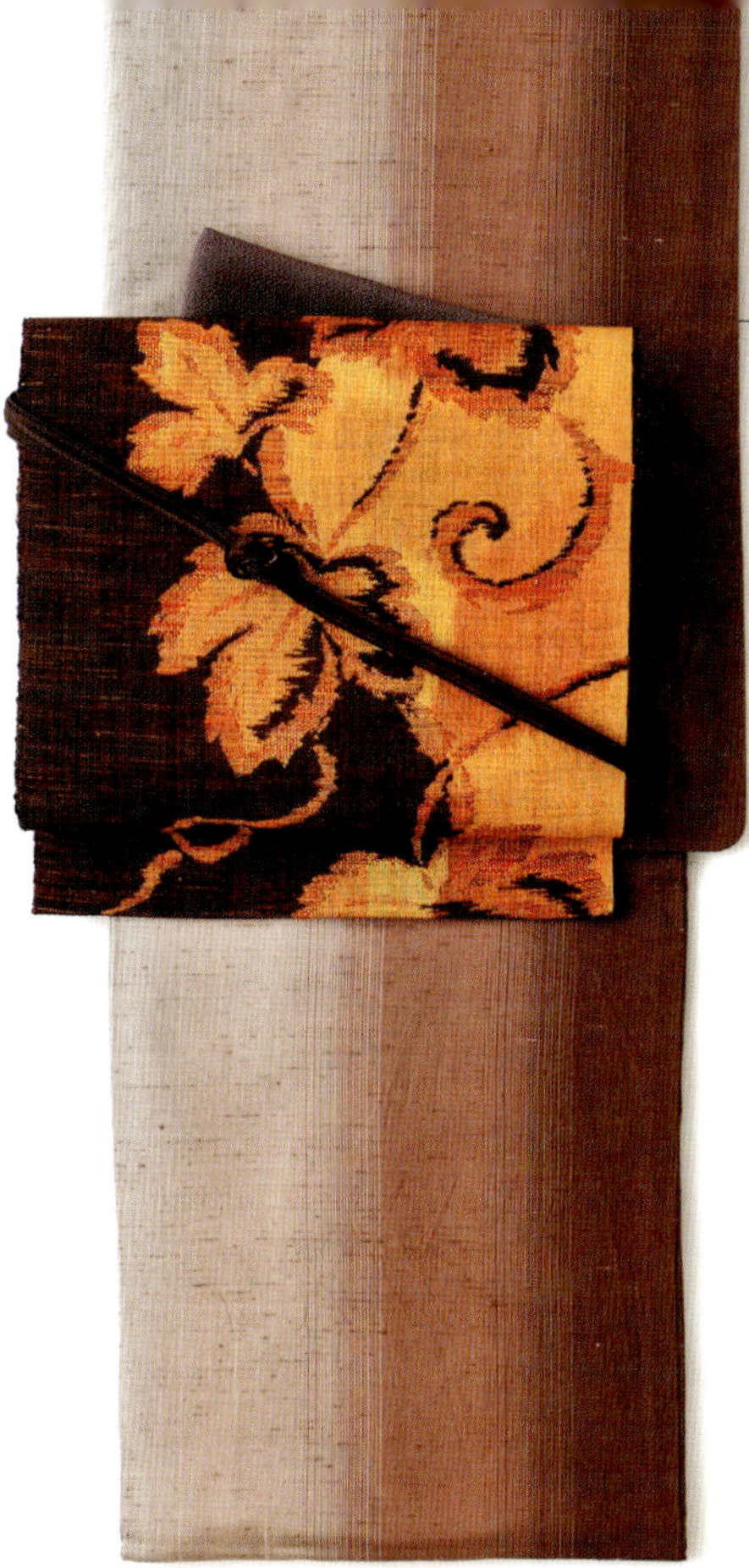

◉縞の紬の装いは――

紬の着物に紬の帯は、好相性のコーディネート。大きく縦にぼかしが織り出された縞の紬は、素朴すぎず粋すぎないよう、同じ茶系の帯や小物でシックに。

縦縞ぼかしの紬／唐草文様の名古屋帯

◉無地の紬の装いは――

藍鉄色の無地の紬は、ざっくりした織りの風合いとは異なる、光沢感のある帯を合わせてモダンさを演出。モノトーン調には、帯締めの色をアクセントに。

無地の結城紬／博多織の名古屋帯［OKANO］

博多献上柄の紬［OKANO］／引き箔の名古屋帯［紅衣］

ツヤあり色無地感覚の紬は、絵画のような帯で軽やかに

グレーの紬は織り柄が浮き立つ地紋によってツヤ感があり、マットな無地の紬に比べてエレガントな印象。着色された箔《はく》の帯を合わせ、さりげなくセンスを感じさせる装いで観劇などに。

飛び絣柄の結城紬／刺繍の名古屋帯［白イ烏］

古風な絣柄の紬に、刺繍の帯で愛らしさを添えて

濃紺の地に細かな絣で菱柄が描かれた結城紬。真綿から紡いだ糸で織られた堅牢な織り地ゆえ、かたい印象になりがちな紬に、刺繍の愛らしい帯を締めて優しげに。

【織り】

ウール着物とは——

ウールは木綿同様に、メンテナンスのしやすいカジュアル素材です。昭和40年前後に流行したウールのアンサンブルなど、かつての家着のウール着物のイメージから、現代のウール着物は一変。今どきはジャケットやスカートなどの服地から仕立てるのが特徴です。

暖かくて着つけやすく、手が届きやすい価格もうれしいところ。とくに大人のデイリー着物には、薄手の上質スーツ地がおすすめ。グレーや紺地など、ややクールで親しみも感じられるスーツ地のウールは、おしゃれ感度が洋服に近く、気負わず着こなせます。新しいアイテムゆえに、着物暦に縛られすぎずに装える利点も。季節感や体感温度に合わせ、洋服感覚でコーディネートできます。

従来 明治から大正時代にかけて着物に使われ始めた毛織物。肉厚のウール地を真冬の防寒着や部屋着として活用。

これから 暖房設備の整った今は夏を除く3シーズン着用も。上質スーツ地で誂えたウール着物に上質な帯を締め、お出かけ着に。

かつて普段着だったウールも 現代ではまさにスーツの感覚で

●おすすめの種類

安価なウールから高級ブランドのスーツ地まで種類は幅広い。色柄だけでなく生地の厚み、起毛感や素材感も大事。用途で選んで。

シルクウール ウールと絹の交織は独特のしなやかさが御召にも見える素材。ほどよく暖かく通気性がよいので梅雨寒の時季にも重宝。[三勝]

スーツ生地のウール 細い糸で織られた上質のウール生地は美しいドレープを描くのが特徴。メンズライクな格子柄。[紅衣]

●仕立ての留意点

着物用ウールの反物はあまり生産されてないため、紳士服のスーツ地などを生地屋さんなどで調達して誂える方法も。生地幅が広い洋服生地は手頃な価格で手に入りやすいのが利点。ウール素材は正絹に比べると重いため、一般的に冬用でも裏地なしの単衣で仕立てるのがおすすめ。

格子柄のスーツ地で誂えたウール着物［紅衣］／
ダイヤ柄の博多織の八寸名古屋帯［OKANO］

メンズライクなウール着物は小物で甘みをプラス

上質な素材感を醸すグレイッシュなスーツ地のウール着物に、幾何学柄の織りの名古屋帯を締めて都会的に。ベーシックなスーツに洒落たネクタイを合わせるように、帯締めの黄色を利かせて。

【織り】

木綿《もめん》着物とは――

着心地のよさと自分で洗える気軽さ
デニム感覚で着こなせるリラックス着物

着物を「本当の普段着」として着たいとき、木綿の着物はまさにうってつけ。江戸時代に普及し、日本の気候風土に合った木綿着物は丈夫で動きやすく、長く庶民の生活着として親しまれてきました。紬と同じくかつては全国に産地があり、現在は減少しながらも会津木綿や伊勢木綿、久留米絣などの木綿人気が復活の兆しも。

ひと口に木綿といっても、厚手の木綿から薄手の木綿まで風合いも様々。とくに大人におすすめの薄手の木綿はきちんと感が醸せ、さらっとして着やすいもの。汚しても自分で洗濯できる木綿は、雨っぽい日も心配ご無用。着慣れた着姿こそ、着物のおしゃれ。デニムのように着れば着るほど愛着がわく木綿が、着物上手へ導きます。

従来 藍染めの木綿は庶民のワークウエア。化学繊維が普及する以前は雨コートも木綿製で、これは洗えるコートとして今後も有効。

これから 半幅帯を締めてご近所に、名古屋帯を締めて気軽な街着に。着回し幅はデニムと同じと考え、無理なくおしゃれを楽しむ。

◉代表的な柄

絣 部分的に色付けされた糸で文様を織り上げる技法。写真は久留米絣の経緯絣《たてよこがすり》。

縞 二色以上の色で織り出した筋《すじ》の柄。江戸時代にかなり広く普及。写真は手織りの棒縞。

格子 縞柄の一種で縞を縦と横で組み合わせたもの。写真は書生が好んだと言われる文人絣の一種。

◉仕立ての留意点

季節にかかわらず、裏地をつけずに単衣で仕立てるのがおすすめ。軽やかに着こなせて、洗濯時に表・裏地の伸縮率の違いを気にすることもない。また、仕立て前に水通しをし、あらかじめ縮ませておくとよい。手頃な価格の木綿着物は一般の呉服店での取り扱いは限られるため、ネット通販なども上手に活用を。

縦縞の久留米絣／バティックの名古屋帯

縞の木綿に異国布の帯をつなげ、おしゃれ度アップ

縞の木綿着物に東南アジアのバティック（ろうけつ染め）で作った帯を合わせて。縞はもともと「島」とも書き、南方の島からの舶来品という意味もある。縞と島の帯をつなげる、そんな見立ても着物の楽しさの一つ。

【織り】

麻《あさ》着物とは――

体も見た目にも涼しく装う
日本の気候にマッチした美しい夏衣

麻は、夏着物の代表選手です。〝シボ〟という凹凸感がある「縮《ちぢみ》」と、細い麻糸で織られたシボの少ない上等な「上布《じょうふ》」の2種類があります。

小千谷《おぢや》縮や近江縮、越後上布や宮古上布といった、伝統的な麻織物の産地で作り継がれています。縮も上布も通気性がとてもよく、微風でも風が体を通り抜けてゆく心地よさは、ほかの素材では体感できないもの。湿気の多い日本の夏をしのぐために、先人たちの知恵が結実した麻織物は、「用の美」を味わえる豊かな衣です。

夏着物はハードルが高く思われがちですが、麻の着物は自宅で洗濯ができ、着込むほどに肌なじみがよくなるメリットも。夏のおしゃれ着として再評価されています。

従来 自然繊維の中でも最上級の布とされ、古代から神事に、江戸時代は武士の裃に重用。夏に限らず日本人の生活に密着した布。

これから 麻の着用は盛夏（7、8月）が通説だが、近年は6、9月の夏日（25℃超）も多く、気温に応じて麻を着用する傾向に（P.204）。

◉代表的な種類

縮 縮は生地にシボがあるため真夏でも肌に張りつかず、涼しく着ることができる麻織物。新潟県小千谷市周辺で織られた小千谷縮がその筆頭。

上布 上等な麻布のこと。写真は能登上布の縞。ほかに越後上布や宮古上布など重要無形文化財として希少性が高いものも。

綿麻 木綿と麻の交織。麻の割合が多いと透け感が増し、涼しそうに。透け感が少ないと初夏や初秋も着やすい。写真は透け感の少ない近江綿麻。

◉仕立ての留意点

広衿にすると衿裏をつけるが、ポリエステルよりも麻の生地をつけるほうが涼しい。補強のための居敷当ては、長襦袢の色によっては透けやすいので、つけないのがおすすめ。また、そのほうが涼しい。

横段の小千谷縮／麻の名古屋帯［ともにキモノヴィラ京都］

清涼感のある麻の着物と帯は色味で華やいで

淡いブルーやイエロー、パープルに染めた経糸《たて》で織り出した美しいグラデーションの縮の夏着物。白い帯も麻素材を選び、若々しく涼やかな装いに。

わかりやすく覚える着物の基本について

Q1 着物の種類を理解するには、何から知るといい？

A そもそも着物は、「染めの着物」と「織りの着物」の大きく二つに分けられることから知るといいでしょう。それぞれ作られる工程によって位置づけが変わるもので、次のような特徴があります。

◉「染めの着物」は「やわらかもの」

白糸から生地を織り上げ、その白生地に色や柄を染めたもの。後から生地を染めることから「後染め」ともいい、染めの工程で水を通すことで生地が柔らかくなることから「やわらかもの」とも呼ばれます。主に礼装着物は「染めの着物」になります。

◉「織りの着物」は「かたもの」

白い糸を先に染めてから、無地や柄になるように織り上げたもの。先に糸を染めるため「先染め」ともいい、その風合いから「かたもの」と呼ばれることも。絹では紬糸で織る紬や強撚糸で織る御召があり、それ以外の素材ではウールや木綿など。主にくだけた着物は「織りの着物」になります。

※「反物ができるまで」の流れを知ると、着物の種類も系統だてて覚えられます（左ページ）。

Q2 初心者が「染めの着物」「織りの着物」を見分ける簡単なヒントは？

A 最初は素材感の印象で見てください。染めの着物のやわらかものは「ツルツル」「てろん」、織りの着物のかたものは「ザラザラ」「ぱりっ」といった感じ。織りの着物にもツルツルとした例外はありますが、数を見るうちに、傾向がつかめるでしょう。

染めの着物（後染め）
印象⇩やわらかもの、光沢感。ツルツル、てろん。

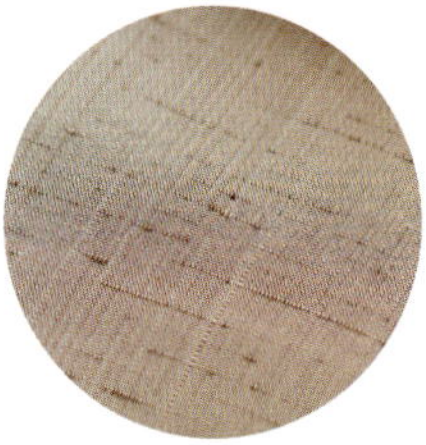

織りの着物（先染め）
印象⇩かたもの、マット感。ザラザラ、ぱりっ。

Q3 ぱっと見で礼装用とわかる着物はどういうもの？

A 金銀箔や金銀糸の刺繍などで装飾されているものが多く、印象でいえば「キラキラ」と華やかな装飾のある着物です。礼装の着物には、金銀糸が施されたキラキラ感のある織りの帯を合わせます。

礼装の着物
印象⇩金銀、箔、光沢、キラキラ。

《絹糸から着物の反物ができるまで》

※木綿や麻の反物は糸が木綿や麻になる。

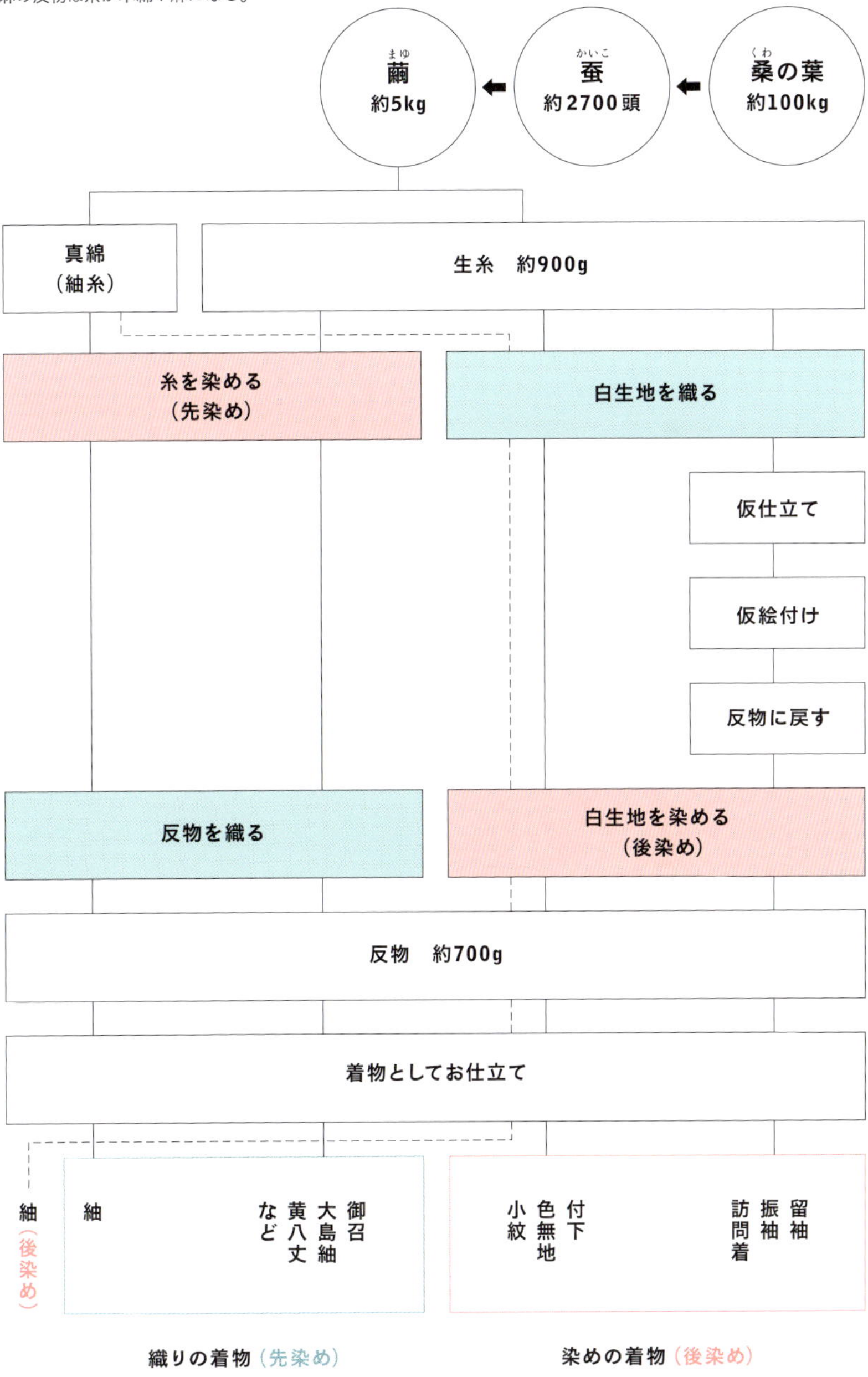

【帯の早わかり図】

帯の種類と位置づけ

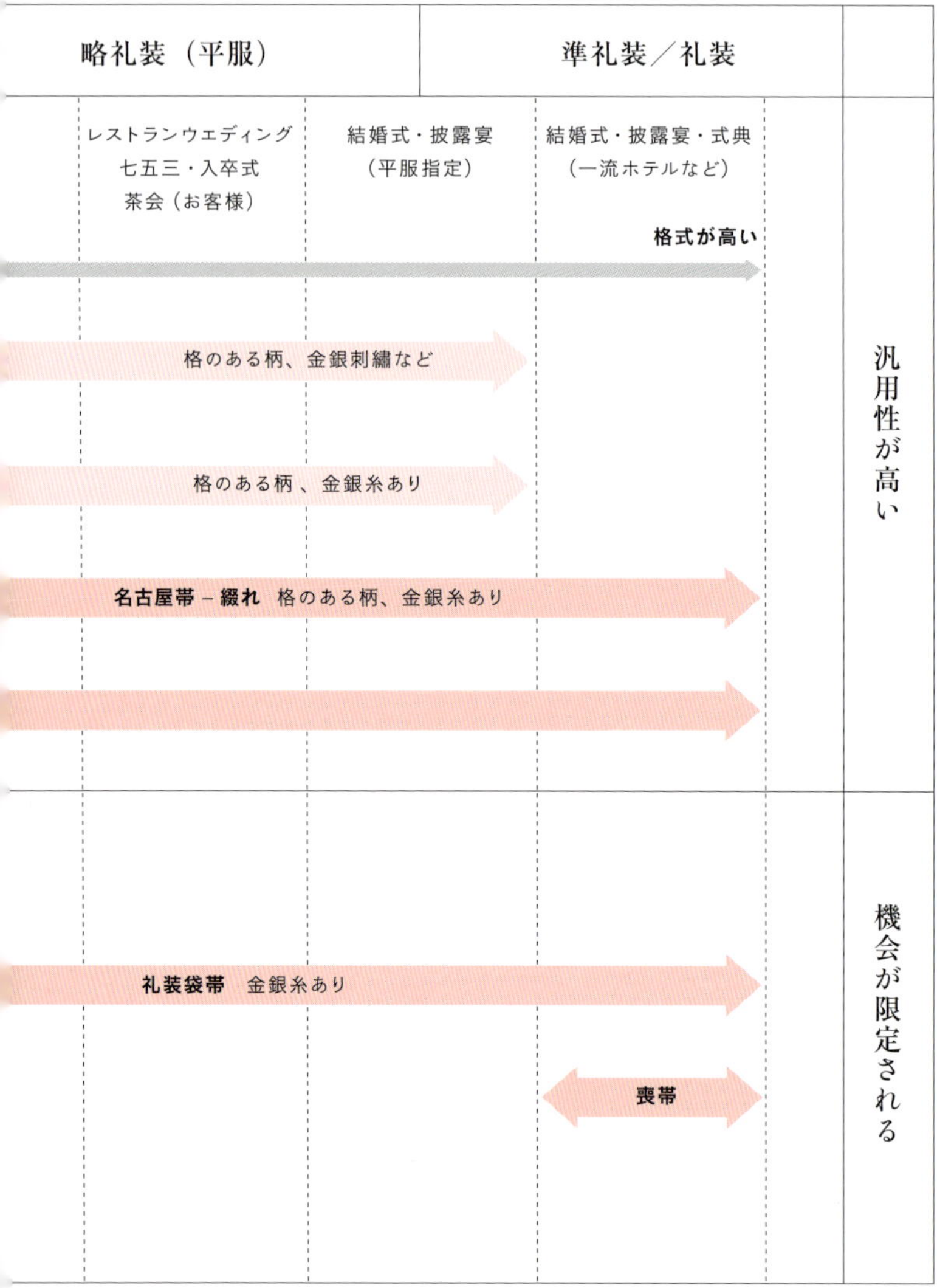

※あくまで目安。柄や色目、合わせる着物により格は変わる。

●名古屋帯―綴れ

●袋帯

●洒落袋帯

●礼装袋帯

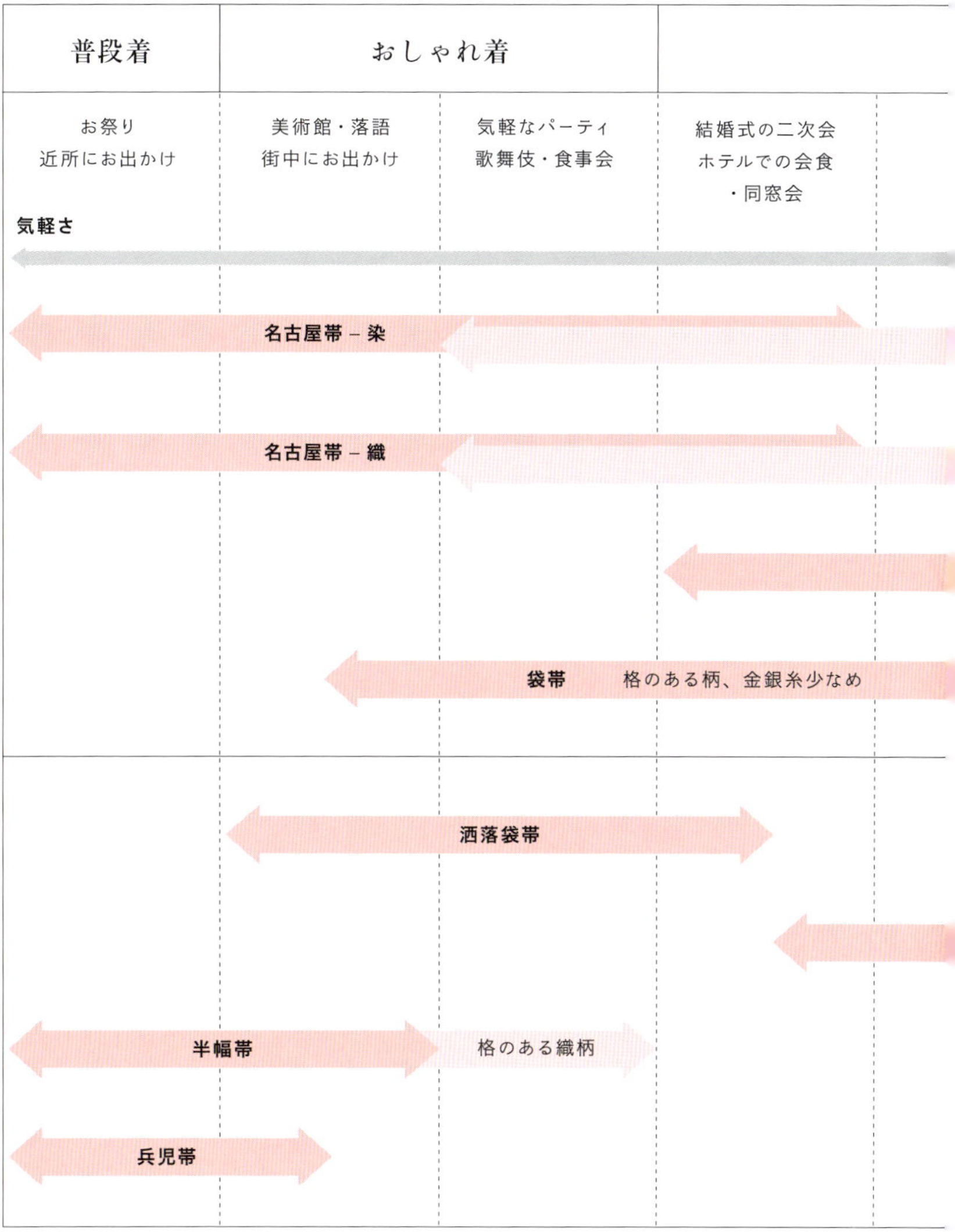

◉兵児帯

◉半幅帯

◉名古屋帯—染

◉名古屋帯—織

袋《ふくろ》帯《おび》とは——

その名の通り袋状になっており、お太鼓を二重に結ぶことができる、長さのある帯が袋帯です。主流は、金銀糸を使い、吉祥文様や格のある有職文様、正倉院文様などを華やかに織り出した「礼装袋帯」です。ほかに金銀糸の少ない「洒落《しゃれ》袋帯」は、礼装以外のおしゃれ用の袋帯。個性的な柄が多く、捨て難い魅力があります。

袋帯の歴史は新しく、昭和初期頃にそれまでの重量感のある丸帯に代わって普及。二重太鼓を締める袋帯は、幸せを重ねるという意味からも定着し、礼装帯の代名詞になりました。そして今、礼装はカジュアル化が進み、重厚感のある袋帯を締める機会は減り、生地感も柄ゆきもより軽やかな印象の袋帯が好まれるようになっています。

従来 高度成長期には礼装用もお洒落用も、袋帯が数多く生産。おしゃれ着には世代や地域で、袋帯派と名古屋帯派に分かれた。

これから 薄めの生地感や芯を入れない軽い袋帯（本袋）や、柄は格がありつつ金銀糸が控えめで、すっきりとした袋帯が現代向き。

礼装袋帯は品や格調を大事に
おしゃれ袋帯は今らしく軽やかに

◉サイズ

長さ：約4.2m（一丈一尺一寸）以上

幅：約31cm（八寸二分）

◉代表的な種類

礼装には、格のある文様で錦織、唐織、綴れ織、佐賀錦などの織り帯が多い。文様は同じでも、金銀色糸の使い方で印象は変わる。

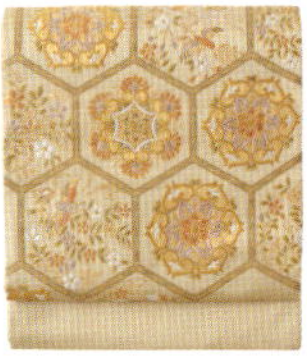

礼装袋帯 金銀糸の華やかさ、格調のある文様に意味づけがあり、晴れの場や祝いの場にふさわしいもの。写真は正倉院亀甲文の袋帯。［梅垣織物］

金銀少なめ袋帯 格のある美しい柄なら金銀少なめでもフォーマルな場に通用。写真は白銀の格調ある色紙唐花文の袋帯。［梅垣織物］

洒落袋帯 モダンな柄ゆきとボリュームが出る帯姿で通な雰囲気に。写真は刺繍のような西洋蔓唐草文の袋帯。［梅垣織物］

格のある帯柄とほどよい光沢感でドレスアップ

格の高い礼装に合う銀糸の袋帯を、上品な付下に締めて祝賀会などに。着物の衿もとの銀の松葉柄と帯の菱つなぎのおめでたい文様をつないだ装いに、さりげなく慶びの心を込めて。

松風の付下［紅衣］／佐賀錦の袋帯［OKANO］

古典文様の袋帯を主役に今らしく華やいで

金銀糸が少なめの濃い地色の袋帯には、あえて明るいトーンの小紋を合わせて落ち着いた華やぎを演出。このコーディネートは観劇や新年会、ちょっとした食事会にもぴったり。

花唐草文の型染め小紋［白イ鳥］／雪輪つなぎの博多織の袋帯［OKANO］

名古屋帯《なごやおび》とは——

お太鼓を一重に結ぶ長さの帯が、名古屋帯です。大正時代に名古屋女学校（現・名古屋女子大）を創設した先生が「女性の社会進出のために活動的な帯を」と考案したのが名の由来。名古屋が産地というわけではありません。

基本は織り帯と染め帯。それらには様々な技法や、「八《はっ》寸《すん》名古屋」「九寸《きゅうすん》名古屋」といった種類もあり、名古屋帯はバリエーションに富んでいます。魅力は、柄や素材感で幅広い着物と合わせられること。くだけた柄の帯は、遊び着として色無地や小紋から木綿まで。金銀の格式ある文様や重厚さのある帯なら、訪問着や付下、色無地に締めて略礼装にも。技法や形にとらわれすぎず、柄の意匠や印象を重視したほうが帯姿がバランスよく整います。

従来 袋帯より軽くて締めやすいと戦後、織りの名古屋帯が流行。以降、礼装以外の定番の帯に。

これから 八寸九寸など仕様にかかわらず、格高の色柄で織りの名古屋帯を略礼装にも活用。季節を限定しない絵柄も好まれる傾向。

現代着物の最もスタンダードな帯
着るシーンとの相性で柄や素材感を選んで

●サイズ

長さ：約3.5m（九尺二寸）以上

幅：約30～31cm（仕立後：八寸～八寸二分）

※仕立前の生地幅や仕立ての仕様は異なるが、どの名古屋帯も出来上がり寸法はほぼ同じ。

●「八寸名古屋帯」「九寸名古屋帯」とは

八寸名古屋帯 袋名古屋帯ともいう。綴れ織、博多帯、紬の帯など。織りの帯地にハリがあって裏地が不要なため、日常使いに好まれて九寸帯より気軽な印象も。

九寸名古屋帯 染め帯に多いが、錦織、唐織などもある。九寸とは仕立前の生地の幅のこと。仕立て後は八寸幅になる。

●仕立ての留意点

「名古屋仕立て」「松葉仕立て」「京袋帯」といった仕立て方があり、染め帯には名古屋仕立てが一般的だが、柄ゆきや好みで仕立てる。身長が高い方はて先の幅を少し広く、体の幅がある方はお太鼓の幅を少し広くすると印象が変わる。体型に合う仕立てがおすすめ。

◉応用力のある名古屋帯タイプは――

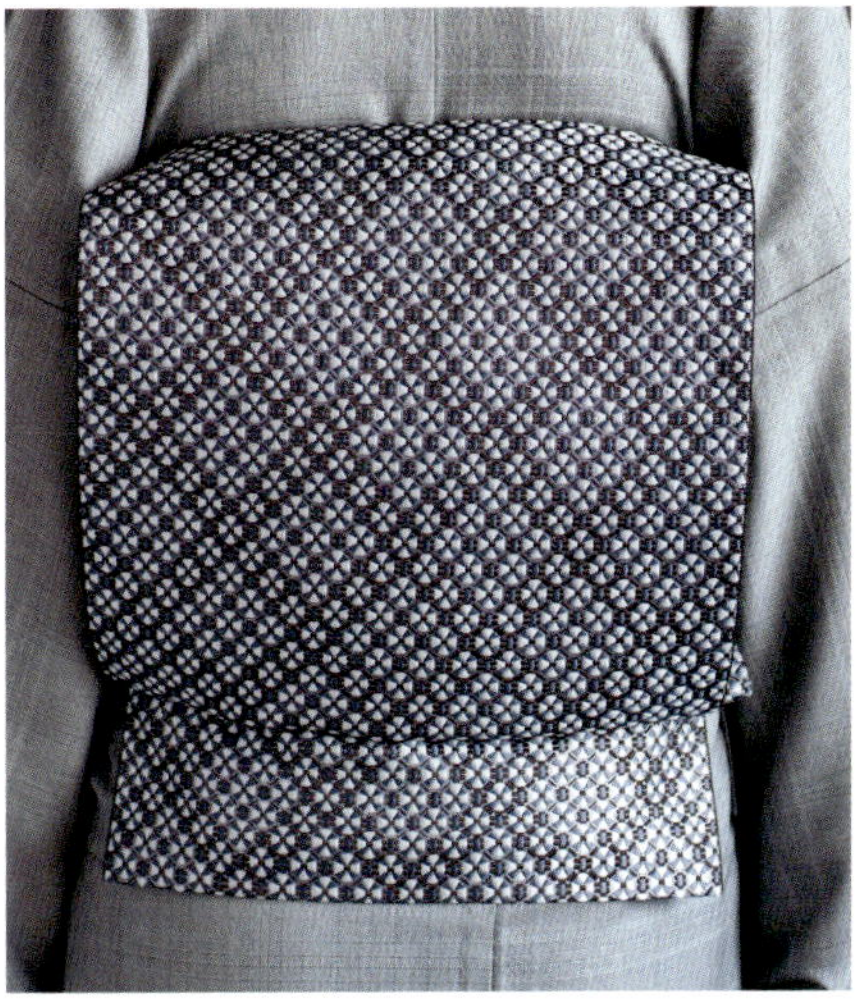

幾何学文様の博多織の八寸名古屋帯［OKANO］

黒っぽい帯

幾何学文様、さらに黒っぽい帯は通年使え、着物好きに人気。ハリコシのある八寸名古屋帯は初心者にも結びやすい。

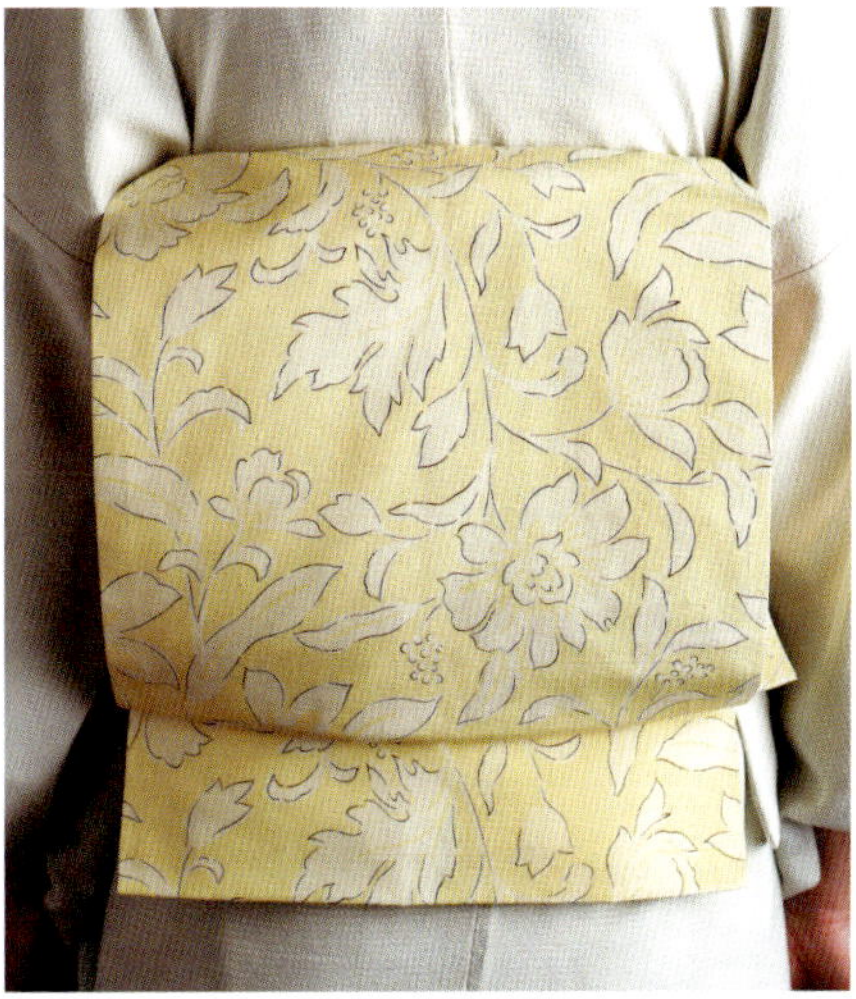

草花文の型染めの名古屋帯［結城澤屋］

草花文様の帯

和風っぽくない草花の図案にやわらかな色調の帯は、特定の季節を限定せず使い勝手がいい。

ダマスク柄の刺繡の名古屋帯［白イ鳥］

刺繡の帯

刺繡の帯は織りの帯とも違う立体感が魅力。帯地の素材や刺繡柄によって礼装に使えるものもある。

引き箔の西陣織の名古屋帯［紅衣］

抽象的な絵柄の帯

緯糸に着色をした箔を織り込んだ帯は飽きない朧月柄。控えめながら手技の凛とした品を感じさせる。

極麻の葉の江戸小紋［廣瀬染工場］／
網代柄の博多織の名古屋帯［OKANO］

マニッシュな帯は帯揚げの彩りを魅力に

よそゆき着から遊び着まで、着回しの広いタイプの名古屋帯。少し金糸が入った織り地はモダンな中にも風格が感じられるもの。格のある柄の江戸小紋に締め、ビルの空間にもなじむ装いに。

角通地にぼかしの付下／
白地の西陣織の名古屋帯［ともに白イ烏］

お太鼓柄は同色コーデで品良く魅せる

無地感覚の白い名古屋帯は、万能帯。1本あるとコーディネートに困ったときに便利。白地に大花紋の名古屋帯は着物次第で甘くも辛くも装える帯。淡いグリーンの付下に締めてエレガントに。

半《はん》幅《はば》帯《おび》・兵《へ》児《こ》帯《おび》とは――

ベルトやリボンのように
自由な結び方を楽しめる軽装の帯

半幅帯は、袋帯や名古屋帯の半分の幅であることからこう呼ばれています。軽くて簡単に結べるので、着物が日常着の時代から生活の帯として愛用されてきました。兵児帯は、半幅帯よりも軽装な帯で、明治維新時に薩摩の青年（兵児）が洋装の上に締めていた腰布が由来。今では男性だけでなく、子どもや女性も使う帯になっています。布のやわらかさが特徴で、リボン感覚で結べます。

近年は浴衣のファッション化が進み、浴衣はもちろん遊び着や旅着でも、現代感覚の装いにマッチした軽装の帯の活用が広がりつつあります。とくに半幅帯は大人着物になじむ結び方（P.98）や着こなし術（P.162）を身につけると、センスアップがはかれます。

従来 江戸初期の頃、紐状だった帯から変化して普及した普段用帯は半幅帯の原型。兵児帯は絞りの帯地が浴衣の帯として重用。

これから 「カジュアル感が強い」イメージが一新。ドレッシーにも着こなせる、上質な生地を使ったおしゃれ帯が人気の兆し。

◉代表的な種類

リバーシブルの半幅帯 表裏で異なる色柄帯は使い勝手がよい。とくに名古屋帯などの帯地で作った絹の半幅帯は上品なツヤ感があり、締め心地も抜群。写真は博多織の半幅帯。

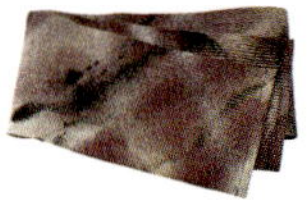

染めの半幅帯 紬や綿、麻など染める織り地や色柄により、印象が大きく異なる。正絹の着物に締めるなら染めの半幅帯も合う。写真は京都の染色作家による手染めの半幅帯。［祐斎］

上質生地の兵児帯 兵児帯は素材感で印象は別ものに。従来の絞りやポリエステルなどの浴衣に合う生地とは別に、布の魅力が高いシンプルなものが大人向き。写真は紬地を染めた兵児帯。［紅衣］

◉サイズ

《半幅帯》
長さ：約3.2〜4.5m
（八尺五寸〜一丈二尺）
幅：約15〜16cm
（四寸〜四寸三分）

《兵児帯》
長さ：約3.6〜4.5m
（九尺五寸〜一丈二尺）
幅：約34〜50cm
（九寸〜一尺三寸）

◉仕立ての留意点

半幅帯も兵児帯も、長さや素材による制限が少ないので、体型やライフスタイルに合わせて使い勝手のよい長さに仕立てて。好みのファブリックで自作される方も。

着物感覚で締める、エレガントな半幅帯

お太鼓風（P.101）に結んだ半幅帯は、煌めき感のある帯なら染めにもニュアンスが合って、着回しやすいもの。無地の紬に合わせると、ぐっと洗練された帯姿に。

無地の結城紬［紅衣］／手染めの半幅帯［祐斎］

伝統のぼかし染めで、色を楽しむ兵児帯

上質な紬生地にレモンイエローのぼかし染めを施した兵児帯。リボンのボリュームで甘さを調整。着て動くとより魅力的。

近江綿麻の着物／ぼかし染めの紬の兵児帯［ともに紅衣］

夏帯《なつおび》とは――

暑い日々を涼やかに装う帯
気温上昇でフレキシブルな着用に

夏帯とは、平たくいえば薄く透け感のある帯です。盛夏を含め、夏前後は気温も高いので、快適に体温を調整するために、帯地にも通気性の良さが求められます。さらに夏着物の贅沢といえば「涼感」。着ても見た目にも、涼しげに装うことが大事です。それゆえ風土に合った涼の布として、「紗《しゃ》」「絽《ろ》」「羅《ら》」「麻（上布）」など、透け感のある美しい織り地が、夏帯に用いられてきました。

紗は、均一で端正な透け感、絽は透けた部分の縞になった絽目がたいそう魅力的。羅は、一度途絶え、現代になってまた復元と、盛衰がありました。

変化は夏帯の着用時期にも。今までの月ごとの帯暦から、気温に合わせた着用が広がりつつあります（P.118）。

従来 6月から9月（盛夏含む）の単衣の着物に麻や絽の帯を着用。より透け感のある紗と羅の帯は単衣時期を避けて盛夏に着用。

これから 体感で20℃を超えたら単衣、25℃を超えたら夏着物。帯や小物もバランスよく、季節を先取りするのが好ましい。

●代表的な種類

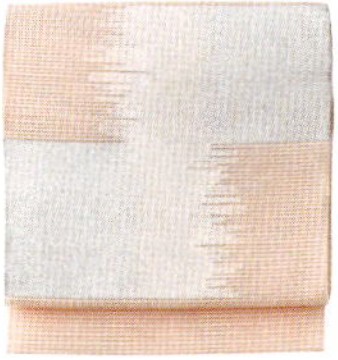

絽綴れ 適度なハリとコシがある織り地に絽目のある、夏用の綴れ帯のこと。綴れ帯と同様に名古屋帯でも柄によって礼装に締めることができる。写真は霞柄の絽綴れ。

紗献上 献上博多帯は夏冬問わず使えるが、夏用の紗献上の博多帯はおしゃれ着用の夏帯として代名詞的な存在。写真は伝統的な献上柄（独鈷《どっこ》華皿文様）の紗献上。

麻帯 速乾性から夏帯では麻がよく使われる。浴衣や麻の着物、正絹の着物にも締められる。麻地に涼を引き出す柄などが施された帯も多い。写真は流水に柳柄の麻帯。

●撥水《はっすい》加工のすすめ

夏帯は白っぽい織りの帯が多く、洗わないのが一般的。仕立てる際に、あらかじめ撥水加工を施しておくと汗ジミが気になりにくい。

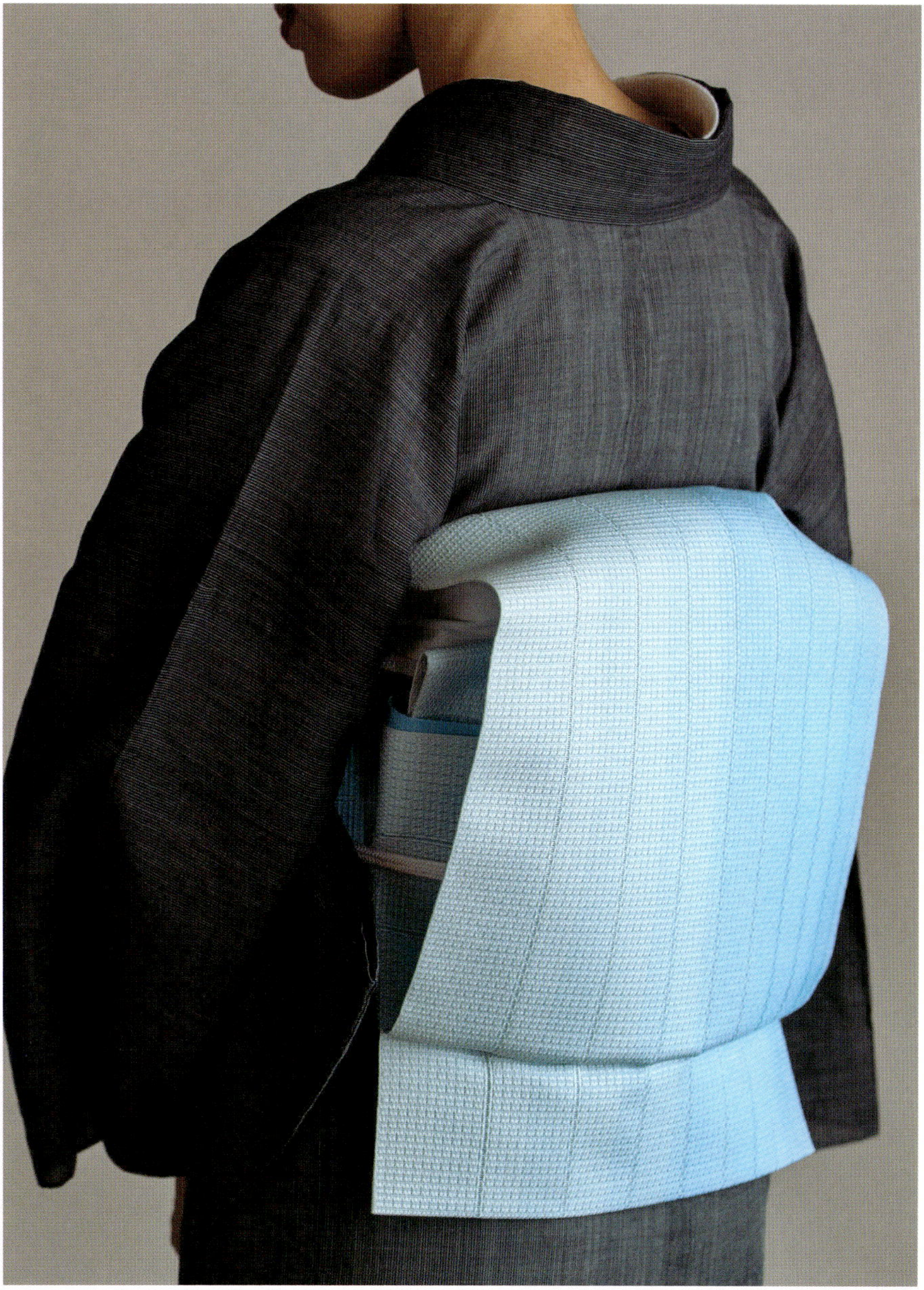

黒地に細縞の能登上布／
粗紗の博多織の名古屋帯［西村織物］

清涼感のある麻の着物と帯は色味で華やいで

透け感のある上布に、粗めの紗の博多織の帯を合わせ、すっきりとした装い。麻の着物の黒に映える、ブルーのグラデーションに織られた紗の帯が、ゆったりと爽やかな風の流れを感じさせる。

帯の振り幅について

Q1 帯合わせで装いの印象はどう変えられる?

A 一般に、帯は着物より同等クラスか、格上のものを合わせると装いが引き立つとされています。
着物に対して、上等の帯を合わせれば装いのクラス感が上がります。逆に帯次第で、上手にカジュアルダウンも。たとえば、フォーマルシーンで付下や色無地を着る場合、落ち着いた印象にしたいときは、格のある柄でも金銀糸の少ない袋帯や名古屋帯にすると大げさな印象がしません。さらに染め帯にすると一気にカジュアルな印象になります。TPOで使い分けましょう。

Q2 染めの着物には「織りの帯」を合わせるべき?「染めの帯」はNG?

A 「染めの着物に織りの帯」「織りの着物に染めの帯」とよくいわれます。フォーマルでは「染めの着物に織りの袋帯」が定石ですが、おしゃれ着は自由です。普段着なら「染めの着物に染めの帯」「織りの着物に織りの帯」もOKです。

※詳細はP.206「着物と帯の格合わせ一覧」参照。

Q3 帯の柄の入り方にはどんな種類がある?

A 帯の柄づけは、次の三つに分けられます。

全通《ぜんつう》柄
帯全体に均等に模様が入っている柄づけ。柄出しを気にせずに結べる。ふくよかな方にも向いている。

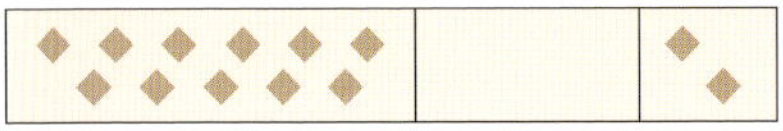

六通《ろくつう》柄
「六尺通し柄」の略(六尺=約2.3m)。帯を巻くと隠れる部分は無地にし、て先とタレ先まで模様が入った柄づけ。

お太鼓柄
お太鼓に結んだときに表に出る帯前とお太鼓部分にのみ模様が入った柄づけ。柄出しを考えて結ぶ必要がある。

Q4 まず一本持っておくといいのはどんな帯?

A あらたまった席は少なく、主におしゃれ着の着物を合わせたいということなら、無地感覚の白系の名古屋帯がおすすめ。季節を限定させるモチーフがなく、どんな色柄の着物にも合わせやすいでしょう。何にでも合わせやすいシンプルな白シャツのようなものです。

Q5 着物と帯の組み合わせはバランスが大事です。1～6の組み合わせは○△×？その理由は？

1 吉祥文様の色無地をカジュアルダウンしたいから、「染めの名古屋帯」を合わせても？

A △

吉祥文様＝すべてフォーマル、染めの名古屋帯＝すべてカジュアル、ではありません。たとえば吉祥文様でも格調高い宝尽くしの地紋入りの色無地に、ファンシーなクリスマス文様の染めの名古屋帯は合いません。一方、小さな七宝つなぎの地紋入り色無地に、シンプルな雪輪文様の染め帯ならカジュアルダウンのバランスも合います。

2 5月に着物は慣習通りに袷を着て、帯は季節を先取りして「夏帯」を合わせても？

A ×

夏帯は夏物か単衣の着物の組み合わせに限ります。着物が袷では季節の先取り感はしません。真冬の洋服にシースルーの上着を合わせるような印象になります。

3 袷の江戸小紋に、「博多献上柄の八寸名古屋帯（裏地なし）」を合わせても？

A ○

単衣の帯は単衣の着物と考えがちですが、博多献上柄などの八寸名古屋帯（博多帯）の場合は、裏地がない単衣の帯でも、袷の着物に合わせても問題なく、通年使えます。

4 フォーマル感のある上品な訪問着に、「綴れ織の八寸名古屋帯」を合わせても？

A ○

名古屋帯であっても綴れ織の帯は例外で、もともと大変高価な帯だったことから礼装に使えます。ただし、格のある文様で金銀糸の入った上等な本綴れが向きます。

5 縞の小紋に、祖母から譲られた「金銀糸のある袋帯」で親戚の結婚式に出ても？

A △

縞はカジュアルな柄というのが通念なので、縞の小紋は礼装用には不向きです。ただし、(毛《け》)万筋《まんすじ》という極細の縞柄の江戸小紋は格のある柄とされ、袋帯と合わせて略礼装に使えます。また決めごとから外れても、祖母の気持ちに添いたいといった事情によっては、○とされるかもしれません。

6 浴衣に、色柄がなじむ「袋帯」を合わせても？

A ×

浴衣は最もカジュアルなアイテムで、いくら色柄がマッチしていても袋帯は使いません。

【小物】

帯《おび》揚《あ》げとは――

帯枕にかぶせて帯山を整える布は着物と帯をつなぐコーディネートの要

帯揚げは帯締めとともに帯を美しくする小物ですが、それだけではありません。お太鼓結びをする際に、帯の形を固定させる大事な道具で、お太鼓の山を作る帯枕を、美しい帯揚げの布でカバーします。

帯揚げは着物の世界では比較的新しいアイテムです。江戸後期に生まれたお太鼓結びが、大正から昭和にかけて一般に広まるうちに、帯揚げも普及したのです。

着物と帯の間をつなぐ帯揚げは、コーディネートのイメージを総仕上げするポイント。とくにシンプルスタイルが主流になって、帯揚げ、帯締め次第で着姿の雰囲気は一変します。結び目の形や色合わせには、時代ごとのおしゃれ感覚が表れます。

従来 高度成長期はボリューム感のある絞りや色数の多い帯揚げが流行し、結び目もふっくらが主流。近年結び目はすっきりに。

これから 帯揚げは着物や帯に比べて手頃な価格。だからこそ値段だけで選ばず、結びやすさと着回しのよさで選ぶと後々重宝。

◉季節やシーンで選ぶ種類

季節感のある夏着物や、格のある礼装着物には、帯揚げもふさわしいものを。礼装には、金銀糸が入っているような華やかに見えるものを選ぶと装いに調和する。夏前後の単衣時期と盛夏は、涼やかに見える透けた素材感、絽や紗などを活用。

フォーマル向きの帯揚げ 白っぽい上品な淡い色合いで、素材は綸子《りんず》が多く、細かい地紋のあるものも。刺繍や金銀糸が入ったものは華やかな祝賀会の礼装やパーティに合う。写真は白い縮緬地の唐草文様に縫取織を施した帯揚げ。礼装以外にも使える。

夏向きの帯揚げ 夏用は、半衿と帯揚げの素材の透け感を合わせることが大切。より透けたものを盛夏に、透け感の弱いものは単衣に。初夏は涼しげな色を、晩夏は秋らしい色目を。写真は絽の生地に爽やかなペパーミント×茜色の二色ぼかしが入った帯揚げ。

定番におすすめの帯揚げ

◉単色系の帯揚げ

無地や細い地紋入りの帯揚げは、
帯前から出す色柄を気にせず結べるので初心者におすすめ。
単色系の帯揚げの数を揃えていくとコーディネートが楽しくなる。

写真上、地紋のある帯揚げ。乳白色の色も相まって、装いをエレガントに見せてくれる。写真中、薄紫×濃紫のぼかし染めの帯揚げは、出す面によって1枚で2～3パターンも着回せるので頼りになる。写真下、地紋の入った生地にシンプルな一色染めの帯揚げ。女性らしい淡い色合いの帯揚げは、胸もとをやさしげに見せてくれる。

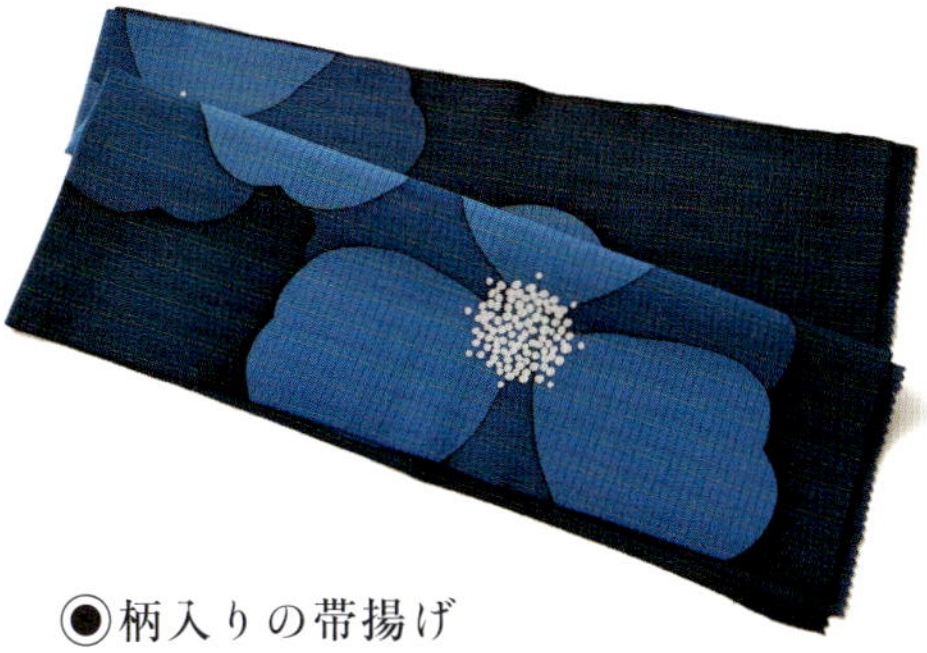

◉柄入りの帯揚げ

濃い色地に大柄の花が描かれたやや個性的な帯揚げ。実際に結ぶと柄全体は見えないものの、胸もとや脇からポイントの色柄がのぞいたりしてハッとするほど引き立つ。季節や節句、イベントなどにマッチした色柄を帯揚げに配する装いも、心憎くて楽しい。

◉帯揚げ選びのコツ

色や柄の出方は広げたままではわかりづらいので、使うサイズに畳んでみるとわかりやすい。合わせたい帯があれば店に持参して相談するのも一案。

【小物】

帯締《おびじ》めとは——

帯締めは、お太鼓に結んだ帯を固定させるための紐です。また帯揚げ同様に、装飾的な小物でもあり、コーディネートを左右する重要な役割を持っています。

歴史的にも帯揚げ同様に、お太鼓結びが一般化するとともに、帯締めも広がりました。

帯に合わせ、礼装用の帯締めには金銀糸のある華やかなものを。基本として季節での使い分けはなく、夏冬の区別なく通年使えるものがほとんど。ときに、夏物としてレース調の組みの帯締めもありますが、締まりにくく劣化が早いものも。夏着物には、少し細めのものや涼しげに見える組みや色合いのものを選べば、締まりやすくて、十分に季節感を醸せるものです。

従来 江戸末期の丸ぐけ（P.220）に始まり、武士の武具や甲冑の組紐が大正から昭和になって一般的に活用されるようになった。

これから シンプルな着物に小物で季節感を表すコーディネートが主流の今は、単色系を多く持つと季節やシーンで選べる。

帯前にぴしっと一線を結ぶ紐は一に締め心地、二に色合わせ

◉組みの種類

主には平らに組まれた平組《ひらぐみ》と、丸く組まれた丸組《まるぐみ》があり、それぞれに種類が多様。

平組 平らに組まれたもの。組みが密で固い「高麗組《こうらいぐみ》」と呼ばれるものは、礼装で使われることが多い。

丸組 丸に組んである帯締め。布に真綿が入ったものは丸ぐけという。

冠組《ゆるぎぐみ》 丸組の一種で、最も定番的な組み。おしゃれ着から礼装まで使える。

三分紐《さんぶひも》 普通の帯締めより細く、平たい幅の紐（写真上は普通の帯締め、手前3本が三分紐）。房が短く、帯留めの金具を通しやすい。

定番におすすめの帯締め

◉単色系の帯締め

帯に合わせやすいシンプルな単色系がおすすめ。とくに着物を選ばず使える冠組の色数があると便利。濃淡の帯締めを揃えると使いやすい。

◉季節やシーンで選ぶ種類

フォーマル向きの帯締め　礼装は白または金銀が使われたもの。華やぐ席には煌めき感のある帯締めもいい。写真上は、礼装にも使える平組の白に金糸がさりげない帯締め。下は平組で、黒×ゴールドで装いのアクセントに。

夏向きの帯締め　細めの紐で、涼やかな配色のものを着物や帯に合わせて選ぶといい。写真上は、白に赤が矢羽根のようで愛らしい。写真下は細い紐先が2本にわかれたもの。洒落感はあるが絹製でしっかり結べる。どちらも単衣時期にも使える。

◉帯締め選びのコツ

帯締めもまた、紐のままではわかりづらいので、結んだ形にしてみて選ぶことをおすすめ。

【下着】

長襦袢《ながじゅばん》とは——

美しい着姿の下地アイテムは体に合ったマイサイズが肝心

語源はポルトガル語の「gibão」から。江戸時代に半襦袢から長襦袢へ移行し、現在の形になりました。

長襦袢は着物の汚れをカバーするとともに、衿や袖、裾からのぞく表情が、着姿の大事なアクセントです。外から見えないものだからと間に合わせにしたり、単なる実用の下着と考えるのではなく、着物のおしゃれを支える基礎と考えたいアイテムです。とりわけ大事なことは、体にぴったりサイズの長襦袢。どんなに丁寧に着付けても、長襦袢のサイズが合ってないと着くずれてしまうから(P.110)。襦袢はマイサイズで誂える価値があります。

暖房施設が普及した今は袷で仕立てるのは少数派。袖だけ袷に見える袖無双《そでむそう》か、単衣仕立てが一般的です。

従来 着物ごとに襦袢を誂えた時代も。また仕立ても着物と同じで袷と単衣、夏物があったが、袖無双か単衣が大多数に。

これから 汎用的に使える長襦袢の誂えが多い傾向。気温によって、単衣や夏物の長襦袢を臨機応変に着用するように。

◉長襦袢の種類

おしゃれ着向きの色柄物 シンプルな装いが多い方なら、長襦袢の色柄を取り入れてやわらかさを高めて。写真右、一枚目なら合わせやすいベージュ。写真左は、遊び心のある鳥獣戯画の柄。

二部式襦袢 上半身に着る「半襦袢」と下半身に着る「裾よけ」と、セパレートの二部式襦袢。洗える素材で安価なものが多い。袖がほかの柄袖と取り替えができるタイプもある。

洗える襦袢の色柄物 ポリエステル素材以外に近年は正絹でも洗える素材も増加（※素材によって縮みがあるため洗濯方法は要確認）。写真上から、モダンな市松格子、モスグリーン、元気イエローの襦袢地。

定番におすすめの長襦袢

着物と少し構造が異なり、おはしょりなしの丈で、
裄や丈などの寸法は一回り小さめ。

暑い日向きの襦袢（麻の襦袢） 夏用の麻襦袢には絽や紋紗などの透けた素材がある。柄なしの無地で色麻の襦袢は、礼装と真冬以外で、暑い日に着用して体温調節してもよい。自宅で洗濯ができる点もメリット。写真はブルーの麻の長襦袢。

ベーシック向きの襦袢（正絹） 1枚は持っておきたいのは正絹でマイサイズの長襦袢。礼装の留袖や喪服は白だが、それ以外ならベージュやピンクなど淡い色調を選んでおくと比較的合わせやすい。写真はブルーグレーのぼかし染めの長襦袢。

◉色選びのコツ

袖口や振りからのぞく襦袢の色は、着ている本人が思っている以上にまわりの目を引くもの。やわらかい着物なら襦袢の色も同系で、カジュアルな着物ならアクセントカラーを利かせても。

【下着】

半《はん》衿《えり》とは——

白い半衿は不動のベーシック 色衿はアクセサリー感覚で

半衿のベーシックといえば、塩瀬《しおぜ》の白です。礼装からおしゃれ着まで幅広く使うことができます。白い半衿の魅力は清潔感。それに顔近くに白を配することで、肌艶《つや》を明るく見せる嬉しい効果も期待できます。

白といっても、ニュアンスはさまざま。結婚式などの式典の礼装には正絹の「純白」が鉄則。礼装以外なら「青みのあるクールな白」「乳白色のまろやかな白」など、年齢で変わる肌質に合わせて白を選ぶとよいでしょう。

刺繍衿や色衿は、華やかなドレスの衿のように彩って。小さな面でしか見えない半衿ですが演出効果は絶大です。

◉白い半衿の着こなし

白い正絹でも光沢感や地紋でおしゃれ感を演出。衿合わせで細めや広めと白い衿の出方で印象も変わる。写真は鱗《うろこ》文の地紋入り。

[ワタマサ]

◉代表的な種類

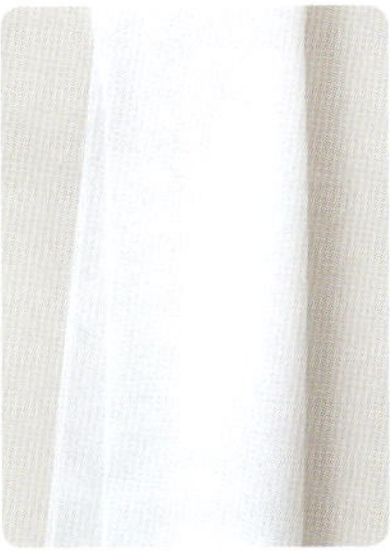

塩瀬の半衿 季節も一番長く汎用的に使える。素材は正絹やポリエステルなど。

絽の半衿 透け感のある絽の半衿は単衣時期と夏場に着用。ほかに単衣時期の素材に楊柳《ようりゅう》もある。

縮緬の半衿 シボ感のある縮緬は衿もとをふっくらと演出。寒い時期に好まれる。

刺繍、染めの半衿 上品に華やぐ刺繍半衿はフォーマルな装いに。縁起のよい文様の染めの半衿はカジュアルな装いに。[すべて衿秀]

【履物】

足袋《たび》とは——

どんな色柄の着物にもなじむ
足袋のおしゃれは白につきる

足袋は、白足袋が一般的です。要になるのは、サイズ感。足袋は意外と雄弁で、足袋がブカブカだと着物姿の美しさは半減です。またきつすぎると体調が悪くなる原因にも。まず手頃な価格で、規格サイズに加えて足幅のバリエーションまで選べるメーカーをおすすめします。

こはぜの枚数では、4枚が多数派ですが、日本舞踊家などの方々が着用している、5枚こはぜも最近は人気。足首上部までホールドされる履き心地が好まれるようです。

着物を心地よく着るために、足にぴったりの足袋を。新しい足袋は一度洗って縮ませてから履くといいでしょう。

●足袋選びのポイント

デパートの呉服売場や足袋専門店などで、実際に試し履きをしてみることをおすすめ。洋靴のサイズよりやや小さめなことが多いので、自分の足袋サイズを正しく知る機会があるとベスト。

●足袋の名称

素材はキャラコ（綿）のほか、化繊、麻なども。

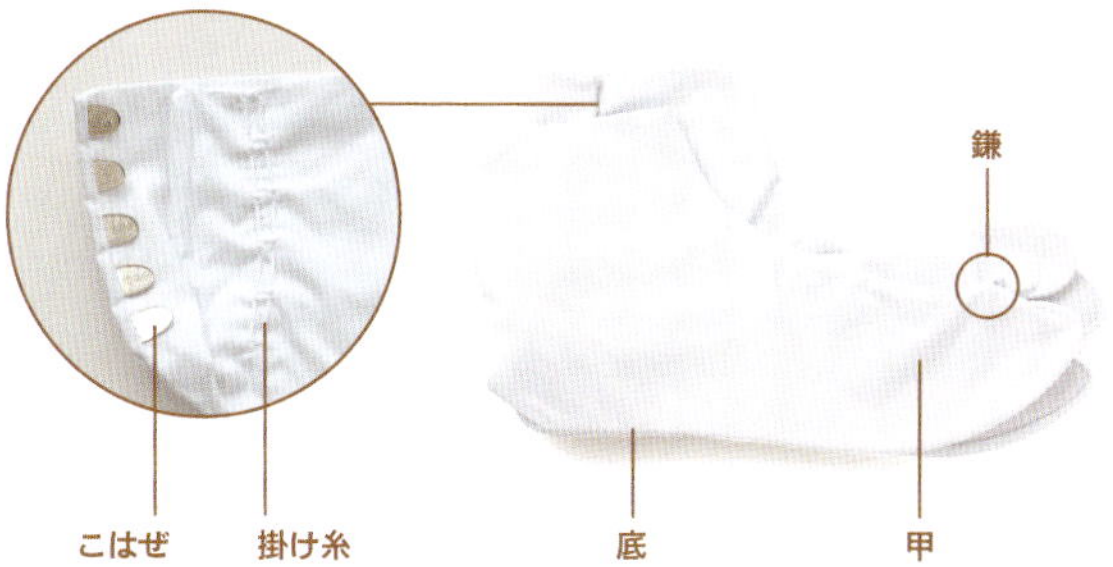

●そのほかの種類

色足袋　よりカジュアルな装いにしたいときは、色柄足袋にすると雰囲気もくだけた印象に。

足袋カバー　茶会や知人宅訪問には足袋の上に足袋カバーを履けば汚れても大丈夫。防寒用の重ね履きにも。

【履物】

草《ぞう》履《り》とは——

着物の世界のパンプスやハイヒール
踵の高さは好みで、履き心地を重視

草履は、主によそゆき着や礼装の着物に合わせる履物です。靴と同じで、踵《かかと》の高さ、台や鼻緒の色や素材によって雰囲気が異なります。

「最適な草履」を選ぶためには、どんなシーンで活用するか、着物とのバランスも考えつつ、マストになるのは「履きやすさ、歩きやすさ」。最近は草履を履き慣れていない方向きにも、足がラクなように真綿などのクッション材が入ったり、軽い樹脂が台に用いられたものなど、歩きやすく工夫された草履も増えてきました。

足に合わなければ苦痛のもと。靴も履いて買うのが当たり前なら、草履も履いて選ぶことを鉄則に。新調したら使う前に、慣らし履きしておくとよいでしょう。

従来 「台の高い」草履がフォーマル向きの主流。おしゃれな草履は、台も鼻緒も細身タイプが人気の時代もあった。

これから 近年は台の高さにこだわらない傾向。装いがシンプルになるにつれ、段が低い草履でもすっきり見えるとも。

◉草履の造り

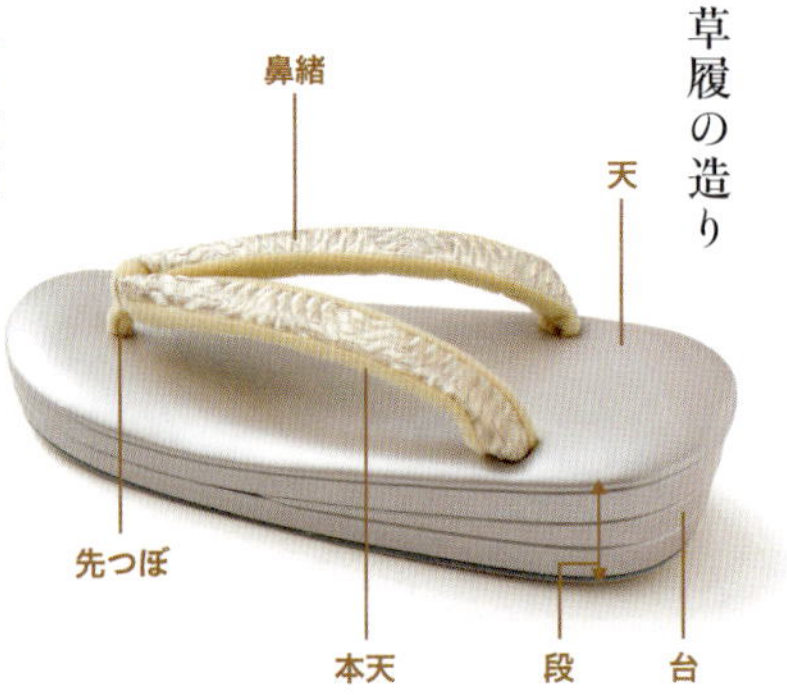

草履台の芯にはコルクが使われ、脇は一枚張りが多い。小さな先つぼに利かせ色を使うと目立ちやすい。台裏には、鼻緒を調整する穴がある。きつかったり緩んだりしたら、草履屋さんで調整できる。雨の日はなにもしないと穴から水がしみるので、雨がちな日は草履をすっぽり包むタイプの雨カバーなどで心配りを。

◉天の種類

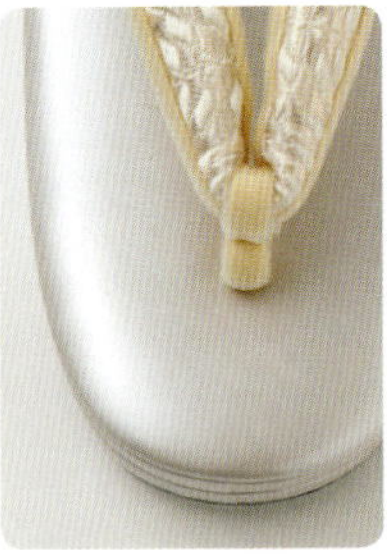

本革 光沢感があるエナメルとつや消しのマットがある。

革以外の素材 ホースヘアーや畳表、写真の帆布などがある。

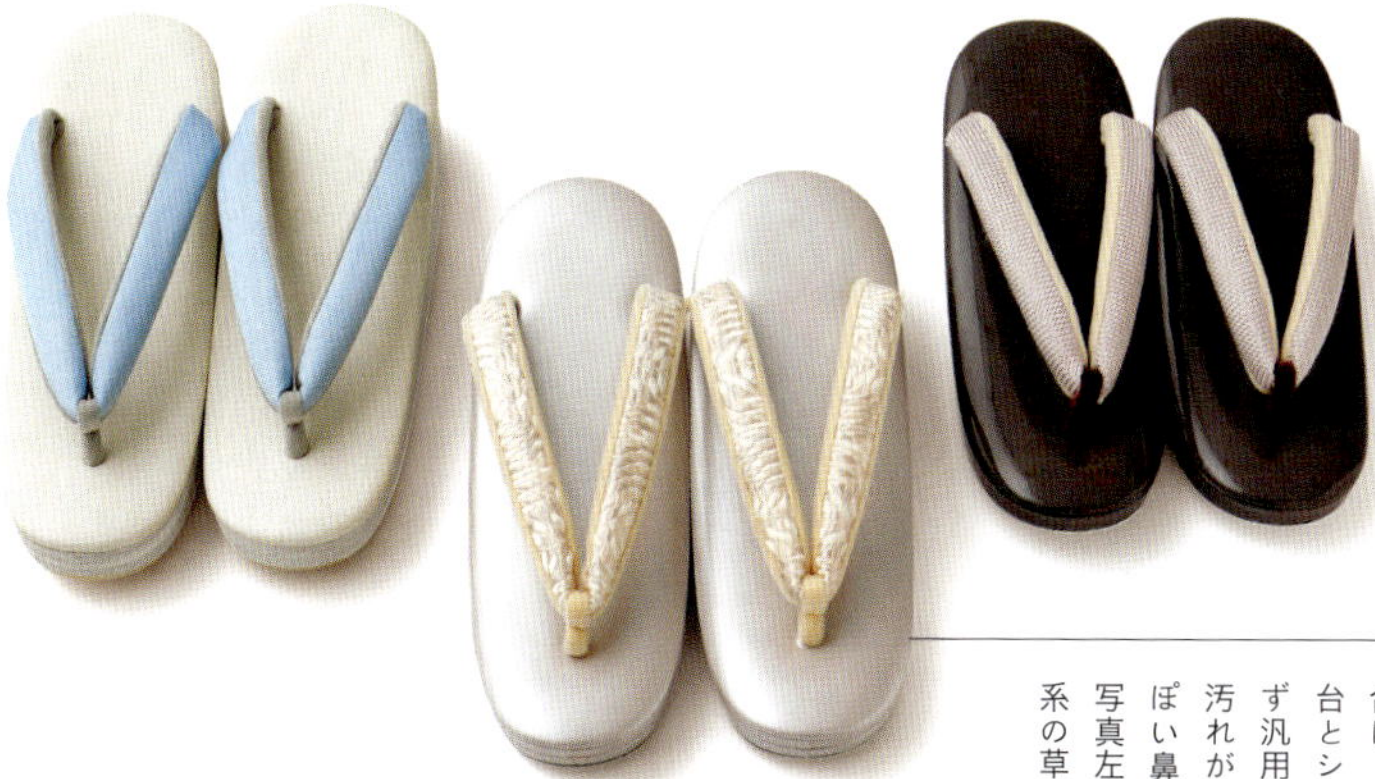

◉ベーシック向きの草履

カジュアルからフォーマルまで幅広く使う場合は、薄グレーやベージュ系の白っぽい色の台とシンプルな鼻緒がおすすめ。着物を選ばず汎用性が高い。写真右は、濃い地色の台で汚れが目立ちにくい。写真中は、上品な白っぽい鼻緒にライトグレーの台を取り合わせ。写真左は、織りの着物にも合わせやすい樹脂系の草履。［右2点：衿秀］［左：菱屋カレンブロッソ］

◉フォーマル向きの草履

台の色はベージュなど淡い色のものを選び、濃い色は避けて。鼻緒は金銀糸入りの織り生地や豪華な刺繍入りなどが上品に華やぐ。［衿秀］

◉台の高さと種類

靴と同じく高めが礼装向き、低めはカジュアル向きが通念だったが、長身の方も増えてゆるやかに。台や鼻緒の素材感で印象も変わる。

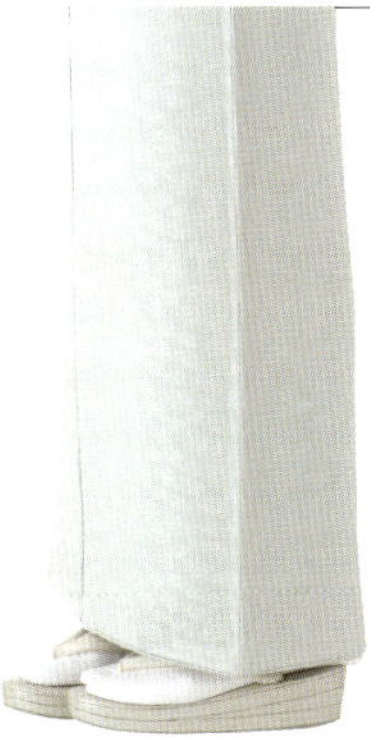

◉草履と着物丈のバランス

礼装には短すぎるのはNGだが、長すぎると着物の汚れや擦り切れの原因になるので用心を。雨の日は少し短めがおすすめ。

【履物】

下駄《げた》とは——

着物の世界のサンダルやスニーカー
気軽な装いに、軽やかに履く

草履がよそゆきシーンの足もとだとしたら、下駄の着用はカジュアルシーンで、紬や木綿、浴衣に向きます。

下駄も履き心地がポイント。とくに裸足《はだし》で履く場合、鼻緒で指の皮膚がすれてしまうことも。まず鼻緒の調整をしてもらえる店で購入することが最善です。

下駄で歩くとカラコロと響く音色も魅力ですが、ホテルや劇場などでは制限される場合も。ただ最近はホテルでの浴衣ランチ会や、外国人旅行者の浴衣と下駄のレンタルも盛んで、着用シーンはかなり自由に。また現代の下駄には裏にゴムが貼ってあり、音が鳴りにくいものが増えています。ちなみに草履も下駄も左右の形は同じ。ときどき履き替えると形も偏りづらいでしょう。

従来 あくまで普段履きのアイテム。道が土だった時代から、高さのある二枚歯の下駄は爪先に爪皮をつけて雨下駄という役割も。

これから 洋装にも合う下駄から、よそゆき浴衣に合う足袋履きの下駄まで。デパートなどで価格もデザインも豊富に選べる。

◉台の素材

白木 白足袋の足もとに合う。汚れやすい白木は昔は贅沢品で、素足で履くと足の脂がつきやすい。

塗り 下駄の代表格。赤漆で塗装されている台が素敵。

焼き 焼きの木目が落ち着いた雰囲気。濃い色のため、汚れにくい。

◉鼻緒選び

無地紬や絣の木綿など鼻緒の色柄、素材感で印象が一変。履物屋さんによっては着物の端裂などを鼻緒にすることも。

◉ベーシック向きの下駄

写真右は、芳町《よしちょう》の下駄。芸者さんが履いていた粋な形。台に先つぼを赤で揃えて。写真中は、白木の舟形で、麻の鼻緒をつけて爽やかに。写真左は、右近にぼかしの鼻緒で、正絹の着物にも合わせやすい。［衿秀］

舟形

右近

芳町（駒下駄）

◉代表的な種類

下駄にも種類が様々あり、とくに横から見ると特徴がわかりやすい。写真上から舟形は、なだらかなカーブの形で草履に近い印象。右近は小判形の足に合うカーブで、履きやすい。下の芳町は駒下駄とも呼ぶ。二枚歯が特徴で、小粋な雰囲気。前重心が歩きやすい。

◉下駄と着物丈のバランス

草履も下駄も、靴のように爪先まで足を入れず、かかとが少しだけ出るように履くと姿がよく歩きやすい。足が外に出ることで着物の裾を踏まずにすむ。エスカレーターなどでは下駄の角をぶつけないようにご注意を。

コラム❶

「無地感覚の着物」を最初の一歩に

昔ながらの着物には、総柄のデザインや、色柄を数多く用いるコーディネートなど、今の洋服とは違ったおしゃれセンスがありました。そうした着物スタイルを自分のものとされたい方とは別に、まず着物も「現代らしくシンプルに装いたい」と考える方には、「無地感覚の着物」のおしゃれをおすすめします。

ここでいう無地感覚は、いわゆる色無地などのアイテムではなく、テイストであり、無柄か柄の少ない着物のことです。とくに洋服と同じくベーシックカラー（ベージュ、グレー、ネイビー、ブラウンなど）の着物は使いやすいといえます。それらは洋服感覚と着こなしの共通点があって、周囲の人や環境になじむ「バランスのよさ」を感じることができます。

なにしろ現代では、着物を着ているだけで特別感がありますから。ダークスーツの男性がいる街中で、無地感覚の着物姿の自分を想像してみて、自然になじんでいたとしたら、外見以上にマインドも心地よく、トータルでバランスのとれたおしゃれになる気がします。

加えて、無地感覚の着物にもう一つメリットを挙げると、それは「曖昧さ」。着物は素材感や技法で着られる幅が変わってきますが、無地感覚の着物はパッと見に素材や技法の判断がつきづらい。つまり曖昧ゆえに限定されず、着回しやすいといえるのです。

たとえば、地紋のない色無地（後染め）、同色で無地の御召（先染め）、そして同色の無地のポリエステルの着物の方が並んで歩いていたとしても、どれが色無地か御召か、絹に似せたポリエステルか、着物のプロであっても区別がつきづらいのです。

個性の際立つ色柄の着物よりも、まず安心できる無地感覚の着物一枚を。現代のライフスタイルに合うように、そのつどリアルな状況に合った装いを探すこと。おしゃれの正解は「ある」ものではなく、「探す」ものです。

無地感覚の着物を定番の一枚に。洋服と同じで、色も強い色より淡い曖昧カラーをベースにするとコーディネートがしやすい。

第二章

体に心地よい着方

自分の体が心地よい、
ラクで美しい着姿を身につけるための着方を知りましょう。

●体がラクで、着姿が美しい

《ラク美》の着方を身につけて――

物事がうまくスムーズに流れるときは、たいてい段取りがよく、タイミングの要所がぴたりと合っているものです。着物の着方も同じで、体がラクなように着られる方法を選ぶことで、すいすいと自然体で着られるようになります。

つまり、着方のコツは明快で、「体にやさしい着方」が、ラクで美しい着姿になる近道。自分の体と着物を仲よくさせることが、美しさや心地よさにつながります。そんな《ラク美》をテーマに、この章では着物や帯の着方などをお伝えします。

《覚えておきたい着姿の名称》

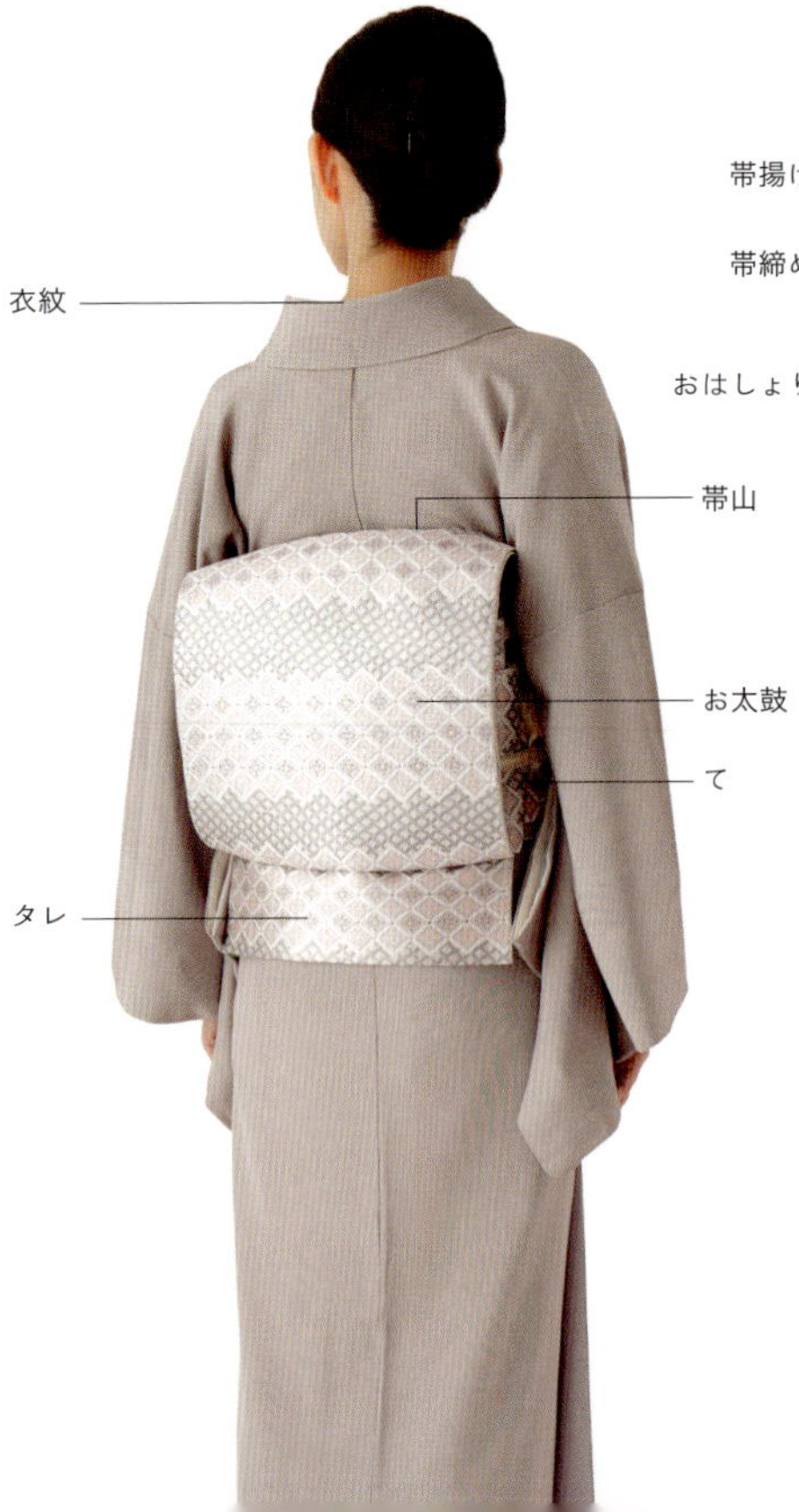

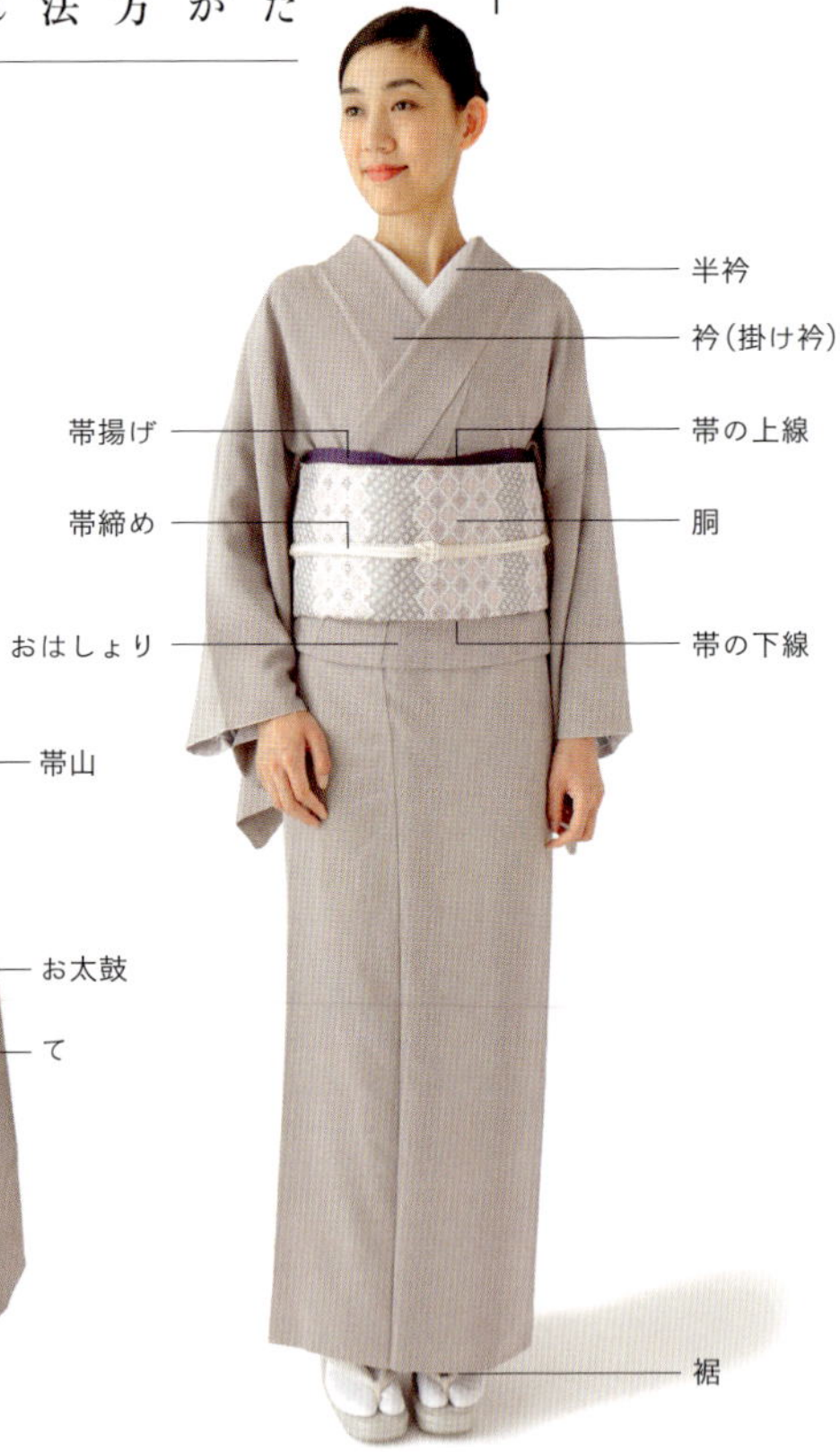

着方の道しるべ

1 体に着物を「沿わせる」「なじませる」

着物を「着付ける」のではなく、体に沿うように「なじませる」と意識してください。自分の体と着物の間の空気を布目に沿わせながら抜いていくと、着物がぴったりと「体になじむ」感じがします。体と着物の間にふわふわ空気が入っていると、シルエットは美しくなく、着くずれもしやすいもの。

本書では特別な道具は使いませんが、あえていうと「手を一番の道具」として考えて、手つきを覚えてください（P.77）。初心者の方は手が動きやすいように、先に着る順番を頭に入れるといいでしょう。着やすい手つきを覚えると、自然と着るスピードも上がってきます。

2 完璧を目指しすぎない、シワを気にしすぎない

今の着方をブラッシュアップしたい方は、まずは客観的に自分の体を観察して、修正したい箇所を見極めます。心地よいところに沿わせて、自分にとってちょうどよい加減を見つけましょう。

またシワを必要以上に気にしすぎないことも重要。そもそも凹凸のある体に、着物という平面の布を巻いているのですから、シワがないのは不自然なこと。必要以上にシワを気にして触りすぎると、くずれてしまいます。

最初から完璧にしようとしないことも大事。雑誌のモデルさんのように隅々までシワのない完璧な着姿は、リアルなものではなく無理があります。「上手に着られない」と悩まれる方もいますが、一人一人の体が違う以上、着方の美しさは十人十色。自分のペースで、上達するプロセスこそ楽しんでください。

3 「こう着たい」の具体的なイメージを持つ

着物はちょっとした着方の工夫で雰囲気がかなり変わるもの。衿の抜き加減で粋な人に見えたり、お太鼓の形などで若々しい印象を与えたり。どんな印象の着姿にしたいかを研究してみると、おしゃれがぐんと楽しくもなります。単にキレイに着たいだけだと、「着付け」を身につけることが目的に。着て出かけるための、着方にしなければ本末転倒です。

また女優さんや素敵なブロガーさん、身近なご友人でも、「あんなふうに着たい」というイメージが具体的にあると、そこに近づこうと上達しやすくなります。できればその方が自分の体型に近いと、着方のコツもつかみやすいでしょう。着物はファッション。自分なりの工夫をあれこれ試してみると、その日その日の着方が楽しめるようになってきます。

着物を着るために用意するもの

本書でおすすめのアイテムをご紹介。料理と同じで、自分好みの着方にするためには、
道具は大事な相棒になるもの。価格の安さだけで決めず、
自分の体と相性がよく気持ちよく使えるものを適切な値段で選びましょう。

着物まわりのアイテム

肌着

セパレートタイプもあるが、ワンピースタイプが初心者にも着やすい。長襦袢の下、素肌に直接着るものなので天然素材がおすすめ。保温性の高いポリエステルなどもあり、暑がり寒がりなど体質で選ぶといい。

和装ブラ

和装の場合は胸もとをしっかり押さえるブラがよい。機能性に加えて見た目もきれいだと着るときの気分も高まる。
[Wafure]

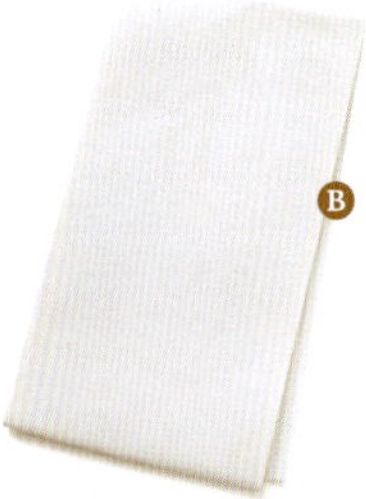

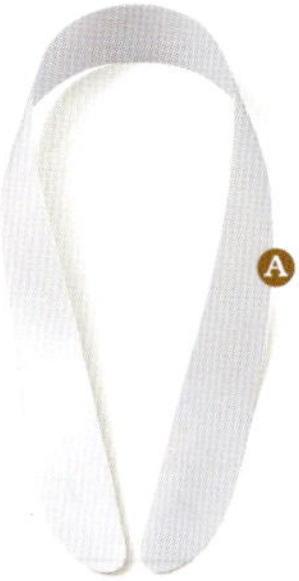

衿芯

差し込み芯（**A**）はやわらかいものがおすすめ。縫いつけるタイプの三河木綿（**B**）なら差し込む芯は不要。

足袋

足もとがきれいに見えるように、足の形、サイズに合ったものを選びたい（P.61）。

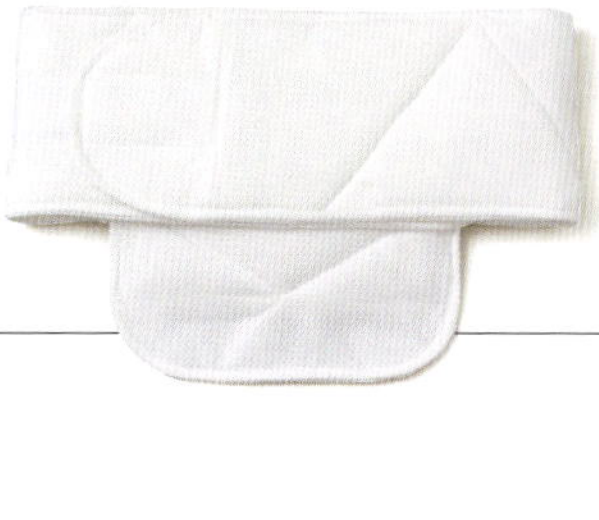

補整アイテム

体型によって補整が必要な場合に。補整パッドかタオルで代用も。洗える素材がおすすめ。[前結び宗家きの和装学苑]

帯まわりのアイテム

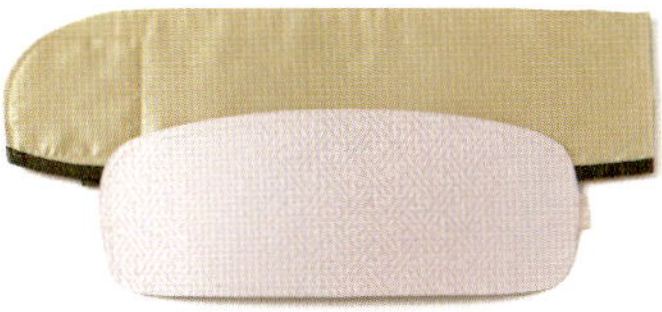

帯板

「前結び用帯板」は帯を後ろに回しやすい、ツルツルした素材の帯板（P.84）。前留めタイプが使いやすい。後ろにゴムがついた普通の帯板でも可。［写真上：前結び宗家きの和装学苑］

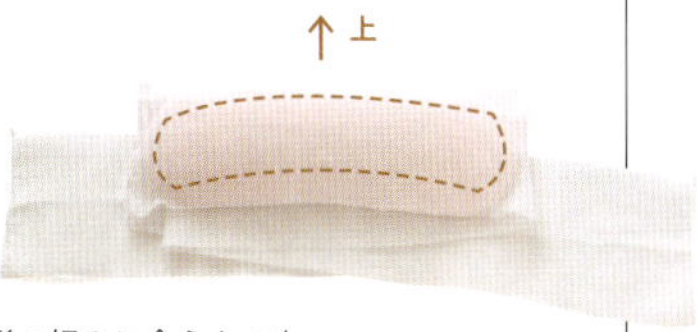

帯枕

体型とお太鼓の形の好みに合うものを。すっきりしたお太鼓の形が好みなら、横長のロングサイズがおすすめ。前結びする場合は必ずガーゼに包んでセットして。

帯揚げ、帯締め

デザインだけでなく、帯の形を整えるために、実用に適ったものを選ぶ（P.54〜57）。

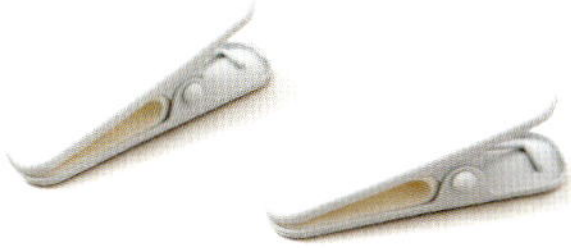

クリップ

挟む力が強く、使いやすい和装用クリップがおすすめ。サイズは小より大が便利。洗濯バサミで代用できるが、挟む力が弱く帯地を傷めるリスクがある。

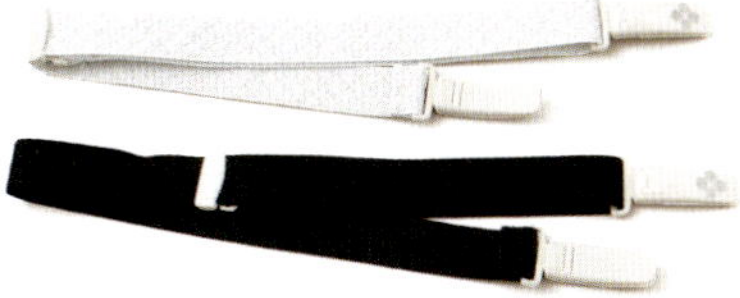

コーリンベルト（着物用ゴムベルト）

本書の着方では長襦袢と着物の両方に活用。留める位置や強さ（調子）に気をつければ大変便利。2色あると使い分けしやすい。

伊達締め

しなやかでよく締まる絹の博多織が使いやすい。締め心地が変わるので洗わないが、使用後は風を通して。汗っかきなら濃い色は避け、色落ちの心配のない白や淡い色に。

紐

腰紐や仮紐に使う紐はウールモスリンなど、よく締まって肌あたりがやわらかなものがおすすめ。使いやすく五角形に畳んでおく（P.196）。

腰ベルト

腰紐の代わりに使う腰ベルト。マイサイズの着物が多い場合は腰ベルトがおすすめ。締めつけなくてラク。

着るまでの《流れと準備》

着物のお出かけは、段取りと準備が肝心。ムダを省いたスムーズな流れが、
ラクに早く着られるようになるポイントです。着装に焦りは禁物。
「心の安定＝着姿の安定」になることをお忘れなく。

◉前日までにやることは――

1 着物を着る当日のタイムスケジュールを組む

大まかでよいので、余裕を持った時間割りを立てる。

2 コーディネートを決める

着物だけでなく小物もすべて決めておく。
脳内コーディネートでは着る段になって合わない！が多発。
必ず実物で合わせて。

3 シワや汚れを確認して、和装ハンガーにかけておく

シワがあればアイロンをかけておく、
汚れを見つけても
前日なので変更も気楽。

4 長襦袢に半衿をつけておく

早めに半衿つけをしておく（P.202）。
衿は汚れていない場合は連続で使っても。
衿をつけたままの襦袢も再確認して。

※初めて着る着物の場合、しつけ糸は前日までにとっておく。新しいものは羽織っておはしょりの長さの確認をしたり、帯のて先をどのくらい取ればよいか、軽く結びを確認しておくといい。

◉当日することは――

1 コーディネートの再確認

前日に決めたコーディネートが気分に合わなくなることも。
再度コーディネートの確認を。
できれば当日変更するのは小物までにしたほうが焦らない。

2 着やすい場所を設定

着物からクリップに至るまで、
使うものはすべて出して。
ムダな動きが減るように
着る場を設える（左ページ）。

3 履物を玄関に出し、持ち物も準備

履物を出すのは前日でも。
バッグの中に必要なものを入れ、
着替えたらすぐ出かけられるように。

4 ヘアメイクをする

長襦袢を着る前にすませておくと、
化粧品で汚す心配もなくなる（口紅は着た後）。
また着付け前にはトイレに行っておくと安心。
事前に手を洗っておきましょう。

直前にやることは――

必要なものはすべて近くに出しておきます。
使う道具を探しまわって着くずれる危険を回避して。

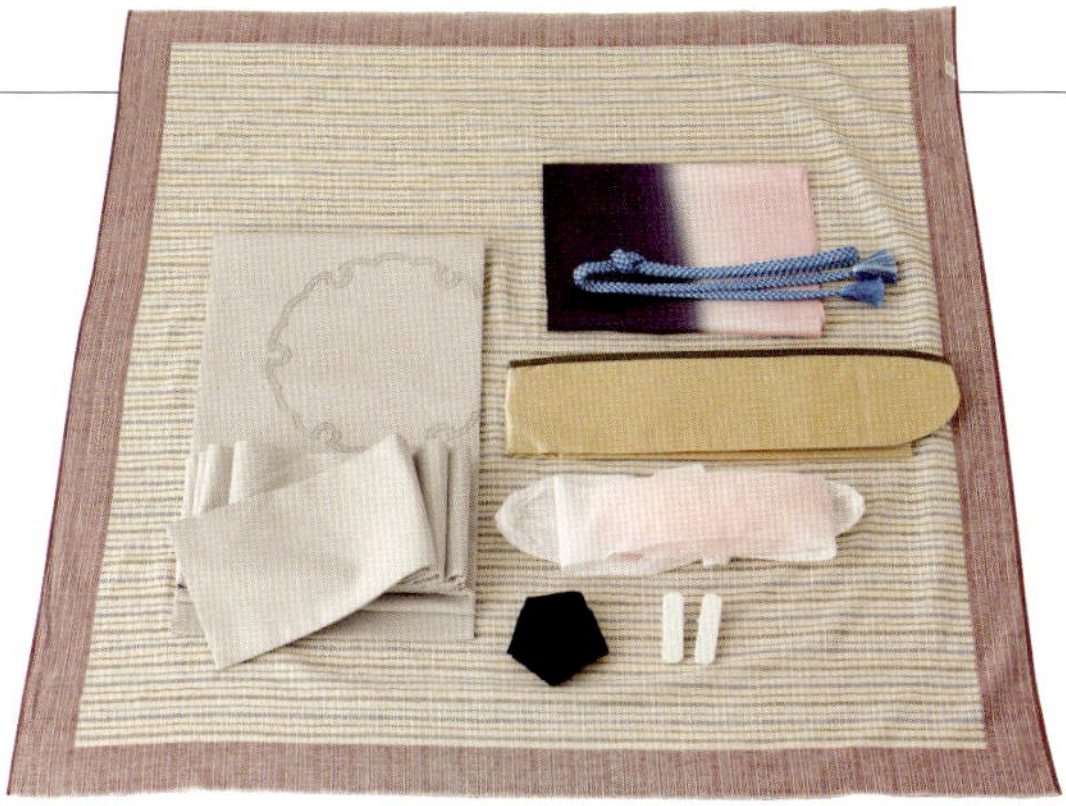

◉手に取りやすいよう着物や道具を置く

汚れがつかないように敷物を広げ、帯や道具を自分の立つ右側に並べる（小物の配置は写真参照）。帯は手先を蛇腹にして、着付けやすい向きに置く、帯枕は帯揚げとセットして（セットの仕方P.84）。

◉着物は着やすく畳みかえる

しまうための畳み方から着るために畳みかえる。洋服のように両袖を合わせた簡単な袖畳みにしておく。衿先をつかむと、さっと羽織りやすい。着物や帯は床やベッドの上に置いてもOK。

◉紐類は椅子の背などにかける

紐類はぱっとつかんで使えるように、紐の真ん中を輪にして椅子にかけるとよい。使うときに握りかえる手間を省いて。

◉長襦袢に衿芯とコーリンベルトをつける

襦袢の半衿の内側に衿芯を入れる。「衣紋《えもん》抜き」は衿を簡単に抜くための紐。衣紋抜きがついてない長襦袢の場合は、衿から手幅一つ分の位置に、ベルト通しを晒《さらし》などで縫って自作する。

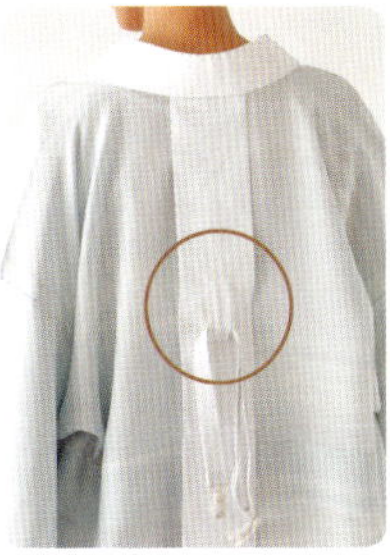

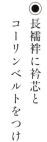

《上半身を動かさない》がルール

長襦袢を着た後は、不用意に動いてはいけません。
とくに手を上げる行為は、せっかくきれいに決めた衿が動くことにも。
着るときの所作でくずしていることに注意して。

◉注意所作［しゃがみ方――］

よくあるのは着物を着る最初の手順で、下においた着物をしゃがんで取るときに起こりがち。

OK

上半身は軸を動かさず、下半身で動くように、腰を落とす。

NG

腰高な姿勢で手だけで取ろうとすると、上半身の着付けが崩れる。

◉注意所作［鏡の見すぎ――］

衣紋を抜いたり背中を整えたり、お太鼓の形を作るときも、鏡で見るのは軽い確認に留めて。

NG

体をねじって鏡を見る所作が続くと、体に沿わせていた着物がずれてくる。

OK

なるべく首から下は動かさずに目視。鏡を見るのは、衿の角度や最後に裾を確認するときなどにして。

◉鏡より手の感覚で確認して――

後ろ側を鏡で見ようと振り返るなど無理な動きをすると着くずれがち。目に頼りすぎず、手の感覚をとぎすまして。

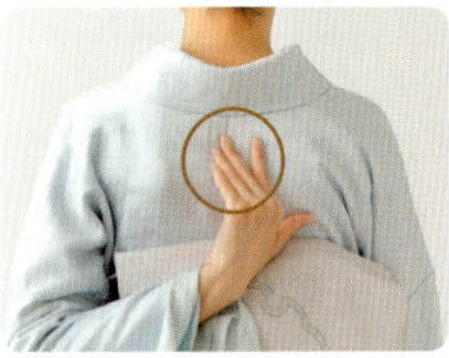

背中心は―　後ろ手にして背中心の縫い目を指先で確認

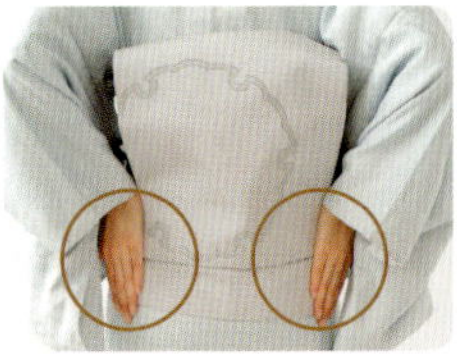

お太鼓のタレは―　手のひらをぴたっとあて、長さと位置を確認

着やすくなる《手つき》

着物を着るときに一番頼りになる道具は、「自分の手」です。
手のひらや指を使って、なでたり挟んだり、のばしたり計ったり。
着物ならではの「手つき」用語を四つ挙げてみました。

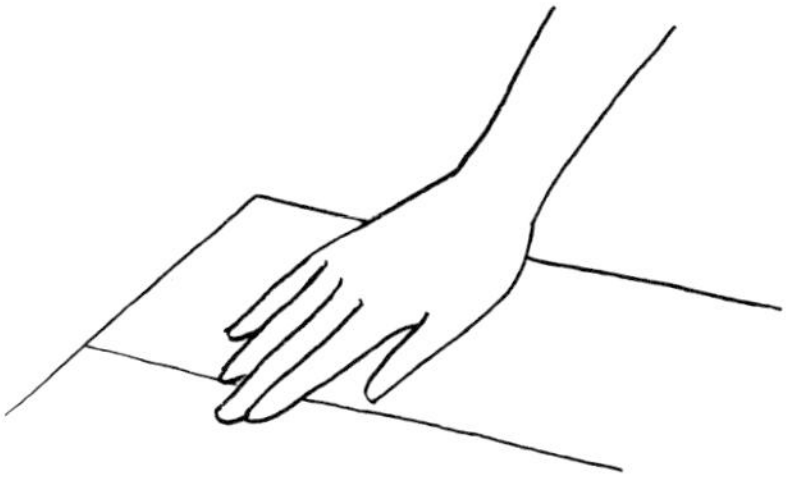

1 手アイロンは――

アイロンを当てるように、手のひらですーっとなでて布目を通す手つき。体と着物の間の空気を抜いてなじませるときや、着物を畳むときにも、手アイロンを使う。

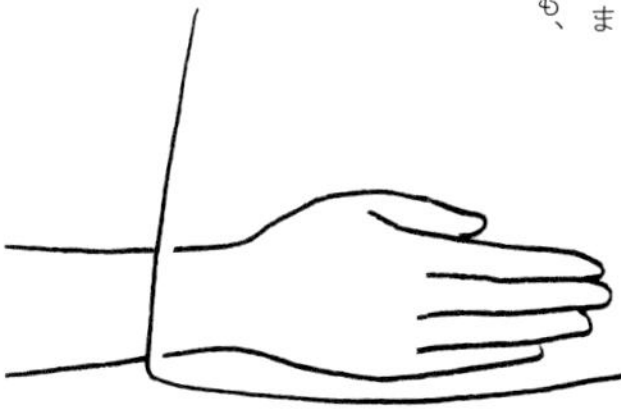

2 手刀《てがたな》は――

指をまっすぐにのばして指股を閉じた、まさに刀のようにした手つき。たとえばモコモコ布がたるんだおはしょりの処理や、帯のねじり目を平らにするときなどに、手刀を使う。

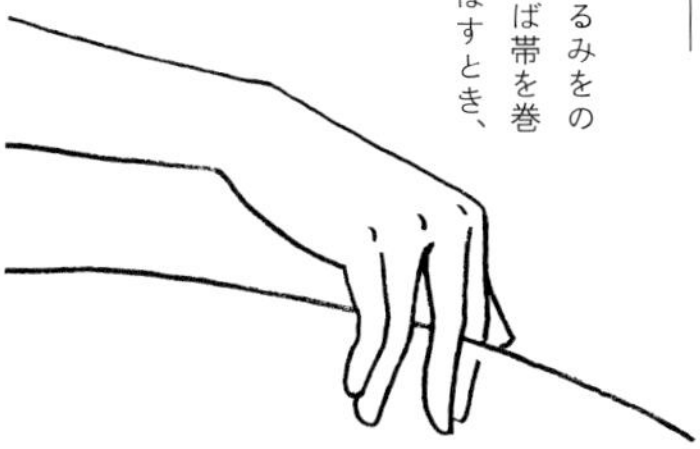

3 指でしごくは――

指に挟んで引き、シワやたるみをのばすときの指使い。たとえば帯を巻いた後に帯前のシワをのばすとき、手の指を使ってしごく。

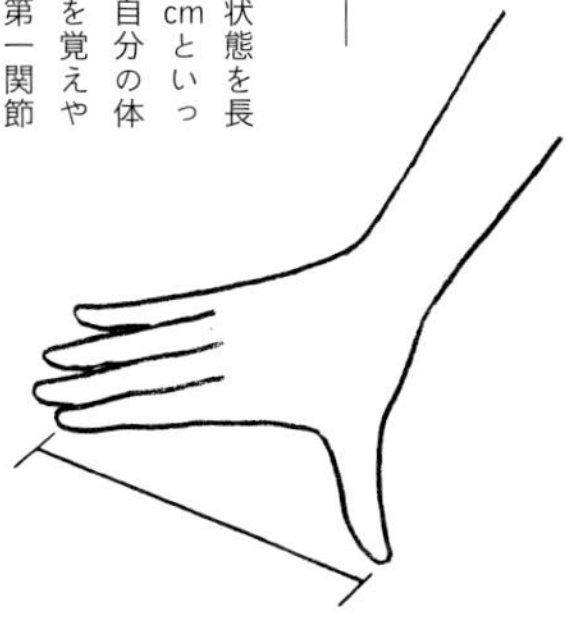

4 手幅一つ分は――

親指から人さし指を開いた状態を長さの目安に使う手計り。何cmといった数字ではなく、なるべく自分の体を使ったほうが、サイズ感を覚えやすい。手幅だけでなく指も第一関節までなど、計りの目安になる。

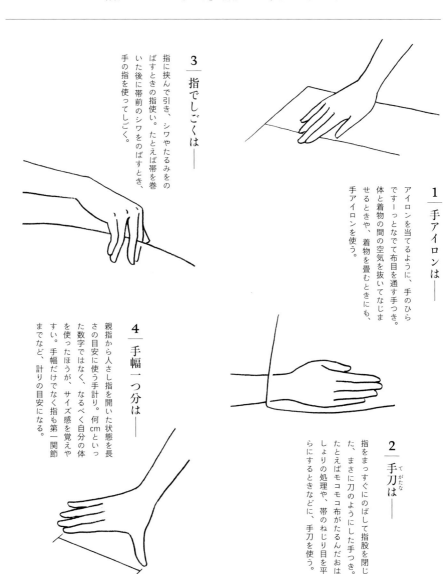

◉長襦袢を着ます

着る前に――
◉衣紋抜きにコーリンベルトを通しておく（P.75）。
◉足袋を履き、肌着と補整をつけてスタート。

1 長襦袢を羽織る

襦袢を羽織り、前中心で衿（A）を揃えて右手で持ち、左手で背中心（B）を持つ。前後に2回動かしてなじませ、衣紋を抜く。

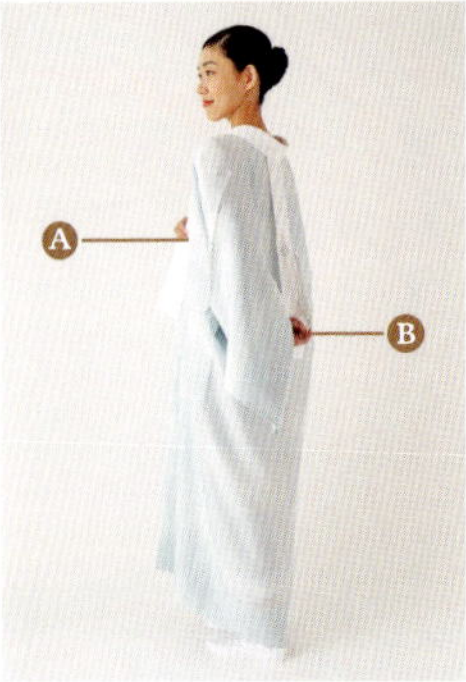

襦袢の持ち方やなじませ方は着物と同じ（P.80 手順2）。衣紋の抜き加減は好みだが、こぶし一つ分が目安。

2 衿を合わせる

両胸を包むように衿を合わせる。先に下前（右身頃）の衿を体に沿わせ、アンダーバストの位置でコーリンベルトを留める。

左手で背中のコーリンベルトを身八つ口から入れ、衿を留める。そのまま右手で押さえておく。

◉肌着と補整

着る前に――
◉和装ブラを身につける。洋装用ブラはNG、和装ブラがなければ衿開きの深いタイトなタンクトップ（カップつきはNG）で代用を。

肌着ポイント 後ろ衿ぐりを抜いておく

後ろの衿はたっぷり引いておく。衿が上がったままだと、着物の衣紋から下着がのぞいてしまう。

肌着は胸もとからひとなでして空気を抜いておく。背中やおなかまわりにシワがあると着物に表れるので、確認を。

補整ポイント 必要な補整をする

体に凹みが大きくある位置、たとえばウエストのくびれなどに、補整パッド（タオルなどを巻いて代用可）をつける。

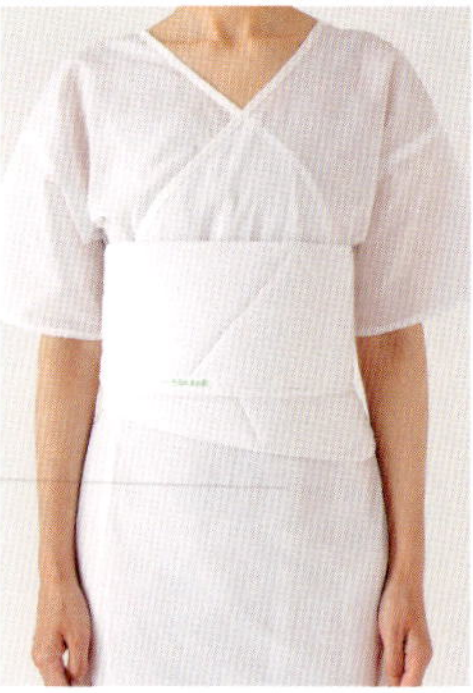

補整をするのは体型や着姿の好みによりけりで、不要の場合も（P.112）。NG→体に対して補整が多すぎると太って見えるので注意して。

NG

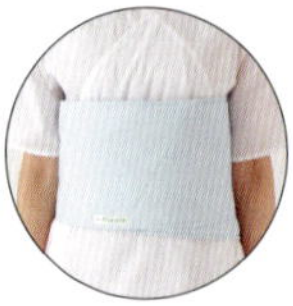

喉の下のへこみを衿合わせの目安に、上前（左身頃）の衿も下前と同様に、アンダーバストの位置でコーリンベルトを留める。

右手で背中のコーリンベルトを引き下げながら前に回して衿を留める。

3 衣紋を抜き、背中のシワをとる

右手で衣紋抜きを下へ引き、左手は指を中心から横にスライドして横シワをとる。右側も同様に横シワをとる。

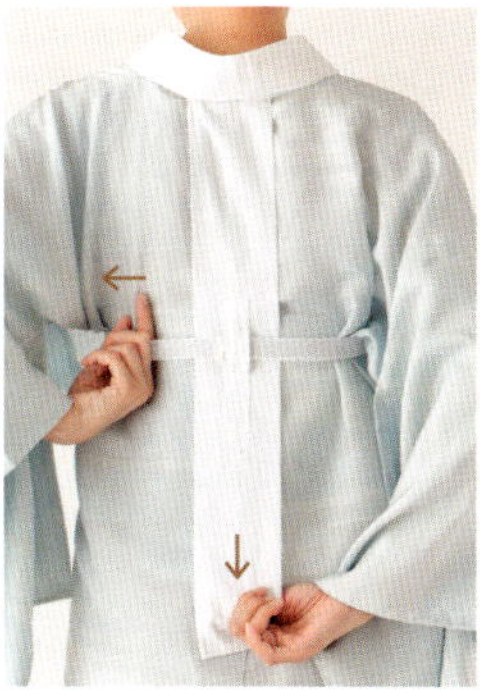

左右のシワをとり、両手で背中心の両脇を引き、縦シワをのばす。

4 胸もとを伊達締めで結ぶ

伊達締めを胸もと上あたりにあて、上から下へ、シワをのばすようにすべらす。背中で交差させて、前で結ぶ。

伊達締めの結び方もポイント（P.105）。

伊達締めの下を引き、胸もとのたるみをのばす。左右それぞれ衿が動かないように衿先を押さえ、弱めの力で下へ引く。

胸もとのたるみをとる前にもう一度、3と同じ要領で、衣紋抜きを引き、背中のシワをのばす。

《完成》着姿を確認してみましょう。

1. 衿合わせが左右対称になっている。
2. 胸もとが浮いていない。
3. 衿が抜けている。
4. 背中にシワやたるみがない。

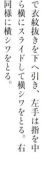

◉着物を着ます

着る前に——

◉腰紐など道具は近くに置く(P.75)。

◉着物は袖畳み(P.75)で、羽織りやすく置く。

1 着物を羽織る

後ろ手に衿を広げて持つ。着物をそっと肩にのせ、衿もとを押さえながら片手ずつ袖を通す。

長襦袢の衿にかぶせない。

2 背中心を合わせる

掛け衿の端と端(A)を、体の中心で合わせる。

右手で衿(B)を持ち、左手で背中心(C)をつまむ。軽く前後に2回ほど動かし、肩になじませる。

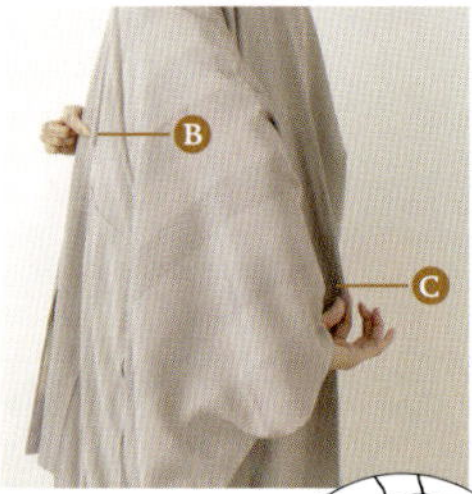

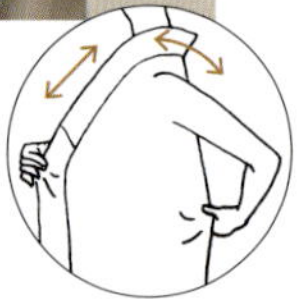

3 裾を持ち上げる

もう一度掛け衿を合わせて左右の高さを揃える。衿の下側の布を持って、裾を持ち上げる。

4 着丈を決める

着物を持ち上げ、背中とおしりに密着させる。裾を床すれすれに落として、着丈を決める。

写真のように着物を背中とおしりにぴたっと付け、衿を持つ手を前へ突き出す姿勢でOK。やりにくい場合は衿を持つ手の位置を1cm単位で上下に変えてみて。

5 上前の幅を決める

着物を背面に密着させたまま、上前(左身頃)の端が右の脇線までくるくらいに幅を調整する。

おくみ線(**D**)が右の足袋の線にかかるくらいが目安。

6 下前を巻き込む

着物を背面にしっかり付けたまま、左手を開き、左脇へ下前（右身頃）を入れ込む。

左脇へ入れる際、最後は褄先(E)をぐいっと上げる。褄先は無理に脇に入れ込みすぎない。足まわりがロックされ、動きづらくなる。

7 上前を重ねる

裾線に沿って上前を重ね、最後に少し褄先（F）を上げる。右腰骨（G）あたりに腰紐をあてる。

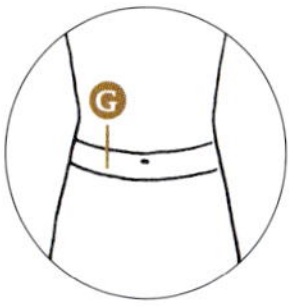

上前を体に重ねる際、ギリギリまで裾を真っ直ぐに持ってきて、最後にくいっと上げる。

8 腰紐を結ぶ

腰紐を腰骨からへそを通し、背へ。背中の交差で一度しっかり締め（下図）、右前で結ぶ。

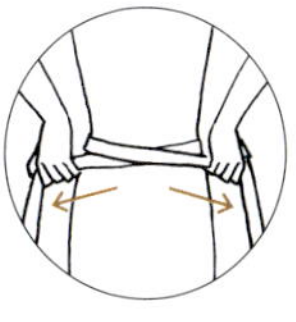

腰紐の結び方もポイント（P.104）。

9 おはしょりを整える

身八つ口（H）から手を入れ、後ろのおはしょりの中の布をならし、整える。

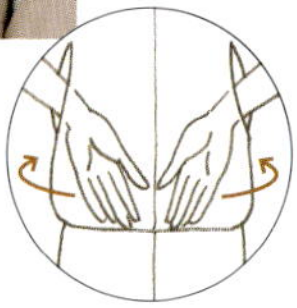

両手を手刀（P.77）にして左右にスライドし、布のたるみをとる。

10 胸もとを4段階で整え、前おはしょりも整える

手を胸前で交差させ、胸もとの布を4段階に分けて真横に引く。下に引くのはNG。

1. 高めで引く。
2. 少し下で引く。
3. もう少し下で引く。
4. 右手だけでおはしょりの下線を平らに整える。

11 衿を作る

着物の衿は好みの幅に折る。下前から半衿の衿幅を決める。「指の第一関節」といった目安で計るといい。

衿もとをなで下ろして整え、コーリンベルトを留め、そこを軸におはしょりを折り上げる。

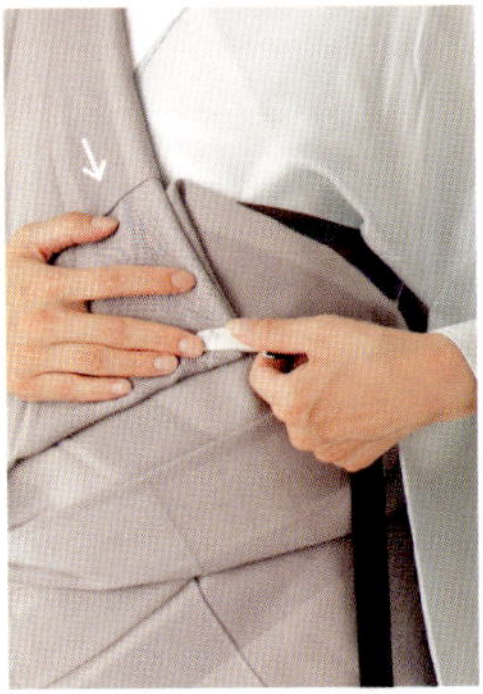

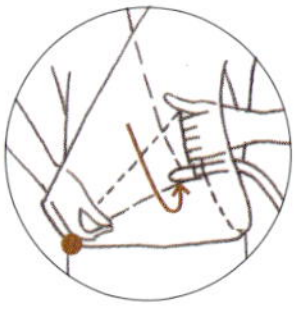

衿もとをなでる手は空気を押し出すような力加減が◎。引っ張らない！ コーリンベルトは身八つ口から手を入れ、アンダーバストから指3、4本下あたりを留める。

※写真は撮影のため左袖脱ぎ。

下前の衿幅に合わせ、上前の衿幅を決める。コーリンベルトは背中を通し、前に回して留める。

コーリンベルトは左脇から背中に回し、右図のように左手で軽く持ち、右手へ渡す。

12 背中のシワをとる

右手で背中心を引いて縦シワをのばし、左手は指を横にスライドして横シワをとる。

シワのばしを左右同時にすると、利き手の力が強くて背中心が曲がりがち。右・左と、片側ずつが◎。

右側のシワも同じ要領でのばす。両手で背中心の両脇を引き、縦シワをのばす。

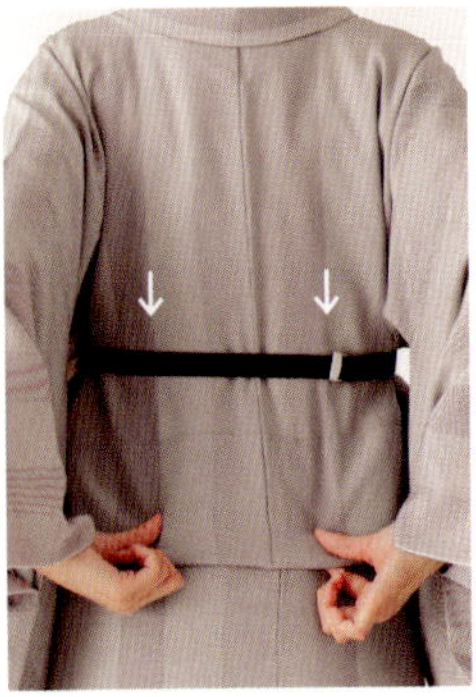

13 おはしょりを整える

おはしょりの端を右手で押さえ、シワやたるんだ布を左脇へ流す。

脇へ流した布がもたつくときは、前身頃をつまんでタックをとって折り込み、体に沿わせて後ろに倒して始末する。

ベルト下のシワをとり、最後は右脇で前と後ろのおはしょりラインが揃うように整える。

ベルト下のシワをとるときは、左手でベルトを押さえつつ、右の人さし指を着物とベルトの間に入れ、下からならすようにする。

14 胸もとを帯板（伊達締め）で留める

前結び用の帯板を巻き、胸もとを留める。

前結び用の帯板はしっかり留まるので、伊達締めが省ける。

普通の帯板の場合は、伊達締めを結ぶ。

《完成》確認してみましょう。

1. 襦袢の衿が均等に出ている。
2. 衿が浮いていない。
3. 胸もとに大きなシワがない。
4. おはしょりがすっきりしている。

5. 背中に大きなシワがない。
6. 裾すぼまりになっている。
7. 着丈が短すぎない。

ラクに美しく、自分らしく結べる

「前結び」のすすめ

1 「前結び」は すべての帯で結べます

名古屋帯や袋帯も、
「前結び」でお太鼓の形を作ってから、後ろに回します。
これまで主流の「後ろ結び」のお太鼓と手順は同じですが、
やりやすさは格段にアップします。

2 こんな方に向いています

・時間を短縮してきれいに、自分らしい帯結びがしたい方。
・「後ろ結び」ではきちんと結べているか、不安な方。
また、後ろで手を動かすのがつらい方。

3 「前結び」のよい点は――

最大のメリットは、自分の目で見ながら
お太鼓の形を結べるので、ゆがみやシワをそのつど調整でき、
きれいな帯結びができます。
・お太鼓の基本の構造が理解できることで、アレンジ力がつく。
後ろ結びで柄の出し方や帯の大きさを調整するのは、
慣れた方でも帯によっては難しいもの。
前結びなら見ながら結ぶので柄出しも形のアレンジも簡単。
・お太鼓の形を自分の思うように変えやすいので、体型、
キャラクター、見せたいイメージによせた工夫がしやすい。

◉手順はシンプルに覚えて時短に――

「帯を体に巻きつける」⇩**「お太鼓の形を作る」**⇩**「お太鼓を後ろに回し、形を整える」**と三つのパートに分けて手順を覚えて。一つ一つの工程を確実に決めていくと、きれいに手早く結べるようになります。

◉「前結び」をスムーズにする着付け道具――

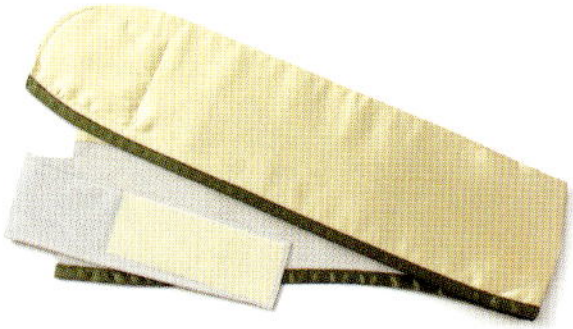

前結び用の帯板 前で結んだ帯を後ろに回す際、布すべりのよい前結び用の帯板を使うと回しやすくなる。※前結び用の帯板を使わない場合は、帯を回す際に衿が動かないように注意が必要。回すコツ（P.88）をつかめばできる。

帯揚げをセットした帯枕 《着装前に》帯揚げを半分の幅に折って出したい色を表にして帯枕にかぶせ、枕の真ん中あたりをゴムで留めておく。

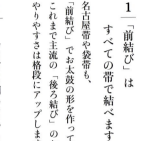

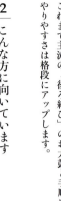

◉名古屋帯でお太鼓を《前結び》

◉着付け道具（7点）があるか、声に出してチェックして。
1.帯　2.帯板　3.帯枕　4.帯揚げ　5.帯締め
6.和装クリップ2個　7.仮紐
◉帯板を身につけた状態からスタート。

帯を体に巻きつける

1 て先の長さを決める

帯板の両胸にクリップを留める。て先（A）は輪を下に、左手に持って長さを調整。

て先の長さは膝下からふくらはぎあたりを目安に。帯の寸法、体型によって長さは異なる。

2 帯を巻く

て先を右肘にかけ、左手をすべらせて帯地を帯板にぴたっと密着するように巻く。

右肘は脇にしっかりとつけて垂直にのばし、タレを押さえる。L字の状態にすると、やりやすい。

巻いた帯を左手で右脇へぐいっと押し込み、挟み込む。左脇の帯地と帯板をクリップで留める。

3 帯上のシワをとり、引き締める

右手のタレ側を左手に渡し、帯上のシワを右手の指でしごいてとり、同時に左手で帯を引いて締める。

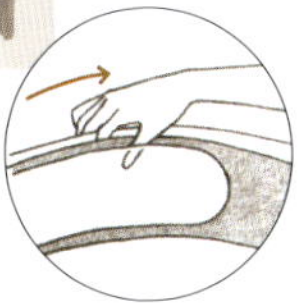

しごく位置は、左右クリップの間。帯板の外側から、帯との間に親指、人さし指、中指の順に入れ、しごく。

4 帯をもう一巻きする

帯をもう一巻きし、3の要領で帯上を指でしごき、締める。

背中で帯上を押さえて巻きつける。帯を持って自分が回り、帯が床を擦らないようにしたほうがよい。

帯の形を作る

5 て先を下ろし、タレを上に引く

右脇のクリップを帯の中心へ移し、帯地と帯板を一緒に留める。て先（B）を引き抜く。

て先の輪は外側に。引き抜く際、左手でクリップを動かないように押さえておき、右手でて先をしっかり引き抜き切る。

クリップを起点にして、て先は折り下げ、左手のタレ側は折り上げる。

6 て先とタレを交差する

右手と左手の帯地を持ちかえて交差し、ねじる。右手がタレ、左手がて先になる。

て先を左から背に回し、クリップで帯下を留める（帯の中心を留めたクリップを外して使う）。

このとき、て先の長さが背中心より少し長いくらいでないと、最後にて先が足りなくなる。

7 帯山を決める

帯揚げをセットした帯枕をお太鼓になる帯の中に入れ、柄を見ながら帯山にする位置を決める。左手で内側の帯を整える。

右手は帯山を上から持つ。左手は手刀にして内側の帯のたるみやシワをのばす。連続文様の場合の帯山の位置は、タレの下線が膝下あたりにくるのが目安。

8 帯枕をのせる

帯枕を帯のねじり目の上にのせる。帯枕を胸もとにぴたっとくっつける。

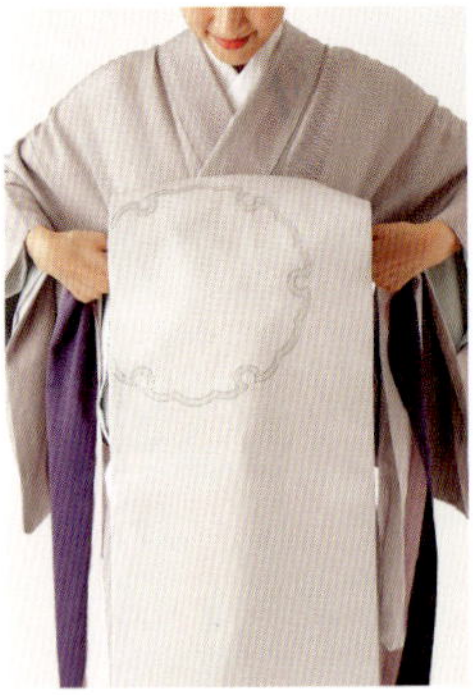

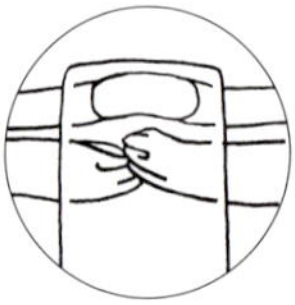

帯枕の紐と帯揚げを背中へ回し、なるべく高く強めに結ぶ。

結んだ後、前を整える。帯枕の下の帯のデコボコは手で押さえ、できるだけ平らに整える。

9 お太鼓の形を決める

お太鼓の大きさを想定して仮紐をあて、人さし指で帯を内側に折って下線（C）を作る。

帯の真ん中を下線の仮紐ごと左脇のクリップで留める。

仮紐の位置は胴巻きの位置が目安だが、柄出しや帯の形によって調整して。

10 タレを決める

左手でクリップの横を持ち、右手で帯地を内側にたくし上げる。

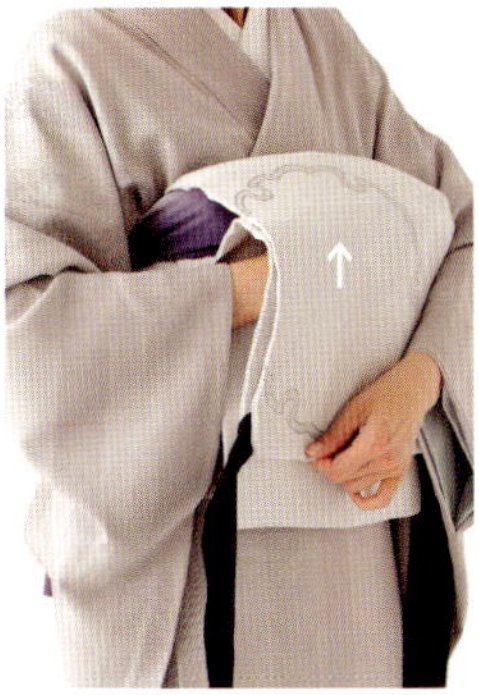

タレの長さは人さし指の長さが目安。仮紐を強めの力で後ろで結ぶ。

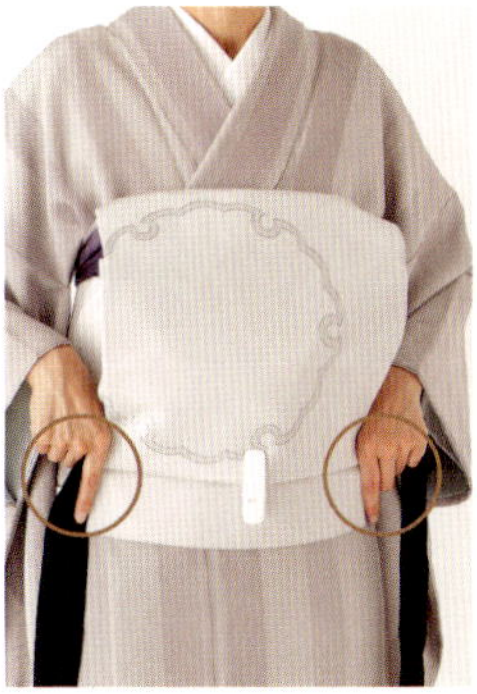

仮紐はやや下向きに、じわっと強い力で結ぶのが大事。この結びがゆるいと帯の形が崩れやすい。

お太鼓の下線と背中のクリップを2個とも外す。背中にあった先をお太鼓に通し、右脇から少し出す。

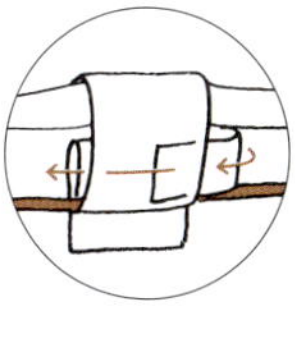

11 帯締めを結ぶ

帯締め（D）をて先の真ん中に通してあて、しっかり後ろへ引いて、背中で結ぶ。

帯締めは一度結んで左右にねじり、脇で2度ほどからげて挟み込んでおく。蝶々結びより、この結び方のほうがズレない。

後ろの仮紐を解く。左手でお太鼓を押さえながら、右手で仮紐（E）を引き抜く。

帯を背に回し、形を整える

12 帯を2回に分けて回す

足を少し開き、着物のたもとを腕にかける。1回目は思いっきりよく回す。

反時計回りにすると衿が崩れるのでNG。

2回目は、確認しながら回す。

両方の親指が、帯と帯板の間に入っている状態で回す。1回目は多少勢いをつけて回すほうがいいが、2回目の回しすぎはNG!

※「普通の帯板」の場合

1回目は帯を少し回したら左手で帯板（F）を持って固定し、右手だけで帯地（G）を回す。

13 帯位置を確認する

最後は手で確認を。帯のタレを両手で押さえながら、自分の体で帯の位置を確認。

この段階で鏡は絶対見ないこと。鏡を見ると左右どちらかに寄って見えてしまうので、体の感覚を優先に。見ないこともコツの一つ。

14 帯揚げ、帯締めを結ぶ

帯枕の紐を結び直し、帯揚げは仮結びに。帯締めを結んでから帯揚げを結ぶ。

帯枕の結び目は帯の内側へ、帯板の半分ぐらいまで深く押し込む。※帯締め、帯揚げの結び方ポイントはP.106−109。

帯と帯揚げの間を指でしごいて帯揚げのシワをのばす。

《完成》お太鼓を確認してみましょう。

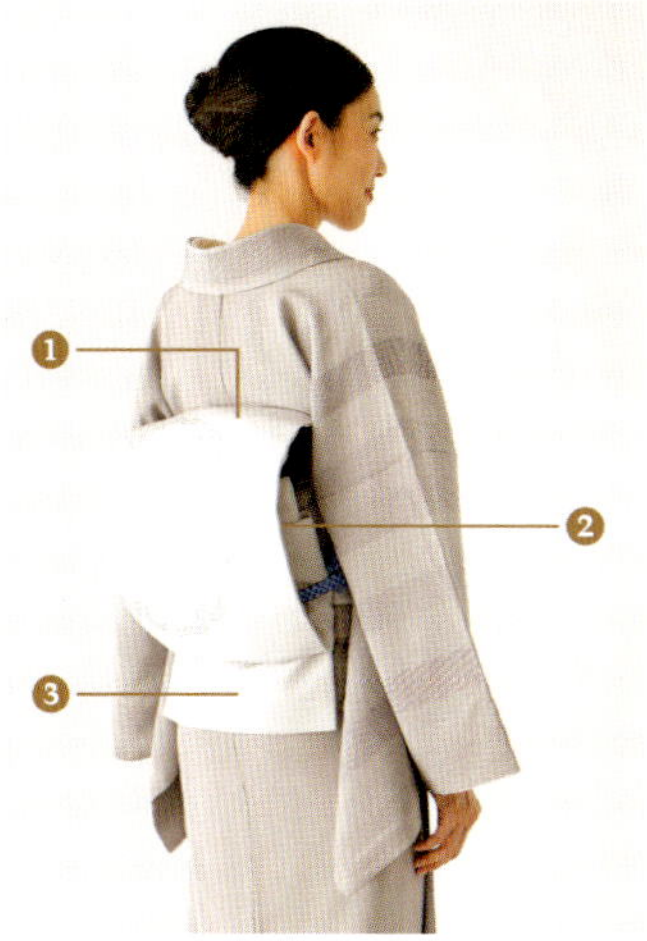

1. 帯山ラインが真っ直ぐになっている。
2. 帯のふくらみが左右同じ
（鏡で横からチェック）。
3. タレが長すぎない、短すぎない。

4. 一巻き目と二巻き目がきれいに重なっている。
5. 帯揚げの結び目と帯締めの結び目が
縦ラインで揃っている。

◉袋帯で二重太鼓を《前結び》

基本の手順は名古屋帯とほぼ同じ。違いは「帯枕を入れる位置」「仮紐を入れる位置」の２点だけ。重々しい袋帯は手強そうですが、シンプルな長方形なので意外に結びやすいのです。付下や色無地などの礼装に袋帯を合わせるときも、「前結び」なら自分ですいすい結べます。

結ぶ前に――

◉道具などの準備は、名古屋帯(P.85）と同じ。

◉袋帯は屏風畳みで、巻きやすく置く。お太鼓部分（身長分が長さの目安）は折らずに畳み、それ以外は、て先から半分に折っておく。

帯を体に巻きつける

1 て先の長さを決める

帯板の両胸にクリップを留める。て先（A）は左手に持って、長さを調整。

袋帯のて先の長さは全通柄(P.52)なら膝下からふくらはぎあたり、六通柄(P.52)なら柄止まりが右胸下あたりを目安に。

2 帯を巻く

て先を右肘にかけ、左手で帯を密着するように巻き、右脇へ挟み、左脇をクリップで留める。

右手に持っていたタレ側を左手に渡し、帯を引き締める。

左手で帯上を持って背に回し、体に沿わせて巻き、前へ。

帯の形を作る

3 て先とタレを交差する

帯上をしごいて帯中心をクリップで留める。て先を引き抜く。て先の輪は外側に。

巻いた帯が動かないように左手でクリップあたりを押さえてから、右手で思いきり引き抜く。

て先を引き抜いてタレと交差。て先は背にクリップで留める。ねじり目を開き、ぎゅっと縦に引き絞る。

写真のように、ねじり目の際までタレをきれいに開いておく。

4 帯山を決める

POINT

タレ先を三角に軽く折り、帯山になる部分に目安をつける。

三角形の上辺に帯揚げをセットした帯枕を合わせる。帯枕の山は上向きにしてあて、タレがずれないように注意して。

帯枕に帯をかぶせて右手でしっかり握る。お太鼓になる側の帯（B）は柄出しなどを考えて調整。

右図のようにタレ先下とお太鼓になる側の帯の長さの差は手幅一つくらいが目安。帯側は内側の布のたるみやシワをのばしてねじり目に帯枕をのせ、背中で結ぶ、。

5 お太鼓の形を決める

POINT

仮紐をタレ先にあて、その位置から平行に帯裏に手をのばして仮紐をあて、下線（C）を決める。

仮紐をあてる位置は胴巻きの下線を目安に柄出しや帯の形によって調整して。下線を作る手つきは名古屋帯と同じ(P.87)。

6 タレを決める

下線を作ったら真ん中をクリップで紐ごと留める。右手で帯地を内側へたくし上げる。

タレの長さを決めて仮紐を強めの力で後ろで結ぶ。クリップを2個とも外す。

タレの長さは人さし指が目安で、名古屋帯と同じだが、お太鼓の形はやや大きめでバランスをとる。

て先をお太鼓の中に通し、右脇から先を少し出す。帯締めも通し、背中で仮結びする。

帯締めを結んだら、仮紐を引き抜く。

帯を背に回し、形を整える

＊名古屋帯の手順12〜14（P.88〜89）と同じ要領。

7 帯を2回に分けて回す

足を少し開き、着物のたもとを腕にかける。帯を両手で持ち、時計回りで回す。

2回に分けて背中に回す。

8 帯揚げ、帯締めを結ぶ

手で帯位置を確認。帯枕の紐を結び直し、帯揚げは仮結びに。帯締め、帯揚げの順に結ぶ。

《完成》お太鼓を確認してみましょう。

＊チェック項目も名古屋帯と同じですが、お太鼓の形は名古屋帯よりもやや大きめ。

1. 帯山ラインが真っ直ぐになっている。
2. 帯のふくらみが左右同じ（鏡で横からチェック）。
3. タレが長すぎない、短すぎない。

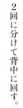

4. 一巻き目と二巻き目がきれいに重なっている。
5. 帯揚げの結び目と帯締めの結び目が縦ラインで揃っている。

◉名古屋帯で銀座結びを《前結び》

着慣れた感じになる銀座結びは、帯枕を入れずにお太鼓の下方にボリュームを持たせた結び方が特徴です。手順はごく簡単で、ポイントは「バランス&ふわっと感」。バランスのよい形に仕上げるためにも、一度練習してから本番を結ぶことをおすすめします。

結ぶ前に——

◉帯枕は使わない。帯揚げは縦四つ折りにしておく。
それ以外の道具や準備は名古屋帯（P.85）と同じ。

◉帯を巻く手順までは、
名古屋帯のお太鼓の前結びと同じ。

◉て先はお太鼓のときより、少し長めにして巻き始める。

—— P.86「6 て先とタレを交差する」
まで終わったら

1 帯揚げをあて、帯山を決める

POINT

四つ折りにした帯揚げを右手に持つ。帯山にする位置に帯揚げを通す。

帯山の上線を真っ直ぐにして、胸もとにぴたっとあてる。帯揚げを背中でしっかり仮結びする。

2 て先を出す

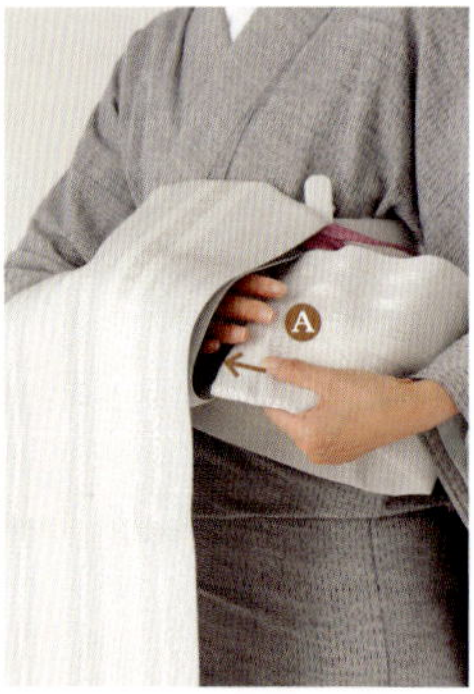

お太鼓の中に、て先（A）を通す。て先が輪の中を通らなければ帯を引き、調整して。

帯の左右から同じくらいの幅で羽根（B）がのぞくように調整する。

3 お太鼓の丸みを決める

POINT

お太鼓の大きさを想定して帯締めをあて、人さし指で帯を内側に折って、下線（C）を作る。

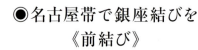

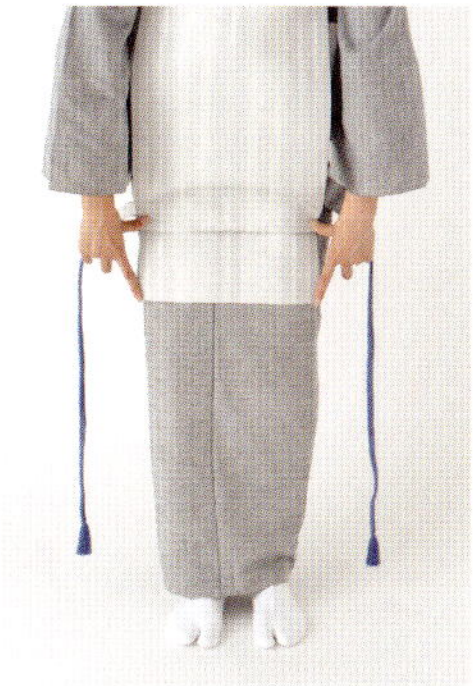

帯締めで作ったお太鼓の下線（C）から、タレの長さが手幅一つ分強になっていたら◎。

4 帯締めを結び、タレを決める

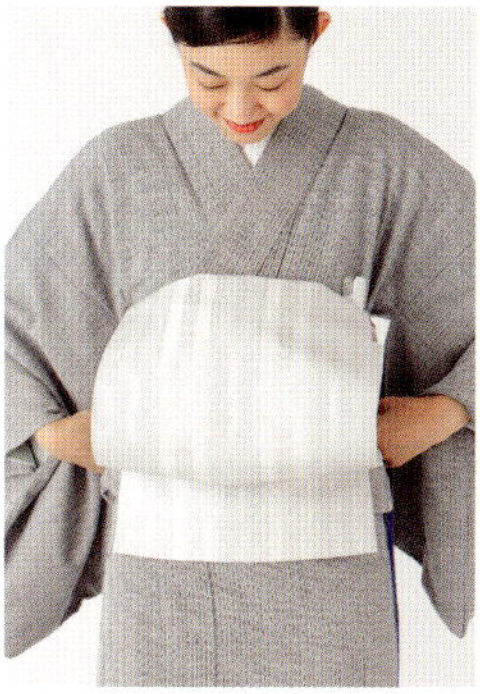

そのまま上に持ち上げた帯締めを、胴に巻いた帯につきあて、背中で仮結びする。

横から見て確認。タレの長さ、ふんわり感、お太鼓の中の布の折り返しの感じをチェックして、整える。

もっと「帯山を真っ直ぐきれいにしたい」場合は薄めの帯枕を使ったり、芯代わりに腰紐を帯揚げに入れて結ぶ手も。

—— 帯を背に回し、形を整える。
P.88〜89 名古屋帯の手順 12〜14 と同じ要領（帯枕がないため帯揚げ・帯締めの順に整える）

《完成》銀座結びを確認してみましょう。

1. 帯山が真っ直ぐになっている。
2. 帯のふくらみのバランスがとれている。
3. タレが長すぎない、短すぎない。

4. 一巻き目と二巻き目がきれいに重なっている。
5. 帯揚げの結び目と帯締めの結び目が縦のラインで揃っている。

※背つきの椅子に座って席を立つ際、帯がつぶれていないか手で触って確認するのをお忘れなく。

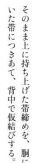

◉名古屋帯のお太鼓《後ろ結び》ポイント

《後ろ結び》も《前結び》も、基本的に手順は一緒。体の前で結ぶか、体の後ろで結ぶかという違いだけです。後ろ結びの流れとポイントを簡単にさらっておきます。
※細かな要領は、名古屋帯でお太鼓を《前結び》（P.85～89）を参考にしてください。

1 帯を二巻きする

て先（A）は肩にかけ、タレは輪を下に右から左へ一巻きして締める。もう一巻きして締める。

て先の長さは、左肩から帯板に少しかかるくらいが目安。一巻きしたら、右手で帯の輪を持ち、左手はて先の下を持って引いて帯を締め、後ろに回す。二巻き目も同じように引き締める。

2 て先とタレを後ろで交差する

て先が下、タレが上になるように背で交差する。て先は帯前に回してクリップで留める。

前結び同様に、て先とタレのねじり目ができる。

3 帯山を決める

帯山の位置に帯揚げをセットした帯枕をあてて背につけ、帯枕の紐を結ぶ。帯揚げも仮結びする。

帯枕を背中にぴたっとくっつけるように、少し前屈みになりながら帯枕の紐を引いて結ぶ。

4 タレを決める

帯の下線に仮紐をあてる。仮紐を軸に余った帯地を内側にたくし上げ、紐を前で結ぶ。

下線を作る仮紐は「前結び」同様にクリップで留めても0K。タレは人さし指の長さが目安。

《完成》帯締め、帯揚げを結ぶ

て先をお太鼓に通し、帯締めも通して結ぶ。仮紐を取り、帯揚げを結び直して整える。

最後に手で帯のタレを確認するのも「前結び」と同じ。

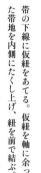

◉袋帯の二重太鼓《後ろ結び》ポイント

帯を二巻きして、て先とタレを交差させるところまでは、名古屋帯と同じです。

※細かな要領は、袋帯で二重太鼓を《前結び》（P.90〜93）を参考にしてください。

1 帯を二巻きする

て先（A）は肩にかけ、タレは輪を下に右から左へ一巻きして締める。もう一巻きして締める。

2 て先とタレを後ろで交差する

て先が下、タレが上になるように背で交差する。て先は帯前に回してクリップで留める。

3 帯山を決め、タレを決める

タレ先を軽く三角に折り、帯山の目安に。三角形の上辺に帯揚げをセットした帯枕をあてる。

帯枕にタレをかぶせ、ねじり目の上に帯枕をのせる。帯枕の紐と帯揚げを胸もとで結ぶ。

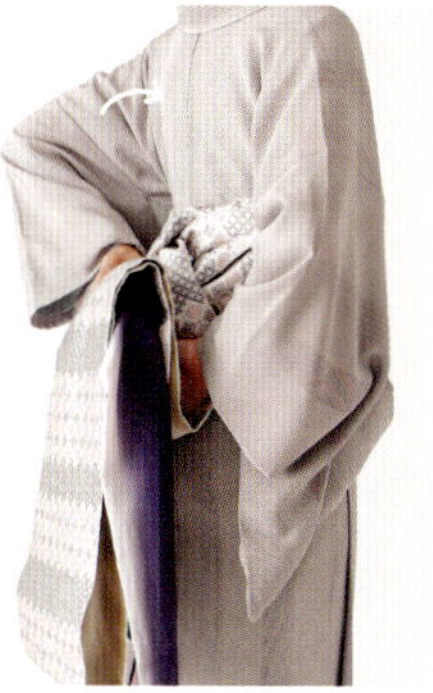

帯枕にタレをかぶせたら左手で帯枕を上からしっかり持つ。帯枕をのせる前に、右手は手刀で内側の布のたるみやシワをのばす。タレとお太鼓の間の帯の下線に仮紐をあてる。仮紐を軸に余った帯地を内にたくし上げ、紐を前で結ぶ。

《完成》帯締め、帯揚げを結ぶ

て先をお太鼓に通し、帯締めも通して結ぶ。仮紐を取り、帯揚げを結び直して整える。

最後も「前結び」と同じく、手で帯のタレを確認する。

◉大人の半幅帯結び

リボンアレンジ／お太鼓風アレンジ／かるたアレンジ

前で結んで形を完成させて後ろに回す半幅帯は、「前結び」の基本です。名古屋帯や袋帯よりも、自分好みにアレンジできる自由度の高さが魅力。大人着物におすすめの半幅帯結び3種をご紹介します。

結ぶ前に――
◉着付け道具があるか、チェックしましょう。
1.半幅帯　2.帯締め　3.帯揚げ　4.帯枕
5.和装クリップ1個　6.帯板（または伊達締め）
（2,3,4,5はお太鼓風、2,5はかるたの場合）
◉帯板（または伊達締め）を身につけた状態からスタートします。

●リボンアレンジ・お太鼓風アレンジのベース

リボンアレンジとお太鼓風アレンジは、途中まで同じ工程です。流れを覚えてしまえば、両方とも簡単に結べます。

1 て先の長さを決める

左手にて先、右手にタレを持つ。て先は床につくくらいを目安に長さを決める。

2 帯を巻く

て先を内側に斜めに折り上げる。

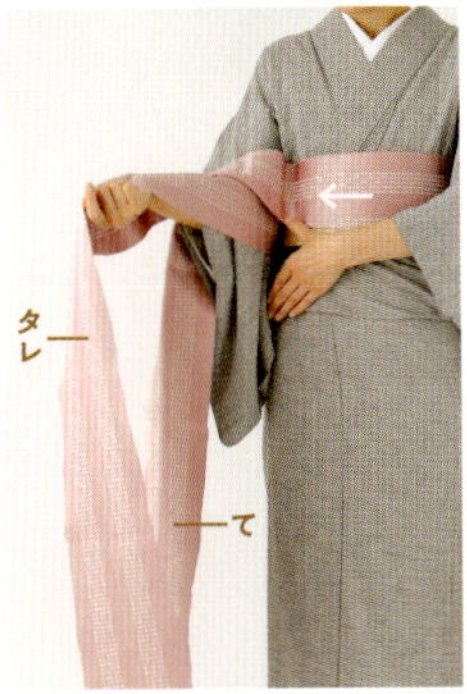

ては左手で帯地を胴に密着させるように巻き、右脇へ挟み込む。

タレを二巻きする。一巻きごとに帯前で右手でしごき、左手で帯を引いて締める。

3 タレとて先を折る

左手のタレは胴に沿って内側に折り上げ、右手のて先は二つ折りの状態で持つ。

先にタレ側を斜めに折り上げ、て先は左脇まで引き抜く。

体の中心で、て先を上、タレを下にして重ねる。

て先とタレ先の輪が写真のように重なればOK。

4 結ぶ

て先を上にして、一結び。

結び目が帯板の上にのるような感じで、高い位置で結ぶ。

帯が長めか、または結び目が緩くなりそうで心配なら、もう一結びする。

—— ここまでリボンアレンジ（P.100）、お太鼓風アレンジ（P.101）と共通

●リボンアレンジ

リボン結びを基調に、仕上げの羽根の広げ方やタレのかぶせ方で表情が一変。自由なアレンジを楽しんで。

——P.99「4 結ぶ」まで終わったら

1 リボンを作る

右手でタレの幅を半分に折り、片羽根を作って左手に持たせ、片羽根を結び目の上に重ねる。

右手のてを、片羽根の上にかけ、結び目の下をくぐらせる。

2 リボンを整える

ぎゅっとリボンを結ぶ。リボンの羽根の大きさを好みに整える。

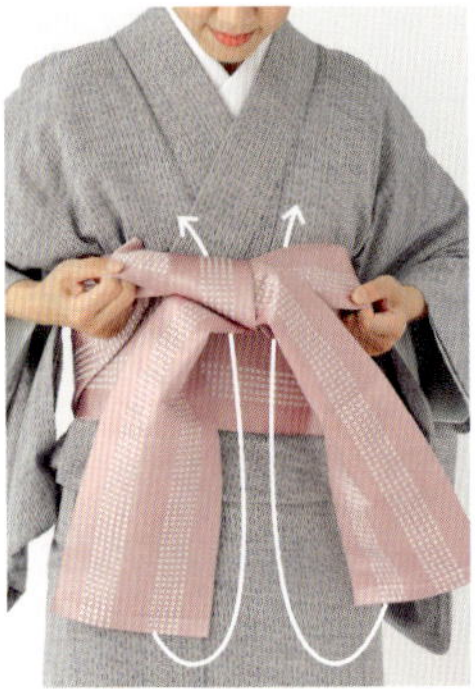

帯端の2枚とも結び目の下から通す。

3 リボンにかぶせる

帯端をリボンにかぶせて整える。2回に分けて後ろへ回す。

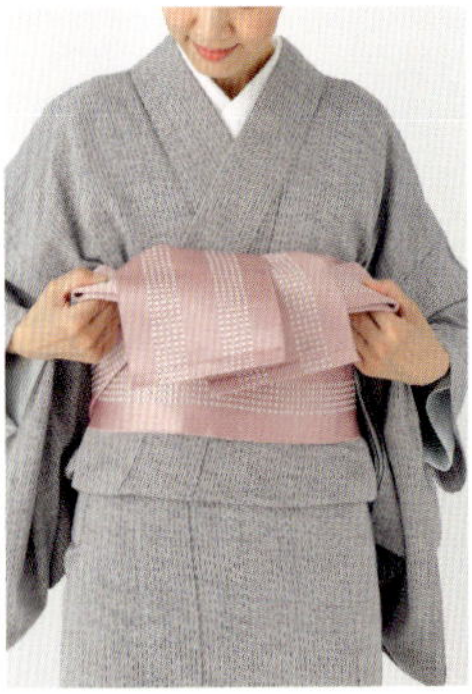

この状態で完成としてもOK。リボンの羽根を広げる場合は、中途半端な広げ方は格好悪くなるので、しっかり広げること。

《完成》

余り分を活かしてかぶせた部分をアンバランスにしたり、結ぶときの気分で変えても。

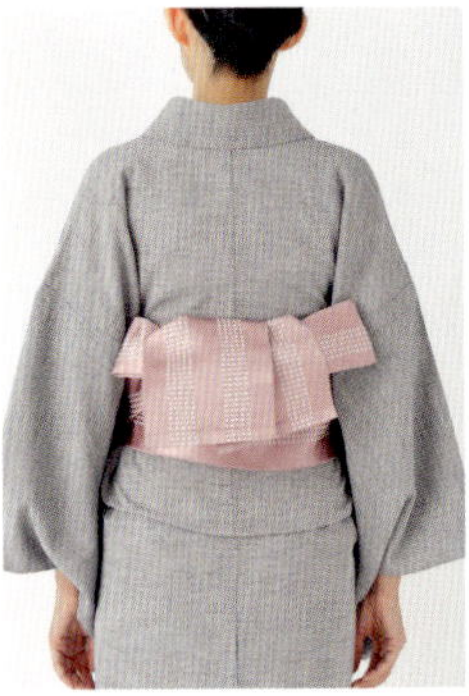

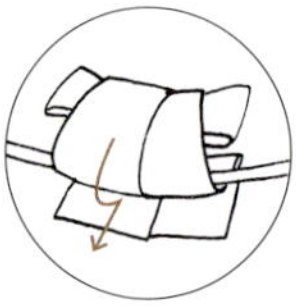

お太鼓風アレンジ

お太鼓を作って、帯揚げ・帯締めを締めることで、気軽に結べる半幅帯でもきちんと感が出せる結び方です。

――P.99「4 結ぶ」まで終わったら

1 帯山を決める

て先とタレ先の長さを揃える。帯揚げをセットした帯枕を帯山にする位置にあてる。

名古屋帯の帯山を作る要領と同じ。

2 帯枕をのせ、お太鼓を作る

帯枕を結び目にのせ、帯揚げと帯枕の紐を背で仮結び。お太鼓の下線あたりに帯締めをあててクリップで留める。

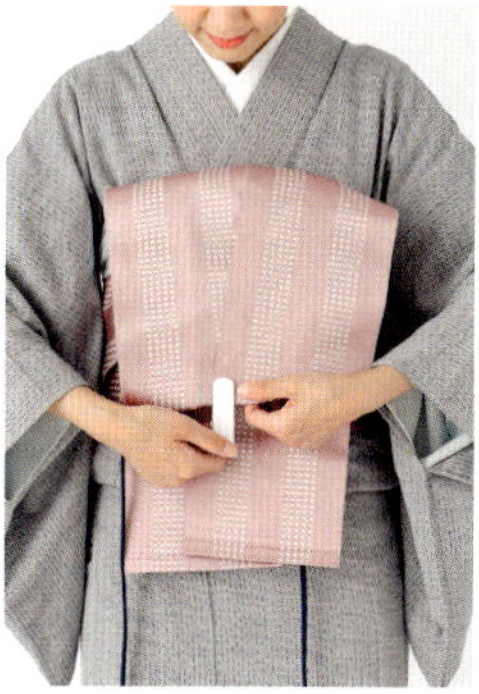

クリップは半幅2枚を一枚布に見えるように合わせるためと、タレを作る帯締めを留めるために使う。

3 タレを決める

クリップで留めたお太鼓と帯締めを帯の下線あたり（A）にあて、帯を内に折ってタレを作る。帯締めは背中で結ぶ。

名古屋帯のP.87 手順9・10の仮紐の要領で帯締めを使う。背中で結ぶときも、名古屋帯と同じにからげて挟む。

4 帯を回し、帯締め、帯揚げを結ぶ

名古屋帯と同様に2回に分けて帯を回す。帯枕の紐を結び直し、帯揚げは仮結びに。帯締めを結び、帯揚げを整える。

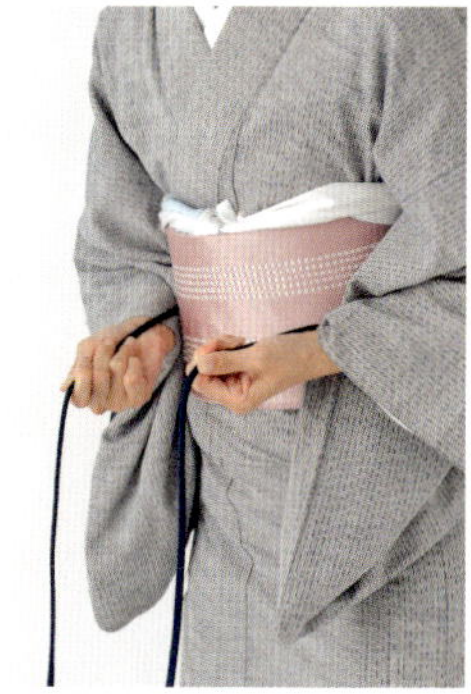

やや前屈みで帯締めを結ぶ。

《完成》

お太鼓の形は下すぼまりでもいいし、タレはハの字になっても。アレンジは自由に。

●かるたアレンジ

モダンな帯の形は平面的で体に沿い、椅子に座ってもくずれにくい。長時間の移動や観劇などの日に向いています。

1 て先の長さを決める

て先の長さはふくらはぎあたりが目安。帯の中心で、て先を内に折り下げる。

巻き始めの左胸下あたりをクリップで留め、帯が動かないようにして巻く。

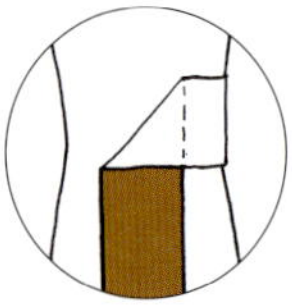

2 帯を巻く

巻き始めに右手の人さし指を入れ、左手を引いて帯を締める。二巻き目も帯前で同様に引き締める。

二巻きして帯を引き締めたら、ずれないようにクリップで留め直す。て先を持ち上げ帯上から通す。

て先を上から下へ帯と帯板の間を通す。

3 羽根を作る

胴を巻いている側の帯を、て先の左端で折り返す。ずれないように左脇のクリップを外して帯の中心を留める。

羽根の長さを考えながら、左右に蛇腹に折って重ね、羽根を作る。羽根はリボンのように左右の長さを同じに。

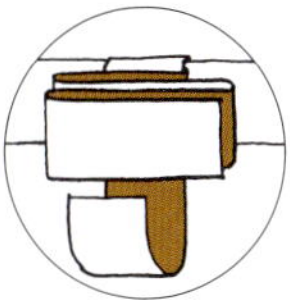

羽根を折り畳むごとにクリップで留めるのが、羽根を動かないようにするポイント。リバーシブル帯の場合は、右図のように羽根に裏柄が出てくる。

羽根を作り終えたら、中心で垂れている帯を持ち上げ、もう一度て先を上から下へ、帯と帯板の間に通す。

4 タレを整える

帯下に出てきたタレの長さを調整。長すぎる分は内側へ折り込む。帯締めは仮結びに。帯を後ろへ回し、帯締めを整える。

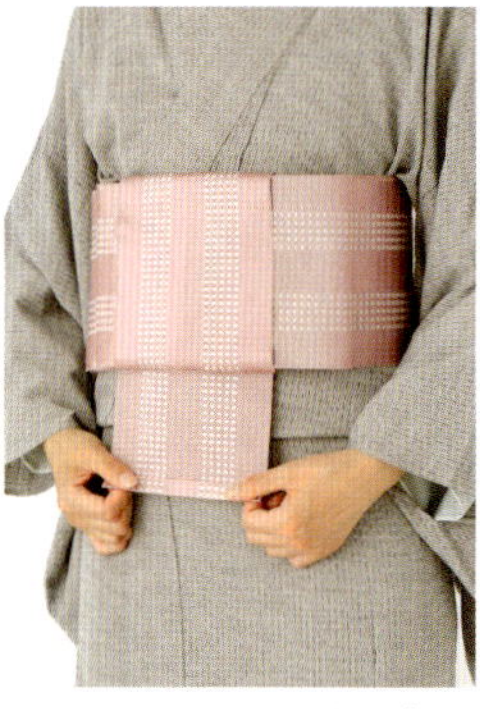

タレがあったほうが大人っぽい結び方になるが、長さがなければタレなしでも。

《完成》

かるた結びは折り紙のように畳んでいるだけなので、帯締めで形をキープする。

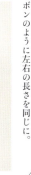

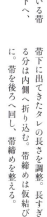

◉コーリンベルトの留め方ポイント

長襦袢用と着物用で長さを変えます。内側の長襦袢用は短く、着物用は長め。目安のポジションから始めて、自分の体で最適な加減を見つけて。

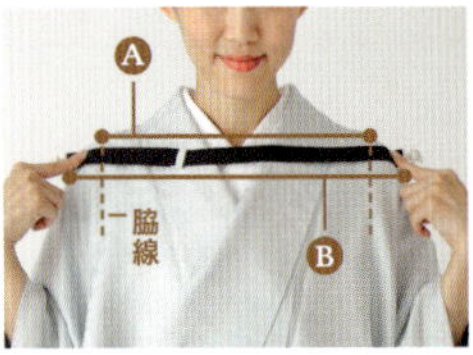

1 長さ調整の目安

長襦袢は、ベルトの長さが内肩幅（A）。着物は、ベルトの長さが外肩幅（B）。

長襦袢に使うベルトは少しテンションきつめ。

2 ゴムのテンション

着物に使うベルトは指3本がラクに入るくらいの、ゆるさ加減。

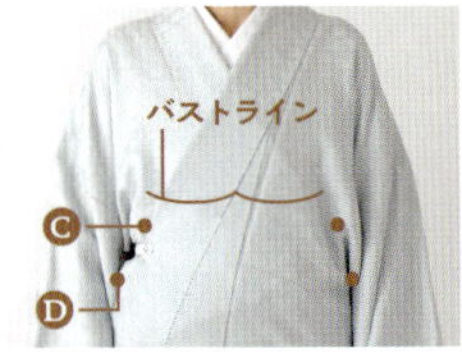

長襦袢と着物の両方で使う場合は留め具が重ならないように、必ずずらして留める。骨などにあたって痛かったら、少し下めにするなど再調整して。NG→留める位置が上すぎたり、テンションがきつすぎると衿が詰まる原因に。

3 留める位置

長襦袢はアンダーバスト（C）。着物はアンダーバストから指3～4本下のライン（D）。

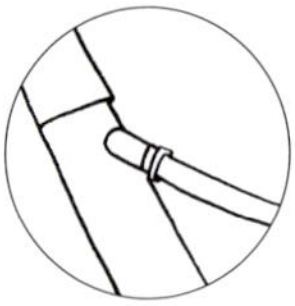

※一度決まった位置でも、衿が決まりにくく感じることが続けば、ゴムがのびている可能性も。※コーリンベルトが1本だけの場合は、衣紋抜きがあれば長襦袢で使う。胸紐を使う場合は伊達締めと同じ結び方。

◉腰紐の結び方ポイント

腰紐をしっかり結ぶためには、背中でクロスさせるときに両サイドでしっかり引いてから結ぶこと。このときにゆるまないように気をつけて。

1 右腰で結ぶ

右腰あたりで、紐の右側を下、左側を上にして重ねる。

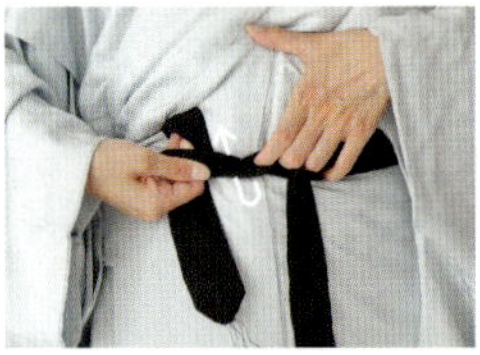

胴に巻かれている腰紐も一緒に絡めて結ぶとゆるみづらい。

2 絡める

重ねた交点を指で押さえつつ、上側の紐を一巻き目と着物の間に下から通して絡める。

3 結ぶ

片輪結び（リボンの片方だけの結び方）または蝶々結びにして締める。

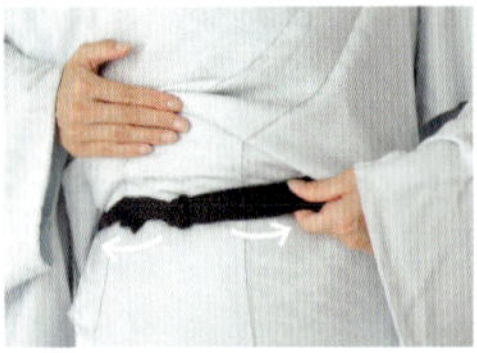

4 挟み込む

端は胴に巻いた紐に挟み込む（挟むのは上下どちらからでもOK）。

◉伊達締めの結び方ポイント

伊達締めは胸もとを押さえるためのもの。ここでの伊達締めは、最後は結ばない締め方がポイント。苦しくなくゆるすぎず、結び目が小さいのですっきりキレイに。

1 背中で交差

伊達締めの真ん中を体の中心に沿わせて、背中へ回す。上側を下へ折って、交差させる。

2 前で結ぶ

両脇で一度ぎゅっと締めてから、前で左を上に交差させて1回結ぶ。

結び目がゆるまないように左手で押さえ、右手の伊達締めを下から上へ通して絡げる。

絡げた後、動かないようにねじり目を押さえる。

3 脇へ入れ込む

右側の伊達締めの端を下から入れ込む。

左側の伊達締めの端を上から入れ込む。

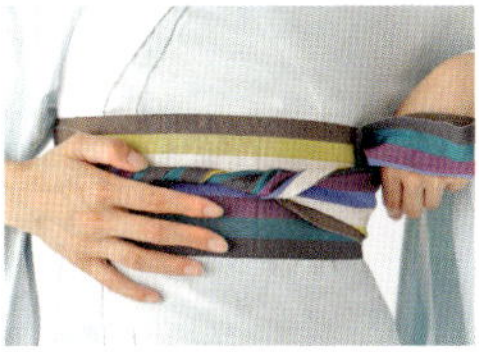

4 整える

前をすっきりさせる。

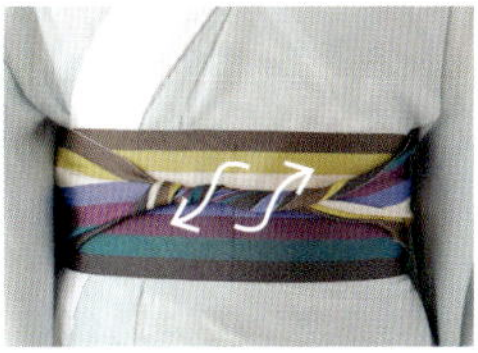

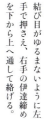

◉帯揚げの結び方ポイント

帯揚げは脇から開いてきれいに整えて、半幅になっている状態から、三つ折りに畳む。帯揚げの端まで畳まなくていい。畳むのは脇から結ぶ少し先まででOK。右⇨左の順に片方ずつ丁寧に畳む。

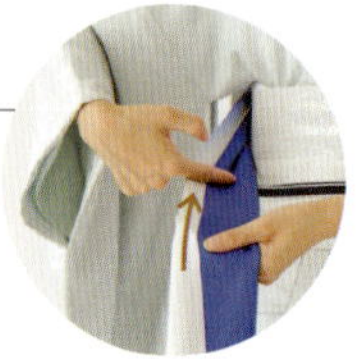

畳んだ帯揚げは中で折れないように人さし指を奥へすべらせ整える。

1 前で結ぶ

左右ともに三つ折りにしたら、帯の中心で交差。衿と同じ向きで、左が上になるように重ねる。

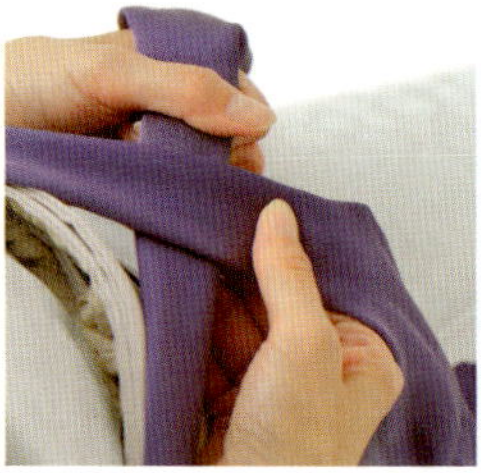

2 一結びする

一結び目はやや強めに結ぶ。

3 結び目の輪を作る

右の帯揚げを、指でプレスして平らに整えながら立てる。

左の帯揚げで輪を作っておく。

4 ふんわり結ぶ

右の帯揚げを折り返し、左の輪の中に下から通して一結びする。

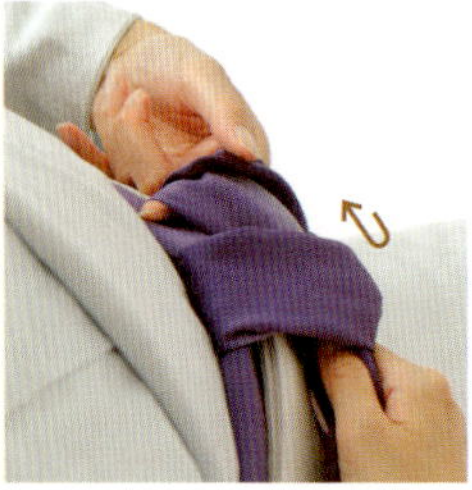

結び目がきれいな形になるよう、ふんわり結ぶ。

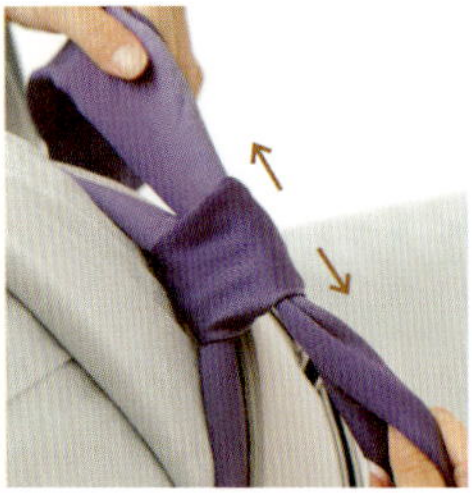

ぎゅっと強く結ぶと結び目がコブになるので気をつけて。

5 結び目を帯の中へ

写真のように指先を使って、帯向こう↓帯手前と軽く少しずつ入れ込むと、結び目がきれいに保たれる。

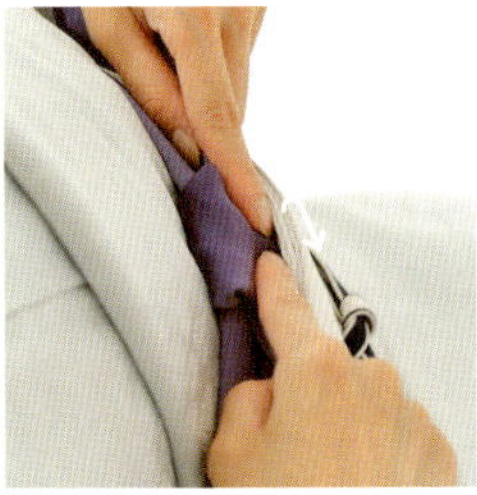

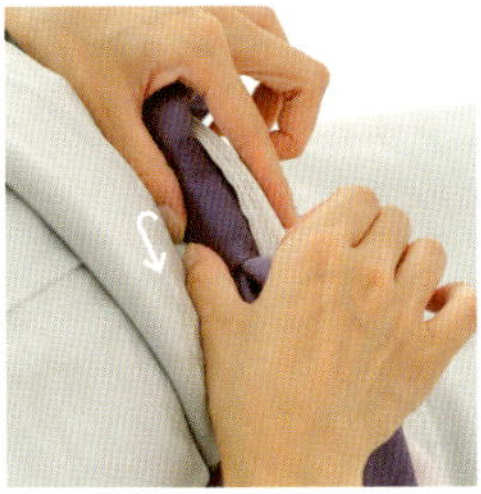

力まかせに押し込むと、結び目にシワがよるので避けて。

6 端を帯の中へ

余った帯揚げを帯の中に入れ込む。両方の人さし指を使って、くるくると内側に小さく巻き上げる。右左と順に巻いて、帯揚げと帯の間に入れる。

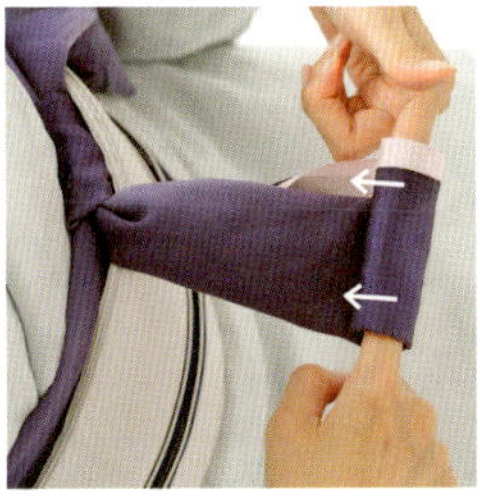

端の布はコンパクトにまとめると処理がきれいでラク。ざっくり畳むともそもそして、きれいに整わない。

7 帯揚げのシワをとる

仕上げに、両方の親指を帯揚げと帯の間に差し入れ、真ん中から左右の脇に引いてしごくと、帯揚げのシワがとれる。

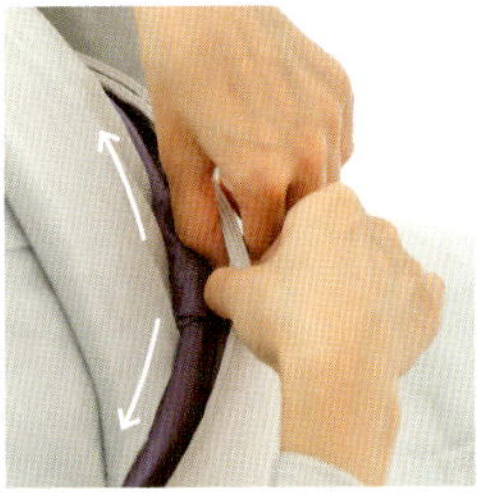

8 整える

7でとりきれなかったシワをとる。鏡でバランスを見ながら整えるといい。

◉帯締めの結び方ポイント

帯締めを結ぶ前に、帯前のシワを脇に向かって移動させておきましょう。

1 左右の長さを揃える

帯の中央で帯締めを合わせ、前方に引っ張って長さを揃える。

2 交差する

衿と同じ向きで、左の紐を上にして重ねる。

3 一結びする

上の紐を下からくぐらせ結ぶ。

なるべく交点の近くを持って、ぎゅっと強めに結ぶ。

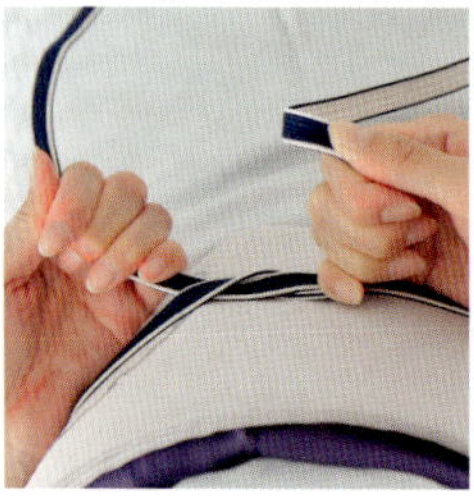

結び始めが交点から遠いとゆるむ原因に。帯締めに限らず紐を結ぶときはなるべく交点近くで結ぶ。

4 結び目の輪を作る

右の紐を輪にして重ねる。左の指で交点を押さえておくのがポイント。

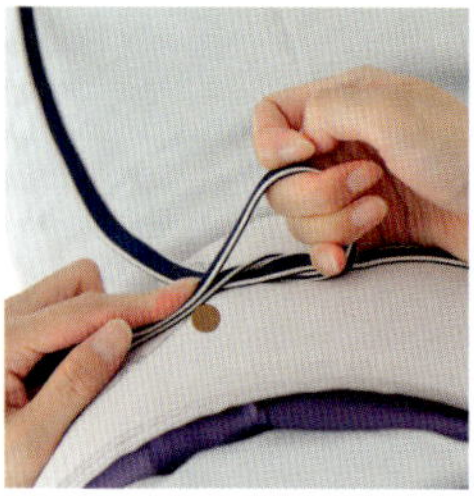

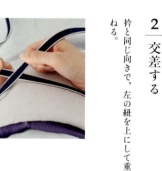

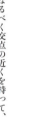

5 しっかり結ぶ

左下に下がっている紐を折り上げて、交点に重ねて指で押さえる。

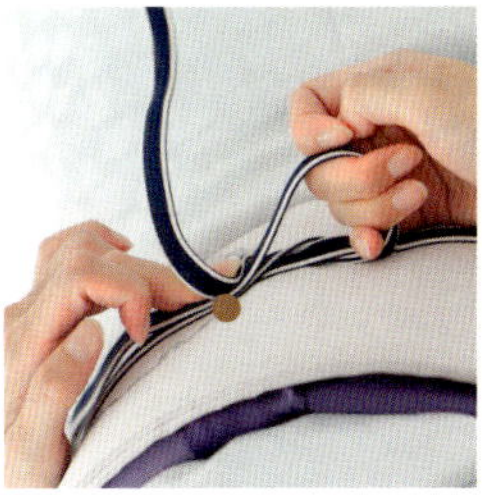

上から輪に通して締める。左の指は交点をキープ。

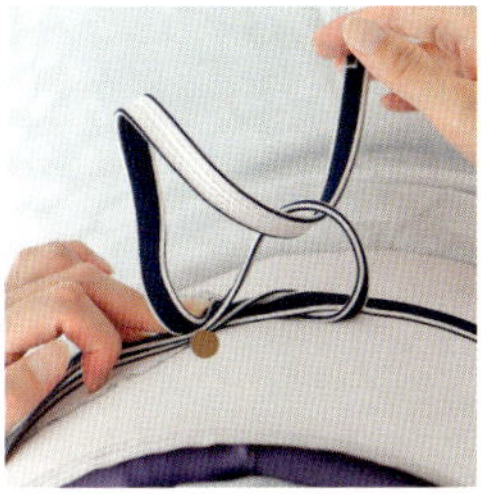

結び目のなるべく近くを右手で押さえ、左の紐を引き締める。

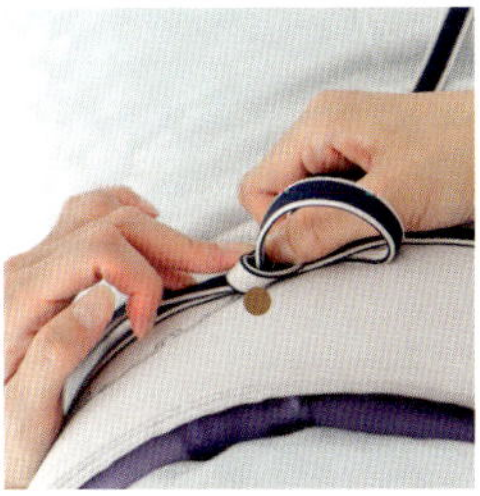

左右にぎゅーっと引いて、しっかり結ぶ。

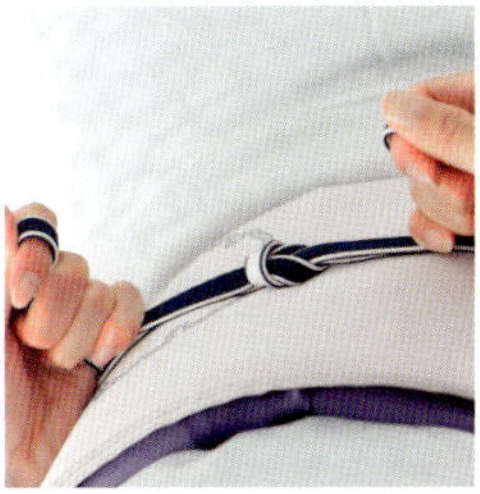

結び終わっても、紐を納めるところまで気を抜かない。

6 端を脇へ回す

帯締めの端は帯の脇へ回し、房が上向きになるように、親指で上から挟み込む。

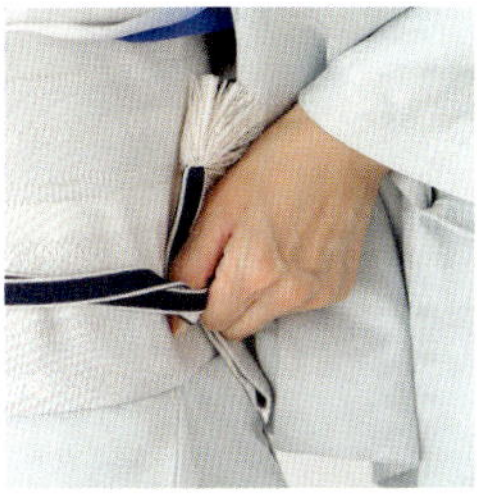

帯前の紐は重ねたほうがエレガント。

帯締めが長い場合は、お太鼓の中に始末しても。

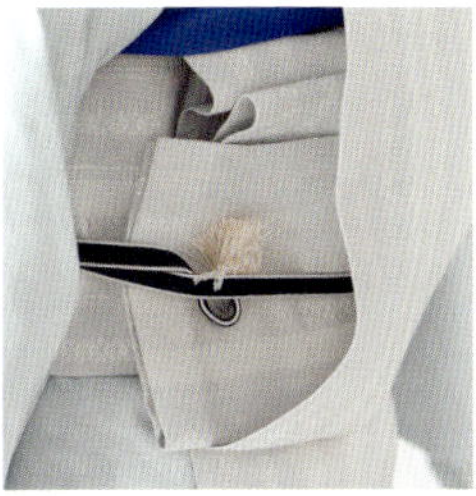

大人が身につけたい着方のコツ

Q1 着るために基本として気をつけることは？

A まず着物をきれいに着たければ「長襦袢をきれいに着る」。洋服でも、ぶかぶかの下着の上にボディコンシャスなドレスを着ればもこもこして表にシワがよるでしょう？　着物も同じです。ですから、マイサイズの長襦袢であれば、着方もきれいになる確率が確実に上がります。

Q2 着方以前に「もっと気をつけて」という点はありますか？

A 下着のラインです。着物のコーディネートは素敵でも、残念ながらショーツのラインが出ている場合が意外と多いのです。たとえば腰を折っておじぎするなど、所作によってヒップラインがなまめかしく出ていることも。後ろ姿は要チェック。ヒップラインにひびかない下着で、長めタイプやレースタイプ、ボーイレングスなど自分のヒップと合うものを身につけて。

Q3 いつも衣紋が抜けない、衿が立ってしまうのはなぜ？

A もともとの着るときの問題が大きいようです。「衣紋を抜く」より、「衿を寝かせる」イメージ（写真下）で着てみると、衣紋が抜きやすいことも。
また姿勢が悪いと衿が動きます。まず猫背になっていたら、背筋をのばしてみて。衿が立つのは衣紋が抜けていないということ。いかり肩タイプに多く、衣紋を抜けば立っている衿は寝ます。

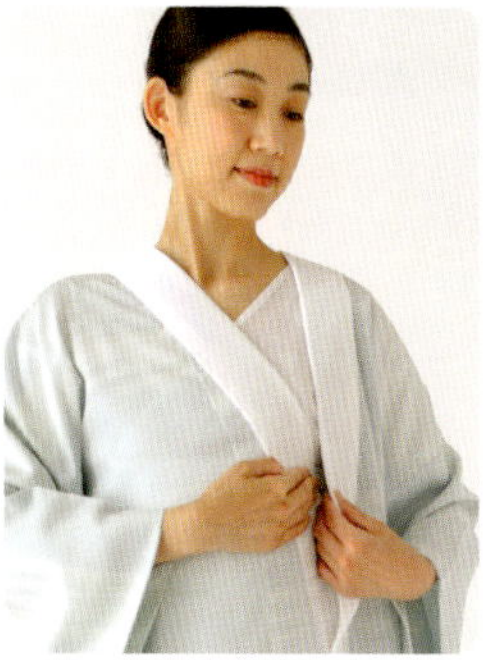

Q4「いつもと同じ着方なのに、何か違う」ときは？

A 次の2点が考えられます。
①着付け小物の劣化。ベルトがのびたりしていれば、取り替えて。
②体型あるいは姿勢の変化。体重が変わらずとも年齢を重ねれば胸やヒップの位置も変わるもの。
紐の位置や補整なども見直しを。

Q5 着物やTPOによって「着姿の印象を変える」着方はありますか？

A 同じ着物でも衿合わせの角度や帯の形で、ずいぶん印象は変わってきます。着物をどんなイメージで着たいのか、なるべく具体的に考え、それによって着方に変化をつけてみましょう。
TPOに合わせた着方も身につくと、上達感も味わえ、モチベーションもアップすること間違いなしです。

◉ 衿合わせ

きっちり詰めぎみの衿もと
若々しく、まじめな印象に。
参加する会で一番年下のときの装いに。

やわらかい合わせの衿もと
鷹揚で、女性らしい印象に。
夜の食事会や、華やかな場の装いに。

◉ 帯前のライン

真っすぐのライン
きちんとした印象に。
目上の方とご一緒する装いに。

前下がりのライン
着慣れている印象に。
女子会などリラックスした場の装いに。

◉ 帯の後ろ姿

帯山がまろやか
短めの帯枕を使用。
帯山の角が丸く落ちるので、
やわらかな印象に。

帯山が直線的
長めの帯枕を使用。
帯山の角が真っすぐしっかり出るので、
きりっとした印象に。

よくある着方の悩み解決について

Q1 着物の補整はなんのため？ 補整は必ずするもの？

A 体の凹凸を美とする洋装と、体のラインを目立たせずに筒状にし、平面的なラインを美とする和装では、「美の考え方」が異なります。和の美の考え方により、すっきりシルエットにするべく、平面の着物を立体の体にまとうとき、体型により「シルエットの補い＝補整」が必要になるわけです。体型によっては補整が要らない方もいます。

Q2 自分に必要な補整は どうやって見分ける？

A 「凹みがある＝補整が必要」ではなく、「凹みの大きくあるところ＝補整が必要」と意識して。体を筒状にしようと補整を加えると、わざわざ太って見えるラインを作り込んでいる危険も！

補整の分量は、局部的に見て決めず、全身バランスで判断を。次のようにチェックをしてください。
①鏡の前に着物の下着姿で立つ。正面から、真横から、顔や体のバランスを観察。
②どこに凹凸が大きいか確認し、凹みが大きいところに補整を入れる。

Q3 体型別で 補整の適切な方法は？

A 補整は各所、最初は薄く、少しずつ厚みを加えて自分に合う量を加減して。

● 腰とヒップの差が大きなタイプ

後ろのおはしょりにたるみが出やすく、
おしりが目立ちがち。

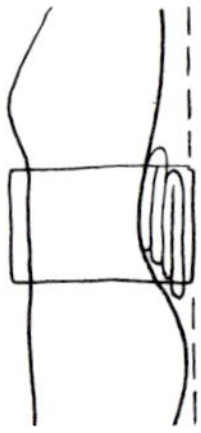

「お尻のくぼみ」を補整
おしりの上のカーブ部分にタオルなどの布を当ててくぼみを軽減。補整パッドなどに挟むと布が動かない。※上記の補整以外に、着物のおはしょりのたるみを帯下によせて補整にするのも◎。

● 胸がふくよかなタイプ

衿合わせが浅くなると胸もとが開きやすく、
また胸が帯上にのると老けて見えがち。

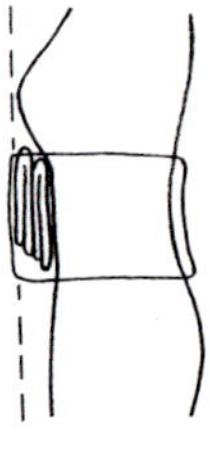

「ウエストのくぼみ」を補整
補整パッドや補整タオルを胸下に当てる。バストトップとおなかの差を少なく、なだらかにする程度。筒状にしなくてもいい。

Q4 着くずれ直しのコツは?

A 実のところ、一度着てしまったものを途中で直すのは難しいのです。とくに衿合わせは途中で引っ張ると加減によってはよけいくずしがち。ですから「今日はこんなふう」といじりすぎず、次の教訓にするのが得策。その場の着姿をなるべくバランスよくする対処法として、次のようなお直しを覚えて。

● 半衿が左右にズレ、衿がぷかぷか浮く

長襦袢の衿が左右対称に着られていないこと、衿浮きは自分の骨格に衿合わせが合っていない場合が多い。身八つ口などから手を入れ、長襦袢の衿が左右対称になるように少し引き、着物も合わせて引く。引っ張りすぎないよう注意。

お直し
衿の浮きは下から着物をめくり、長襦袢の背縫い（お尻辺り）を下へゆっくり引く。その後、写真のように着物の背中心を帯の下から引く。

● おはしょりがもたつく

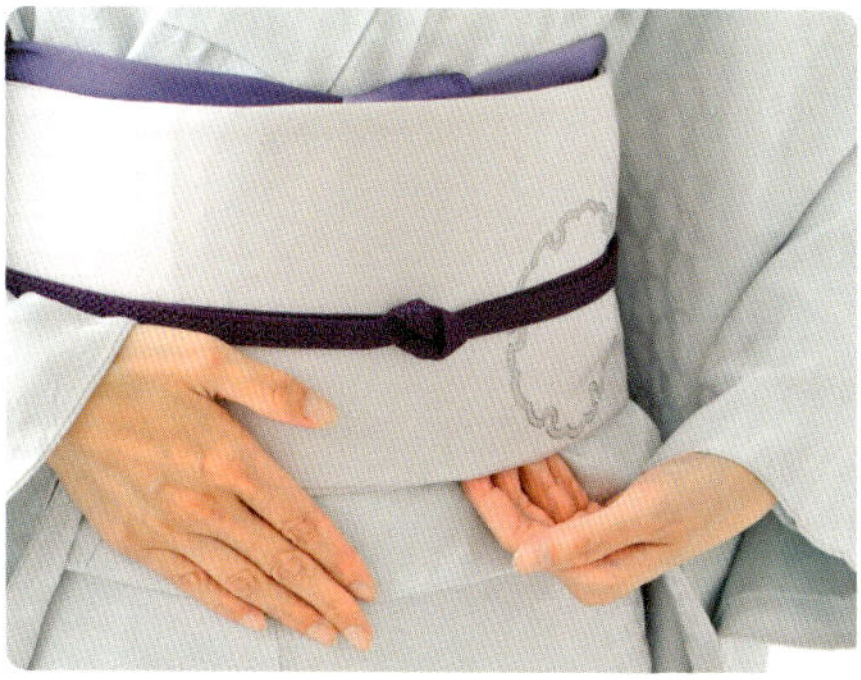

お直し
おはしょりの整え方が甘いか、おはしょりが長すぎるのが原因。
写真のように、右手でおはしょりを押さえつつ、左手の指先で帯の内へおはしょりを入れ込む。

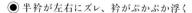

コラム❷

着方のメリハリ

着物というと、「きちんと着るもの」と多くの方が考えがち。ですが着物も洋服と同じ「着る物」です。いつもルール通りに着なくてはいけないと思いすぎると、窮屈になって、実用から離れてしまう気がします。

わたしの普段の着物生活に話が及ぶと「素敵ですね。でも家でも着物って、大変じゃないんですか?」が、よく頂くご質問。いつものわたしのお答えは、「着物のほうが体がラクですから。自分が心地いいから着ています」。これは、ほんとうに正直な気持ちなのです。

家着の着物はくつろげる、洋服でいうリラックスウエアのような感じで、ウールや木綿、浴衣をよく着ます。着方も、外ではぴちっとタイトなシルエットでの着方が好みですが、家ではゆるゆると。体をうんとラクにしたいときは、帯も締めずに、伊達締めだけのことも（宅配便の方が来たら、びっくりさせないように上っ張りを羽織って、さらりと応対します）。5〜10月で暑いときは、長襦袢を着ない日もあり、冬の冷え込む日は着物の下にタートルネックを着込むことも。暑い日、寒い日と自分の裁量で工夫して着ることも、着物の楽しみ方の一つです。そうした経験を積んでいると、なんとなく、着物と自分の体が互いに慣れてなじみ合って、「仲よし度」がぐんと増していく気がします。

「着物＝動きづらい」もなし。水仕事の家事もパソコン仕事も上っ張りを着用して気兼ねなく。

その日の気分や体調と相談しながら、着方にメリハリをつけて自分軸で装うこと。着物をきれいに着ることばかりを求めて、着物を自分自身で難しくしないことって案外大事です。

そうして、何を「気にしすぎない」か、何を「気にする」かを、自分で決めることが、おしゃれの自分軸を作るのだと思います。

体をラクにしたい日は、伊達締めだけで体にやさしい着方に。
着込んでくったりした着物はよそゆき着とは違う愛着がわく。

第三章

季節のまとい方

現代に合った着物の暦から、
色柄を用いて、季節をまとう装い方を身につけましょう。

◉単衣が長くなり、衣替えも柔軟に

《あたらしい着物暦《ごよみ》》の提案

着物を着るようになると意識するのが、衣替えをする「着物暦」。季節に応じて、袷、単衣、夏物（薄物）と着るものが変わります。

ただ、木造家屋に暮らしていた時代の暦をもって、現代の冷暖房完備の空間と気候不順の環境下で装うと、快適とならないこともあります。すでに着物を着る人たちの間では「礼装以外の普段着なら、暦通りでなくて体調や環境に合わせたらいい」と柔軟に対応されている方も多いのが現実です。

そうした暗黙の了解はありつつ、参考になる情報が少なかったことで、着る着物に迷うという方も。そこで本書では、従来の着物暦とは別に、今の暮らしに沿った「あたらしい着物暦」を示してみました。セレクトの目安の一つとしてください。

あたらしい着物暦

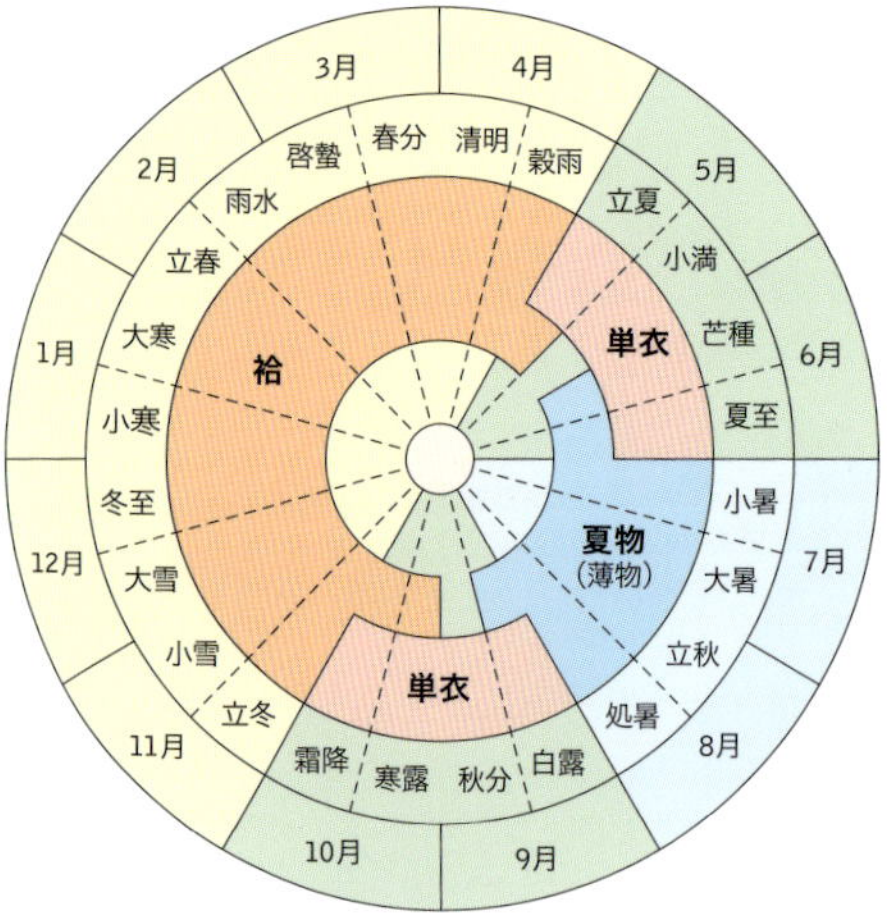

従来の着物暦

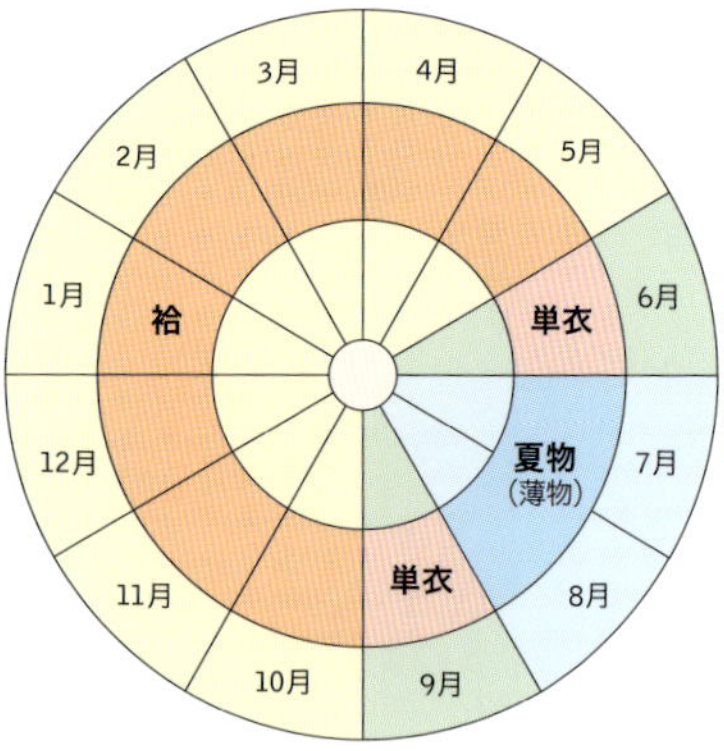

10月〜5月中旬 ← 10月〜5月 **袷**

5月〜6月、9月〜10月 ← 6月、9月 **単衣**

6月〜9月中旬 ← 7月〜8月 **夏物**

＊「あたらしい着物暦」では、重なる期間があって調整しやすい。

着物暦の道しるべ

1　シーンによって「暦を使い分ける」

おしゃれ着として着る場合は、気候や体調に応じて着物暦を柔軟に活用します。礼装は、一定の決めごとに沿って従来からの着物暦で選ぶほうがいい場合も（礼装で迷う場合には、お相手にご相談しましょう）。

2　季節の暦「二十四節気《にじゅうしせっき》」を意識する

二十四節気とは、太陽の運行を基に、季節に寄り添って一年を24等分した暦です。1月は小寒と大寒、2月は立春と雨水…、といった区分です。たとえば二十四節気の暦で5月初旬の「立夏」の頃は、近年の東京では5月は20℃を超える日も多く（＊1）、まさに「立夏」。夏物の準備へと意識が向きます。自然と季節をまとう感覚が身につきます。

＊1 過去10年間の平均最高気温─5月5日（立夏）は23.1℃／5月21日（小満）は26.6℃。（2008年～2017年 東京／著者調べ）

これまでも生活環境や気候に合わせて「着物暦」は変化しています。江戸時代は現代よりも平均気温が低く、現在の「袷」のシーズンには綿を入れたり重ね着をしたりして防寒し、住環境も襖をたてるなどでカバー。衣服だけでなく生活全体で温度調整をしていました。

《着物暦の変遷について》

旧暦	江戸	月	新暦	大正	昭和
春	袷（綿入れ）	1月	冬	袷（綿入れ）	袷
		2月			
		3月	春	袷（口綿）	
夏	袷（4/1～5/4）	4月		袷（細口綿）	
	帷子《かたびら》	5月		袷（素袷）	
		6月	夏	単衣	単衣
秋		7月		夏物	夏物
		8月			
	袷（9/1～9/8）	9月	秋	単衣	単衣
冬	袷（綿入れ）	10月		袷（素袷）	袷
		11月		袷（細口綿）	
		12月	冬	袷（口綿）	

＊旧暦は新暦と比べ約1カ月前後遅くなる。

3　「気温」を一つの目安にする

心地よく着物を着るためには、衣替え前後でも、その日の気温を目安に、自分の体調に合わせた柔軟な着物選びを。最高気温が20℃以下なら「袷」、20℃以上なら「単衣」、25℃以上なら「夏物（薄物）」が目安。

季節の仕立て「単衣《ひとえ》」と「袷《あわせ》」――

時期、素材、シーンに応じて快適に過ごせる仕立てを選んで

基本として着物は、裏地のある「袷」と、裏地をつけない「単衣」に分けられます。また、夏に着る着物は、仕立て方は単衣と同じですが、季節で区別し、「夏着物」や「薄物」（P.134）と呼ばれます。

着物の反物は袷にも単衣にもできますが、生地の素材感に応じた仕立てを選びます。たとえば厚手のしっかりしたウール地や木綿などは、袷の季節に着るとしても単衣で仕立てたほうが着心地がよいものもあります。

カジュアルに着る場合は、単衣か袷かは、体が心地よく過ごせる着方で選ぶことが重要です。着用の目安は、住んでいる土地の気候や体質にもよります。南の九州や沖縄では袷を着る期間は短いでしょうし、暑がりの体質なら冬でも単衣の着物が動きやすいという場合も。

着物暦⇩P.118～／単衣の着こなし⇩P.122～／袷の着こなし⇩P.128～／夏着物の着こなし⇩P.138～参照。

◉単衣仕立ての着物

着用の目安

春から、盛夏を挟んで秋の暖かな時期、気温20～25℃。

特徴

全身裏地がつかない一枚の仕立てで、居敷当てをつけることが一般的。

◉袷仕立ての着物

着用の目安

秋冬の寒い時期から、春先までの時期。

特徴

上半身は胴裏、下半身は八掛けという2種類の裏地がつく。

◉袷の「八掛《はっか》け」

裏地の八掛けは「裾回し」とも呼ばれ、歩いたり立ったりすると目に触れるため、着物の色との組み合わせが大事。同じ着物でも年齢に合わせて取り替えると、また装いが新鮮に。

無地タイプ
着物の色と違う色、たとえば着物の柄の一色を利かせ色的に用いるとモダンな印象に。着物の色と同系色ならエレガントな印象に。［キモノヴィラ京都］

ぼかしタイプ
一般に裏地が透けて見える薄い色の着物に用いる。透けない濃い色の着物でも、裾からぼかしが見えるとエレガントなのでフォーマル系の着物に用いることも。

柄、刺繍タイプ
小紋柄や刺繍を施すと、おしゃれ感がアップ。裾からちらっとのぞく意外な組み合わせが人の目を引く。無地の着物や江戸小紋などに用いると効果的。［弓月・京店］

◉仕立ての工夫

単衣の「居敷当《いしきあ》て」
腰から下の部分に、補強としてつける白い布が居敷当て（右ページ「単衣」写真参照）。単衣は裏地がつかないため、お尻部分に力が集中し縫い目が割れてくる可能性も。居敷当ては、力を分散させ一点に集中することを避ける大事な力布の役割。
※夏の透ける着物は、単衣の仕立てでも白い居敷当てが表から見えると野暮になるのでつけないことも。居敷当ての有無は、単衣と夏物（薄物）を区別するものではない。

単衣の「胴抜《どうぬ》き仕立て」
内揚げから上の胴裏をつけずに仕立てるが、表から見ると八掛けがついているので袷に見えるという工夫。袖と内揚げから裾までは胴裏と八掛けをつける仕立ての単衣のこと。胴裏がついてないので、着ていて軽い。春先や秋口用の袷着物の代わりに、胴抜きにする場合も。

袷の「胴裏《どううら》」
上半身の背中に用いる裏地「胴裏」は、昔は紅絹《もみ》であったが、昭和になると白など薄い色の羽二重が定番に。

【春、秋】

単衣の着こなし——

春から盛夏を挟み、秋のはじまりへ
移り変わりの豊かな季節に敏感な装いを

気候と暮らし方の変化によって、単衣を着る機会は増えています。従来の慣習では6月と9月の2カ月ですが、今どきは5月や10月にも単衣のほうが心地よく過ごせることが多く、実質的に4カ月近くに単衣が重宝する期間がのびています。

着こなしの幅が広くなった単衣だからこそ単調にならず、そのときどきの季節を、色や織り、素材感で取り込むと、着物の楽しさがふくらみます。

春から夏へ向かって暑くなる時期の「春単衣」と、夏から秋へ寒くなる時期の「秋単衣」では、身にまといたい素材感や色合いが違ってきます。季節の先取りは、着物のおしゃれの醍醐味。折々の空気感や自然の色の変化を気にかけて、コーディネートに生かしてください。

着物暦⇩P.118参照。

●おすすめの素材と色調

春単衣（目安：5月初頃～6月末）暑い時期に入り、梅雨も始まるので、気温や湿度の変化が激しい時期。吸水性がよく、さらっとした素材がおすすめ。たとえば透け感のない絽、縮緬、綿麻など。やわらかな日ざしに合ったパステルカラーや藤色、緑色などがなじむ。

秋単衣（目安：9月初頃～10月中頃）なごりの暑さはありつつも、風が爽やかになる時期はハリのある素材がおすすめ。たとえば正絹の平織り、紬、薄手のウール、木綿など。色づいた木々や木の実のような、茶や芥子色、葡萄色など深みのある落ち着いた色調がなじむ。肌寒く見える白っぽい色や、わびしげに見える薄手の素材は避けて。

●季節コーディネートのコツ

わかりやすく春や秋の風物を描いた柄の着物や帯を合わせるばかりでなく、素材、色、柄の一部など、どこか一つ、自分なりに季節を感じるものを糸口にして景色をつくる、「見立て」のコーディネートが現代風。たとえば濃い色の着物でも、帯の風合いや小物合わせで、涼しく見せれば春でも着用できる。逆に淡いトーンの着物も、帯や帯締め・帯揚げに秋色を配すると、季節感を演出できる。

◉花咲く帯柄と小物の色を重ねて春の趣に

軽やかさのある単衣の小紋に、合わせた葡萄唐草の帯はお太鼓に描かれた花の時期を糸口に、春山に花ほころぶ葡萄の景色を見立てて。帯揚げと帯締めに色を重ね、淡く春めく空気感を演出。

灰色地に飛び柄小紋／
ベージュ地に素描の葡萄唐草の名古屋帯

◉ゼンマイの風合いと色味から秋を醸して

ゼンマイの糸を織り込んだ帯に秋色を感じとって。しっとりした生地の付下に施された刺繍があるが、ざっくりしたお太鼓の表情を託すと、紺の深い色が秋のひんやりした空気感を醸す。

紺地に刺繍の付下／
ゼンマイの糸を織り込んだ格子の洒落袋帯

珊瑚色地に雪輪の小紋［キモノヴィラ京都］／
リボン糸を織り込んだ洒落袋帯

晩春の単衣——五月初頃、芽吹きの頃

やわらかな単衣に織りの帯で春のふくよかさを

うっすらと雪輪文様が広がる小紋に、太めのリボン糸を織り込んだ帯を合わせて。気温も上がり始める連休頃の単衣は、色調は軽やかにしつつ、少しボリューム感のある帯を合わせて。

クールな色調の単衣に黄色い帯で軽やかさを

落ち着いたトーンの小紋の単衣。帯の黄色と紬地の温かさがあって、しっとりクールな着物に華やぎを演出。この時期の木々や花々の輝きと合わせ、帯揚げと帯締めは明るい紫ピンクに。

立夏の単衣――五月中頃、爽風吹く頃

薄黄の角通地の小紋［白イ烏］／
黄色の紬地に唐草の染め名古屋帯［結城澤屋］

しっとりとした赤茶の単衣に月光のような帯で秋の風情を

秋を感じる赤茶系の小紋には、菊の節句、重陽をイメージして金糸が入った煌きのある波文様の帯を締めて。秋の観劇シーンなどになじみそうな、シックでアカデミックな華やぎのある装いに。

重陽の単衣——草露が光る頃

縦縞の赤褐色地に大きな雪輪の小紋／
波文様の名古屋帯

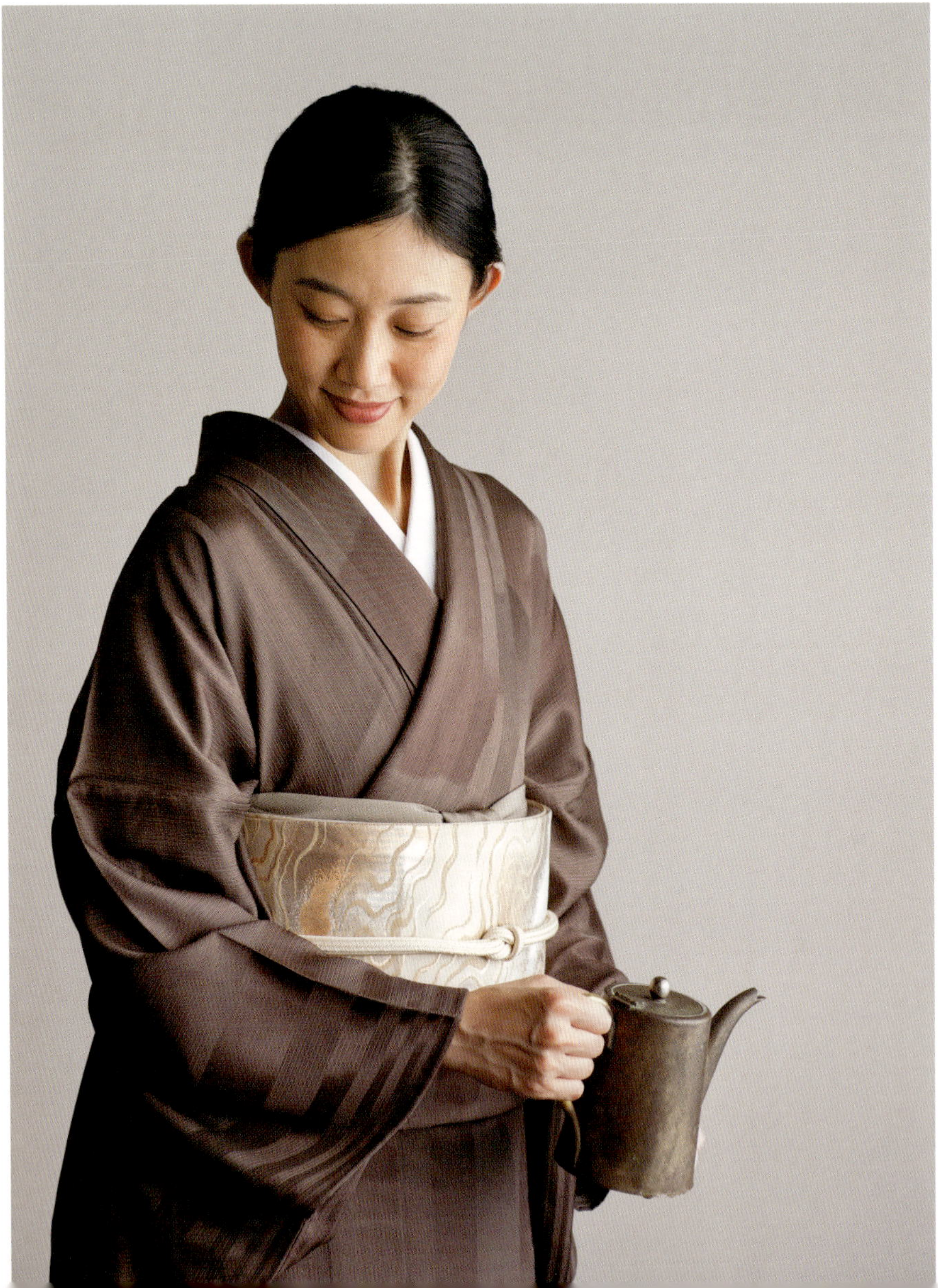

仲秋の単衣——秋冷えの頃

鰹縞の結城紬［結城澤屋］／
大波文様の西陣織の洒落袋帯［キモノヴィラ京都］

古風で粋な縞の単衣に絵画的でモダンな柄の帯できりっと

江戸時代に粋な縞と好まれた鰹縞（P.217）には、現代でも魅せられる。縞の紬に、移り変わりの豊かな秋空のような、大胆な文様の帯を合わせ、ほっこりした中にもモダンさを匂わせて。

【晩秋から春】

袷の着こなし――

袷の装いは、季節を心と体で感じる楽しみに満ちています。たとえば秋の袷は、草木の紅葉や実りなど自然界の色調をお手本に、肌に合う秋色をまとう、しっとりした風情に。防寒として羽織やコート、洋服用のストールも使えます。色や素材で「調和させる」おしゃれの出番です。

真冬の袷では、寒さ対策もあって、ぬくもりを感じる素材感に心が向きます。春は光のやわらかさに敏感に、明るい色調の着物をまとって、春迎えの気分を高めます。

とはいえ柔軟に。その年の天候や空気に合わせ、自分の手持ちの着物で、自分なりの解釈やセンスでもって季節の着方を探してみましょう。そうすることで、着る人自身が輝く着こなしができるはずです。

着物暦⇩P.118参照。

秋冬、冬春、寒から暖へ 小刻みに進む季節に沿った装いを

●おすすめの素材と色調

秋の袷（目安：10月後半～11月中頃）秋は、文化的な催しも多く着物のお出かけが楽しいシーズン。紅葉や収穫をイメージする色目に、素材は軽やかさがあるもの。節や織り感のある紬や、小物には芥子色や茶系、濃い紫、モスグリーンなど秋色がなじむ。

冬の袷（目安：11月後半～12月）濃い地色に、重みのある縮緬、真綿系の紬など温かみのある素材感が合う。雪をイメージさせるモノトーンや、クリスマス前後は赤×緑を取り入れたコーディネートも好まれる。

新春の袷（目安：1～2月初頃）縮緬、真綿系の紬など素材感は重みがあっても、色目は明るく。新年の装いには明るい地色に、松竹梅など、おめでたい柄や干支を意識した小物や帯などを用いると、より気分があらたまる。白、金銀、赤やボリューム感のある絞りなどの帯揚げも合う。

春の袷（目安：2月中頃～4月）目立つ小物から春色を取り入れ、気温に合わせ素材も軽やかに。入学式・卒業式など式典には、薄紫や薄紅などやさしい色調が好印象に。梅や桜などの花モチーフも春の風情がある。

《季節の色柄》袷コーディネートは——

◉《晩秋》小紋の秋色×帯の葡萄柄

秋らしい照柿色の小紋に葡萄唐草の染め帯で、晩秋のボジョレー・ヌーボーをイメージした装いに。

総柄小紋／越後染印傳の葡萄唐草の名古屋帯

◉《初冬》江戸小紋の寒色×帯の雪輪柄

紺地の江戸小紋に、白地の雪輪つなぎの綴れ帯を合わせて。通年使える雪輪の柄も、大柄の力強さに冬の到来が感じられる。

変わり分銅柄とかずら帯文様の江戸小紋／雪輪つなぎの手織り綴れ帯［紅衣］

◉《真冬》紬の濃紺色×帯の素材感

寒冬には、真綿から紡がれた糸で織られた紬の温かさがひとしお。素材感のある無地紬の帯を合わせ、糸のぬくもりを際立てる。

華文絣の結城紬／麻紬の八寸名古屋帯［紅衣］

◉《初春》江戸小紋の縁起柄×帯の雪持ち南天

おめでたい印象の柄づけ（道長取り、P.220）の江戸小紋に、雪持ち南天の染め帯と、新春にふさわしい縁起柄を取り合わせ。

道長取りの江戸小紋／雪持ち南天の染め名古屋帯［紅衣］

霜降の袷——十月、山粧う頃

しっとりした紬に帯回りの配色で晩秋を醸して

肌寒くなってくると、身を暖かに包んでくれる紬がいっそう恋しくなるもの。草木が黄や紅に色づく風情を、鬱金《うこん》色の帯と黒茶色の帯締めで表して、晩秋のカジュアルコーディネートに。

薄鼠色地に縞の久米島紬／
鬱金地に横段の名古屋帯

源氏香の縫取り地紋の飛び柄小紋／
華文唐草の袋帯［ともにキモノヴィラ京都］

立冬の袷——十一月、小春日和の頃

濃いめの色が多い初冬に、淡い色で微笑ましく

寒中の陽だまりのように、明るい桜色の袷をまとい、温もりを盛り上げる華文唐草の帯を締めて。春の装いでも使う淡い色の小紋は、冬は濃い帯できりっと。帯締めの紅を差し色に。

無地結城紬／結城紬地の染め名古屋帯［ともに結城澤屋］

冬至の袷――十二月、北風吹きすさぶ頃

くつろぎの色と真綿でほっこりと冬着を楽しむ

寒さで身を縮める日に袖を通したくなる真綿紬。冬の森のような深みのある柚葉色の紬に、素材感のある紬地の名古屋帯を締めて。帯のぼかし染めが冬曇りの空を表すような、印象的な装いに。

初春の袷――一月、春隣の頃

椿柄が上品に映えるモノトーンの装いで晴れやかに

新たな年を迎えたら、寒さの中に春の兆しを感じさせる装いを。凛と咲く白椿が描かれた付下に、あえて金銀糸のない袋帯を合わせて軽やかさを醸して。新春の食事会や初釜などの装いに。

椿柄の付下／博多織の本袋帯

「浴衣」と「夏着物」——

一枚でさらりと着こなす浴衣
襦袢に重ねて着こなす夏着物

夏の着物には、「浴衣」と「夏着物（薄物）」がありますが、その違いを簡単にいえば、「着方」にあります。浴衣は肌着の上にさっと一枚で羽織る着方、対して、夏着物は襦袢の上に重ねて着るので白衿が出る、着物としての着方になります。

昔ながらの浴衣生地である藍や白地の綿コーマは、肌心地がよいので夏の遊び着にぴったりですが、着物のように着るには不向き。また、絽や紗など絹の着物を浴衣のように着るのは無理があります。

浴衣の中でも、「着物っぽい」印象を与える素材感の、上等な木綿や綿絽などの型染めは、着物らしく着られます。ちなみに木綿の浴衣と木綿着物との違いに定義はなく、久留米絣や片貝木綿などは、浴衣より厚手の織物であるのが特徴です。

◉おすすめの素材

綿コーマ　木綿糸の織り地の目が詰まって肌触りと汗の吸収性がよい。

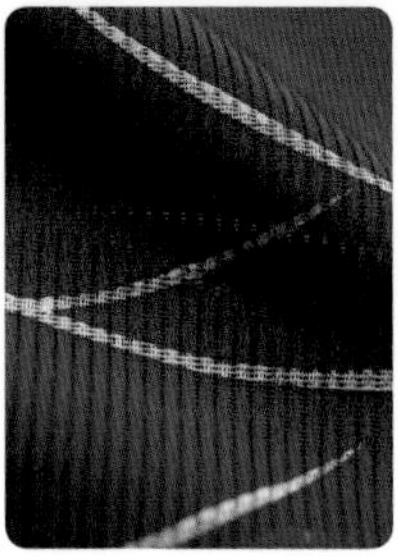

絽　絽目（透けた線）の入った薄い絹織物で涼感がある。

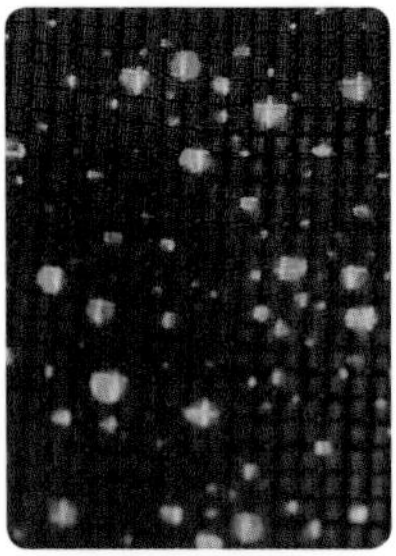

絹紅梅《きぬこうばい》　絹地に太い木綿糸を、格子状に織り込んだもの（P.217）。

綿麻　綿と麻の交織生地。麻の割合が多いほど涼しく、透け感も多い。

上布　上質な麻の生地（P.36）。／**紗**　細い絹糸で織った軽くて薄い絹織物。

◉《綿麻》夏着物コーディネートは――

初夏には綿麻で軽やかに着こなす。
帯で夏の華やかさを印象づけて。

薄藤地の近江綿麻の着物／絽の更紗の名古屋帯

◉《絹紅梅》夏着物コーディネートは――

濃い地色の絹紅梅に生成り地の絣の帯。
8月中旬以降は残暑の中にも秋らしさを表現。

紺地に大小霰の夏着物［三勝］／琉球絣の名古屋帯

【初夏〜盛夏】

浴衣の着こなし——

素材感を大切に選んで
活用シーンを広げる大人の浴衣

浴衣は平安時代の蒸し風呂で着る湯帷子《ゆかたびら》が原型とも。江戸中期には外着としても流行したそう。ただ、昭和の戦後頃は寝巻きとしても着られていたため、世代によっては、日中に外で着るのをためらわれる方もいました。最近は夏のお祭りや花火大会などのイベント着として、浴衣人気がすっかり定着しています。

大人世代が着やすいのは、着物の着方もできる上等の浴衣。着物よりは低価格で手に入ってお手入れが簡単という点で、着物入門にも絶好のアイテムです。

とくに透け感のない綿や綿麻で、古典柄の型染め浴衣などは活用範囲が広いもの。ある日は浴衣として、半幅帯に、素足に下駄で軽やかに花火大会へ。またある日は単衣の着物のように、襦袢に半衿、名古屋帯と足袋で、きちんと感のある装いで観劇やランチへ。さらに帯を替え、一枚の浴衣を上手に着回して楽しみましょう。

◉おすすめの色柄

大人世代には、洋服のような柄よりは古典柄ベースのほうが着こなしやすい。藍や生成り、白など清涼感のある色を選び、シンプルなコーディネートを心がける。

◉着方別のアイテム

浴衣アイテム　肌着は麻や揚柳などさらっと肌にはりつかない素材がおすすめ。半幅帯や兵児帯（P.48）を締め、素足に下駄が基本。

着物アイテム　肌着は浴衣と同じ。麻の襦袢に夏物の麻か絽の衿をつけ、夏物の名古屋帯（P.50）か、半幅帯や兵児帯を締めてもいい。帯揚げは夏物、帯締めは細めがいい。足袋を履いて、足もとは下駄か草履でも。

◉仕立ての留意点

浴衣として着る場合は、バチ衿（左写真）仕立てがほとんど。上等な浴衣なら、衿は広衿で仕立てても。衿の幅がバチ衿よりも広いのでエレガントに見える。

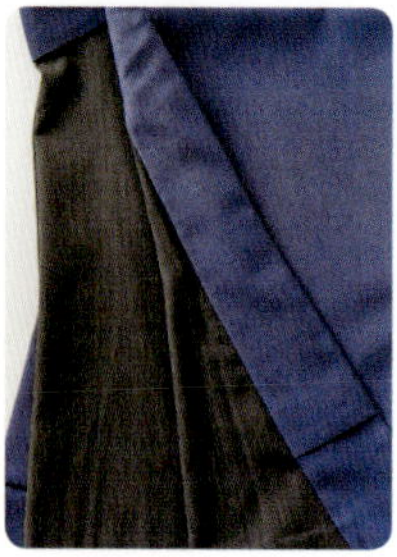

バチ衿　あらかじめ折って仕立ててある。自宅で洗濯がしやすいなど、扱いがラクなことも利点。

一枚の浴衣の着回しは——

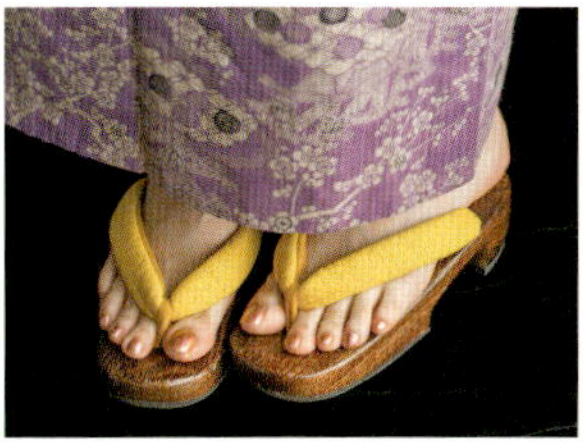

◉浴衣スタイル

衿なし足袋なしで半幅帯を合わせて、軽やかな浴衣姿。帯前は三分紐と帯留めをつけるとまた雰囲気が変わる。半幅帯の結び方をアレンジして（P.98）。着丈はやや短め。

総柄の綿小紋［竺仙］／麻の半幅帯

◉着物スタイル

衿あり足袋ありで、白い名古屋帯を締めると少し上級者っぽい着姿に。背中のお太鼓は、あまり大きくならないほうが涼しげ。帯揚げもほぼ見せず、すっきりと。

着物は上と同じ／絽の名古屋帯／ラバーソールタイプの履物［菱屋カレンブロッソ］

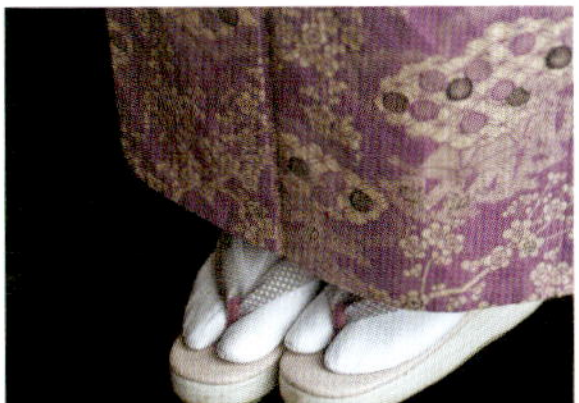

【盛夏】

夏着物の着こなし――

この時季だけのおしゃれ
涼しさと光を透かす素材感が魅力

夏着物の中でも、絽や紗、上布など「薄物」と呼ばれる、薄くて透け感のある着物があります。肌にさらっと涼感のある素材を楽しめる、着物好きにとってひときわ楽しみな季節です。

透け感のある着物は、下の長襦袢の色によっても微妙な変化を見せます。とくに盛夏の黒や紺など、濃色の夏着物が風をはらんで光を受け、うっすらと透ける襦袢の白は、同性から見てもドキッとするもの。洋服にはない爽やかな色気で、夏着物の醍醐味といえそう。

夏着物は魅力的ですが、暑くて汗をかくのに絹の着物はちょっと、とためらってしまう方には、シャリ感のある麻の縮は手頃な価格で、自宅でも洗えるので着こなしやすいもの。なんにせよ、素材感を大切に、色数を使いすぎると暑苦しくなるので色を散らかさず、すっきりまとめるコーディネートを心がけましょう。

●おすすめの色柄

寒色や白、銀などの色合い。麻の着物×麻襦袢（とくに絽）の組み合わせが一番涼しい。8月後半の晩夏には、薄地であれ濃地であれ、黄色やベージュなど少しほっこりした秋の色目を加えると季節感を捉えやすい。

●おすすめの着方

帯結び　麻や絽など軽くて涼しい夏帯を使い、帯枕なしの銀座結び（P.94）などにすると着る人もラクで見た目も涼しい。

着付け小物　着付けの道具も夏用のメッシュの帯板や麻素材の腰紐などを使ってみる。一つだけではそれほど効果はないが、二つ以上使うと体感として涼しさが感じられる。

足袋　通年木綿でよいが、盛夏には麻足袋にすると爽やかな印象に。実際足もとに風が通るとかなり涼しい。冷房が苦手な方は足が冷えるので不向き。

冷え防止　とくに麻の着物は風を通しやすいので、冷房が直撃するところでは薄いストールがあるといい。

盛夏の夏着物（麻）――七月、大暑の頃

縞の縮に、格子の紗の名古屋帯という無地感覚の組み合わせに、帯締めの色で涼やかさを利かせて。夏の蒸し返す街に爽やかな風をおくるような装いで、休日の遊び着に。

縞の小千谷縮（麻）／格子の紗の博多織の名古屋帯

盛夏の薄物（絽）――八月、処暑の頃

露芝の小紋に桔梗柄の夏帯という草花を取り合わせて。暑さの盛りにまわりの人の目も和ませる、清楚なやさしい装いで、美術館や少しあらたまった会食に。

紫紺地に露芝柄の絽の小紋／白地に桔梗の夏名古屋帯

季節を装う、色合わせについて

Q1 色について、季節を装うときの基本になる考え方は？

A 組み合わせを考えるときに、基礎になる「ベーシックカラー」と、強調する「アクセントカラー」の二つに分けて考えます。

ベーシックカラー…無彩色（黒、灰色、白など）、ベージュ、ネイビー、ブラウン。
アクセントカラー…ベーシックカラーに対して明るさや鮮やかさのある色み。

※色みには「黄みがかった色」「青みがかった色」の濃淡がある。

《色の組み合わせ例》
四季でイメージして色分けすると、組み立てやすい。

ベーシックカラー	+	アクセントカラー
春		
胡粉色	+	鮭　色
象牙色	+	菜花色
夏		
白磁色	+	白藤色
白菫色	+	淡　藤
秋		
栗　色	+	柚葉色
丁子色	+	鬱金色
冬		
濃　紺	+	碧瑠璃
漆　黒	+	牡丹色

Q2 基本として、色合わせのコツをつかむには？

A 最初は2色で組み合わせてシンプルにまとめて。慣れてきたら1色加え、3色の組み合わせも考えてみてください。

基本…ベーシックカラーの着物を選び、アクセントカラーの同系色から帯、帯締め・帯揚げを選ぶ。
応用…基本の色合わせに、アクセントカラーを1色追加して3色でコーディネート。たとえば好みのベーシックカラーとアクセントカラーに、着用季節をイメージするアクセントカラーを1色プラスする。

例）秋の色合わせでは ——

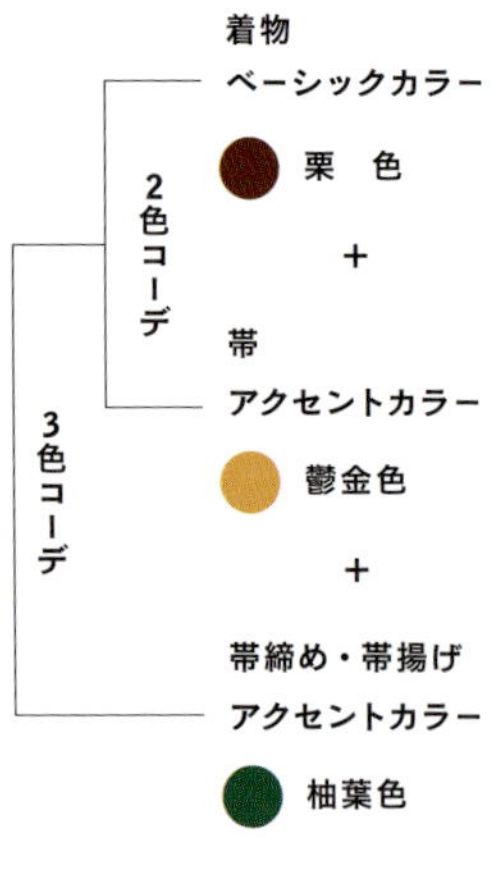

Q3 ベーシックカラーの着物を生かして、季節を着回せる？

A 着物をベースにして、帯と小物に
季節の色をプラスするイメージで組み合わせます。

◉ ベーシックカラー：ベージュ（象牙色）の着物

春の色合わせ
帯揚げのイエロー、帯締めのピンクを春のアクセントカラーに。
象牙色の紅花紬／リボン糸を織り込んだ洒落袋帯

秋の色合わせ
帯と帯締めを茶系で秋のベーシックカラーに。
右に同じ／蜜柑茶色の狩猟文の名古屋帯

◉ ベーシックカラー：ネイビー（藍鉄）の着物

初夏の色合わせ
帯を白系で夏のベーシックカラーに、帯締めと帯揚げを白藤色系で夏のアクセントカラーを。
藍鉄地の無地紬／白と薄鼠地の献上博多帯［OKANO］

冬の色合わせ
帯を黒系で冬のベーシックカラーに、帯揚げの白、帯締めの紅紫で冬のアクセントカラーを。
右に同じ／墨黒地に白霞の染め帯［紅衣］

季節を装う、柄の組み合わせについて

Q1 柄について、季節を装うときの基本になる考え方は？

A 着物の世界には無数の柄が存在しますが、「季節感のある柄」と「季節を問わない柄」があります。食べ物と同じで、「季節の柄」を身にまとうことは、旬を存分に味わうようなおしゃれの極意。色や素材と合わせ、季節の柄を用いた情感あふれる装いは、日本人として受け継ぎたい美意識です。

Q2 季節を意識して着る柄にはどんなものがある？

A 春は桜や藤、夏の桔梗など「植物文様」や、水の流れや雪の結晶など身近な「自然風景を文様化した柄」、雛祭りなど「暮らしの行事にちなむ柄」や「中国などの故事や風習にまつわる柄」を用いて季節感を表すこともあります。柄のいわれを調べて着こなすのも楽しいものです。

※柄や文様について詳細は⇨P.208〜215参照。

Q3 季節感がありそうなのに、一年中着られる柄は？

A たとえば雪の結晶を意匠化した「雪《ゆき》輪《わ》」文様（写真下）。冬の季節柄にも思えますが、夏の装いに取り入れて涼しさを演出することも。また植物が含まれていても、春の桜と秋の楓を取り混ぜた「桜楓《おうふう》文」など、複数の文様を意匠化させた柄なども通年使える柄です。

Q4「季節の先取り」がおしゃれといわれますが、使える期間の目安は？

A 季節感のある柄は、半月から一月ほど前からオンシーズンまで用います。花の咲く気配がする頃から楽しみ、花のある頃までとします。たとえば梅の柄なら1月から、2月くらいまででしょうか。桜の気配がする3月になると、梅柄は季節遅れの印象になります。

※地域やその年の気候で変化します。

Q5 着物も帯も柄を組み合わせるコーディネートのコツは？

A 「季節感のある柄」を主役にした装いと、「季節を問わない柄」を組み合わせて。たとえば次のような装い方ができます。

◉季節感のある柄で秋を装う

虫喰い葉の着物×柿の帯

和紙ちぎり絵で柿を描いた秋らしい柄の帯に、虫喰い葉のある唐草文様の着物を合わせて。唐草柄の着物は秋以外にも使えるが、柿の絵柄の帯を締めると秋らしさがあふれる。

葡萄酒色地に唐草柄の絞りの付下［京絞り寺田］／柿の柄の名古屋帯

◉柄の組み合わせで初春を装う

橘の着物×雪月花の帯

橘は日本で唯一のミカンの野生種で、古くから日本人に好まれてきたもの。橘文様は吉祥文様とされ、合わせた帯柄の雪月花ともども「季節を問わない柄」。晴れやかな空気感を醸した装いに。

橘文様の友禅の小紋／雪月花の手織りの綴れ帯［ともに紅衣］

【防寒、塵除《ちりよ》け】

羽《は》織《おり》の着こなし——

ジャケットのように羽織って
丈やシルエットは今らしく

「羽織」は、防寒や塵除け（汚れ除け）のために着物に重ねて着る上着です。ジャケットと同じく室内で脱がなくてもいいものですから、帯前が見え、羽織紐の色の重なりにもおしゃれ心がくすぐられます。

羽織はもともと男性アイテムだったのを江戸の深川芸者が着始めたという説がありますが、一般に定着したのは昭和になってからと歴史は浅いのです。紋つきの黒羽織が礼装扱いされ、その後、黒羽織が入学式・卒業式のお母さんたちのユニフォームのように着られていたことも。ちなみに現代では、略礼装として訪問着や付下に合わせるなら、羽織より道行《みちゆき》コートのほうが一般的です。

素材や羽織丈などにはその時々に流行があります。最近は春秋の単衣時期や夏にかけて、透けた素材を用いた薄物の羽織も着られています。

◉着方

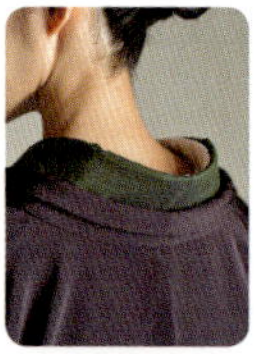

羽織　前は縦に折り返したままの衿で、後ろの首回りは外に半分に折って着る。

羽織紐　帯の上線と帯締めの間に結び目がくるとバランスがいい。好きな紐に付けかえもできる。

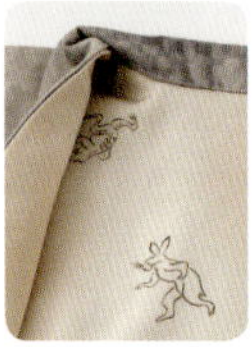

羽織裏　「羽裏《はうら》」とも。表地がシックな羽織に、遊び心のある柄の裏地をもってくると素敵。写真は鳥獣戯画《ちょうじゅうぎが》の絵柄。

◉羽織の種類

柄の羽織　好みの柄の小紋の生地を、羽織に仕立てるのもおしゃれ。1枚目が濃い色なら、2枚目は薄グレーなど淡い色があると春先も着やすい。

薄物の羽織　単衣と夏の薄物の上に、塵除けや冷房除けとして着用。最近はシースルーの洋服生地を用いることも。

茄子紺色の羽織／
無地結城紬／
結城紬地の染め名古屋帯［ともに結城澤屋］

質感のいいシックな無地羽織をまず一枚

織り味のふくよかな柚葉色の紬に、あえて羽二重のとろりとした質感の羽織を合わせて。帯回りをすっきりとさせるために、羽織紐の色に合わせ、帯締めや帯揚げを配色。

【防寒、塵除け】

コートの着こなし——

寒い日の外出のおしゃれ着
衿の形は好みや体型で選んで

着物にまとうコートには「道行」「道中着《どうちゅうぎ》」「着物衿《きものえり》コート」などの種類があり、どれも防寒と塵除けのためですが、羽織と違って室内では脱ぐものです。

かつて外出時には常に羽織りものをまとう慣習があり、帯つき（着物のままの姿）で街を歩くのは玄人女性だけといわれた時代がありました。それから一時は赤茶色の道行が大流行したりと、コートはその時々の時代背景で変わるもの。現代も着る人の環境や好みに合わせ、長く使えるものを選ぶのがよいでしょう。

まず礼装以外に着る場合なら、季節や着物を選ばない無地感覚でベーシックカラーのシンプルなコートが一枚欲しいところ。コートまで手が回らない場合は、洋装と兼用ができるコートやショールで代用するという手も。着物は下着を重ね着すると脱ぎ着ができないので、寒暖の差がある場では、羽織やコートなどの重ね着で、上手に体温調節してください。

◉代表的な和装コートの種類

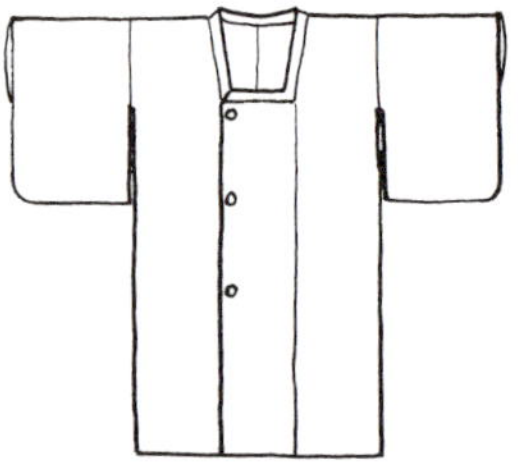

道行　衿開きが四角く額縁のように縁どられた「道行衿」が定番。礼装用には無地やぼかしなどが一般的。体にフィットしたシルエットが特徴。

道中着　裾すぼまりのすっきりしたシルエットが特徴。おしゃれ着用が一般的だが、無地やぼかし、上品な小紋柄なら略礼装でも用いられる。

◉ほかの衿形

着物衿　道中着とほぼ同様の位置付け。着物のようにおくみ（P.10）がある。

千代田衿　和装に珍しく曲線の衿。体型や好みで形は調整。

へちま衿　へちまに似た形のデザイン衿。落ち着いた印象になる。

道行衿をアレンジした「菱衿」。

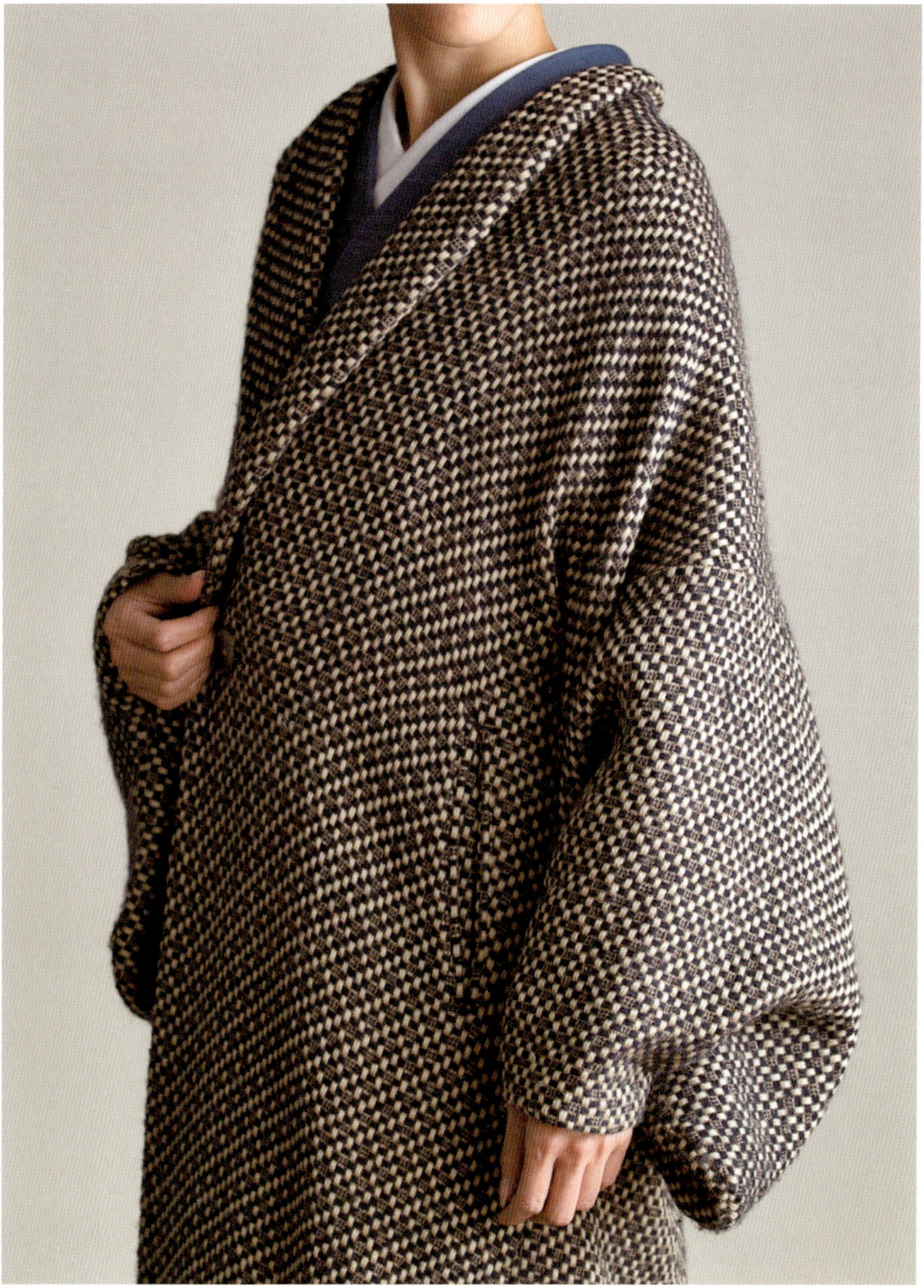

ツイードの厚手のコート［matohu］

真冬の寒さには丈長めの厚地のコートで

ツイード地のコートは重さのあるシルエットが美しい。もともと洋装コートを着物の袖に合わせて膨らみをつけてデザインしたもの。好みの和装コートがない場合は洋服地で誂えるのも一案。

【雨除け】

雨コートの着こなし――

雨から着物を守るコートは丈と素材にこだわって

せっかく着物を着ようと準備した日が、雨模様で洋服に変更することはありがち。雨コートはつい後回しになりがちなアイテムですが、一枚あれば着物の予定がたちやすく、天候不順の時期には心強いものです。

防寒コートと雨コートの大きな違いは、丈の長さと素材選びです。丈は、雨に弱い着物を裾までカバーするフルレングス。最近はポリエステルや洗える素材、撥水《はっすい》加工が施された素材などが活用されています。

じつは戦前頃までは、雨と防寒コートの区別はなく、ウールや木綿の生地が雨用に使われていたとか。梅雨時期などの軽い雨除けなら、着やすくてコストも低めな木綿や綿麻などに撥水加工をして、雨コートに仕立てることも選択肢としてあります。

着用シーンに合わせ、行動範囲を広げてくれる使いやすい素材選びがおすすめです。

◉おすすめ素材と仕様

丈の長さの定番は、雨草履や下駄を履いた際に着物の裾が隠れるくらいが目安。

よそゆき用コート　絹織物の中でも水に強い大島紬などに、撥水加工した素材。

本格的な雨用コート　ポリエステルなどに撥水加工を施した素材。

軽い雨除け用コート　綿や綿麻などに撥水加工をした素材。梅雨時期に。

◉そのほかの雨アイテム

草履の雨カバー　草履全体または上部につける着脱式の雨カバー。雨予報の日はバッグに携帯を。

二部式コート　反物からの誂え品とは別で、既製品で上下に分かれた二部式の雨コート。安価で軽量タイプのものを持ち歩きにしても。

雨傘　P.150参照。

菊花文のポリエステル地の雨コート

雨だからこそ、気分が華やぐ花柄で

黒地菊花文のコート地は、ポリエステルの小紋の反物からお誂え。へちま衿アレンジやボタン数を2列にするなど、シルエットにこだわって。数が要らないコートこそお気に入りの一枚を。

【小物】

ストール、傘、バッグ――

洋服用から選ぶ場合も、着物との共用に視点をおくと、結果長くつきあえるものになり、「自分の定番」が明快に

◉ストール

少し大きめで、羽織ったときに帯のお太鼓が隠れるくらいのサイズ感がおすすめ。バッグに入れて持ち歩くことも多い方は、コンパクトに畳めてかさばらないタイプが一枚あるとお役立ちです。

カーディガンのようにまとえる大判ショールなら、織りや染めの美しい、布として魅力のあるものを選ぶと、無地でも存在感が際立ちます。近年は伝統染織品のショールなども充実しているので、身近なおしゃれに日本のほれぼれする染め織りを引き寄せてください。

巻き方でも表情が変わる。寒い日はふわりと上半身をくるんで。衿もとを留めるピンがあると便利。

薄手のウール100%の大きめショールはニュアンスのあるグレーで、和洋のおしゃれに合いやすい。

◉日傘、雨傘

とりわけ日傘をさした夏着物の女性は素敵に見えるもの。紫外線や暑さから身を守るための実用品でもありつつ、爽やかな印象も手に入るアイテムです。

雨傘の場合は、サイズは小さいものより大きめのほうが着物が濡れなくていいのですが、木製や竹製の持ち手など自然素材のニュアンスが入ると表情がやわらぎます。色目はモノトーンのものが洋服でも着物でも使いやすいでしょう。

着物地を用いた日傘。紺絣の木綿地の傘をさすと懐かしくやさしい雰囲気に。霰絣柄の久留米絣の日傘。［坂田織物］

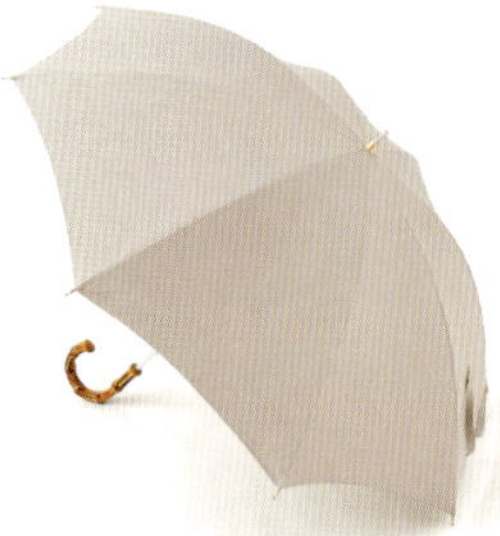

ベーシックカラーの雨傘。光沢のあるベージュが女性らしい印象を加えてくれる。

◉バッグ

着物に合わせるバッグだからといって、和装バッグにこだわる必要はありません。洋装バッグで選ぶ場合には、たもとが長い着物は肩掛けが向いていないので手提げタイプになりますが、持ち手が短めで、縦長よりも横長のフォルムが着物によく合います。それから最近人気のクラッチバッグなども好相性です。

バッグは小さめのほうが断然エレガントに見えますが、荷物をある程度入れるために、収納力のあるポケットなどを要チェックで選びましょう。お出かけ前には必ず着物姿でバッグを持って鏡で見て。全身のバランスを見直すことが大切です。

洋装のバッグでもクラシカルな形は着物になじみやすい。

フォーマルシーンにもなじむクラッチ。シュリンクレザーでニュアンスのある素材だから着物にも負けない。

和装バッグの定番、利休バッグも現代的なテキスタイルデザインになるとおしゃれ感が上がる。［こまもの玖］

持ち手が長そうに見えるが、バッグ自体が小さいので、持つとバランスがよい。バリ島のアタバッグ。

薄紫のクラッチバッグは紬地で誂えたもので洋装でも活躍。シンプルな刺繍が洗練された印象に。［紅衣］

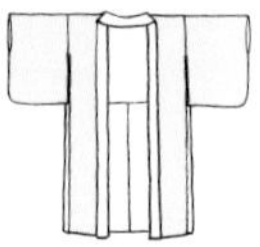

コラム❸

自分の体と一緒に作る着物暦

着物生活をしていると、洋服生活のときと比べて、天気や気温、季節に敏感になってきます。それから、表に着る着物や帯などとつなげて、下に着る長襦袢や下着などの組み合わせに、かなり知恵を絞るようにも。

真夏に一番涼しいのは、麻の着物に麻の絽の長襦袢の組み合わせです。ただ、リアルによく着るものは綿麻の着物なのです。真夏でも、都会では電車やビルの中も冷房が入っている場所が多いので、麻の着物だと冷気が通って逆に体が冷えすぎてしまう。そのため麻より、ほどよく通気も保温もある綿麻の着物の出番が自然と増えていくわけです。

冷え込む冬は、季節通りなら正絹の長襦袢ですが、麻素材の襦袢を着ていることも多いのです。上には袷の着物でも、室内に入るとどこも暖かいので汗もかきがち。温度調整に備えて肌に近い下着は涼しい素材にします。

おしゃれとは別に、下着の重ね着までこまかに考えるなんて面倒そうだと思われるでしょうか？ ですがじつはこれが案外と楽しいことでもあります。

その日の行き先の、天気や空気を想像して。「それじゃあ、今日は何を着ようか」と自分の体の声を聴いてみる——。春夏秋冬と、そうした算段を繰り返していると、営みの深いところに着物という衣が根っこを張っているようで、ささやかな喜びが生まれてくるのです。

「あたらしい着物暦」（P.118）でも述べましたが、現代は生活環境も気候も大きく変化しており、それに合わせた着物選びが必要です。でもそれは逆にいうと、自然に寄り添った衣生活に触れる、よいチャンスかもしれません。心地いい着物暦は自分の体と一緒に作り上げていくものだと思うと、楽しみは尽きないものです。

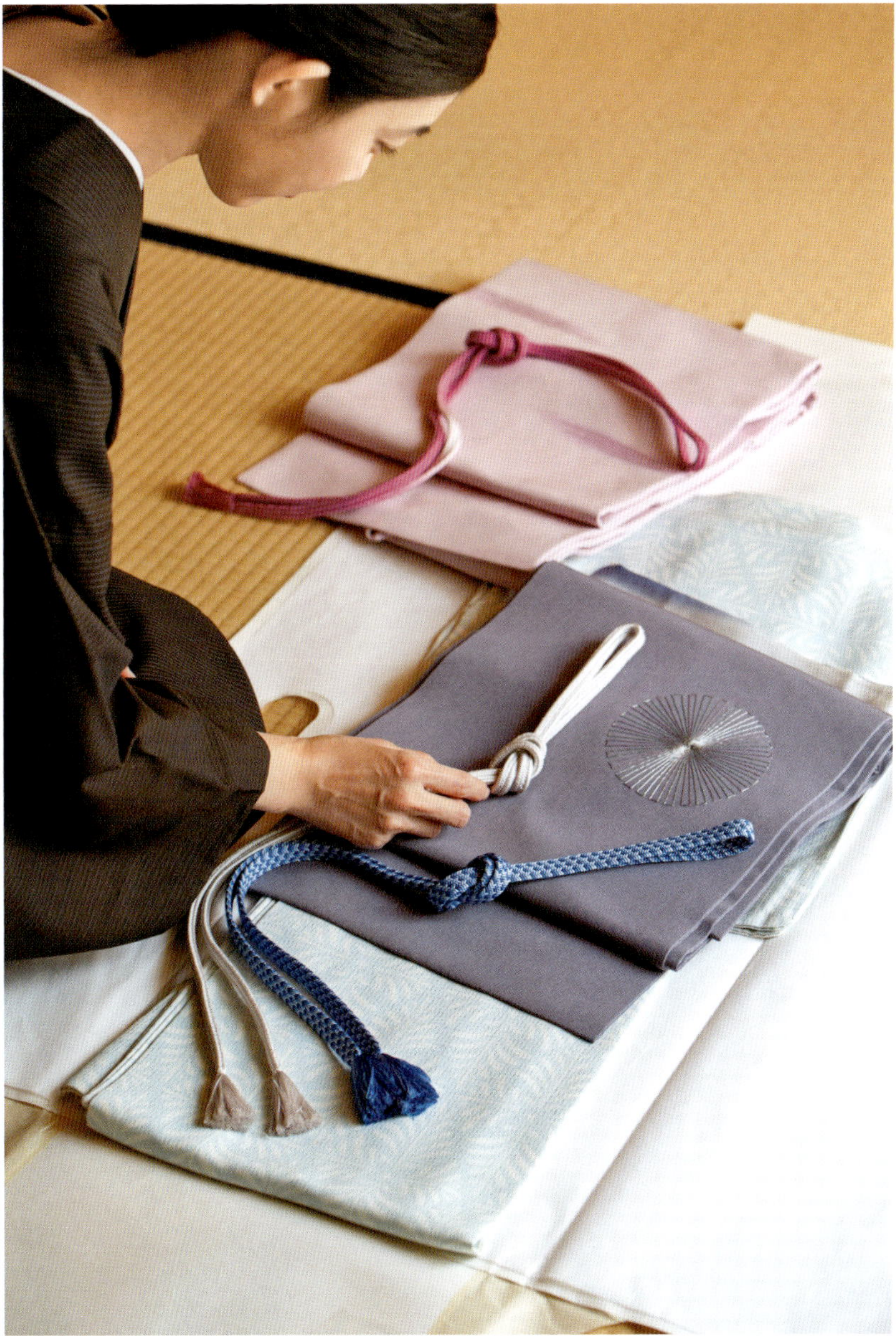

着ていく場の環境により、体がラクな素材や、時季と気分に合った色合わせを考えて。
支度のひとときは、季節と体の声を聴く豊かな時間。

第四章

着こなし方

普段着からよそゆき着まで、ＴＰＯに合わせて、
印象のよい着こなし方を身につけましょう。

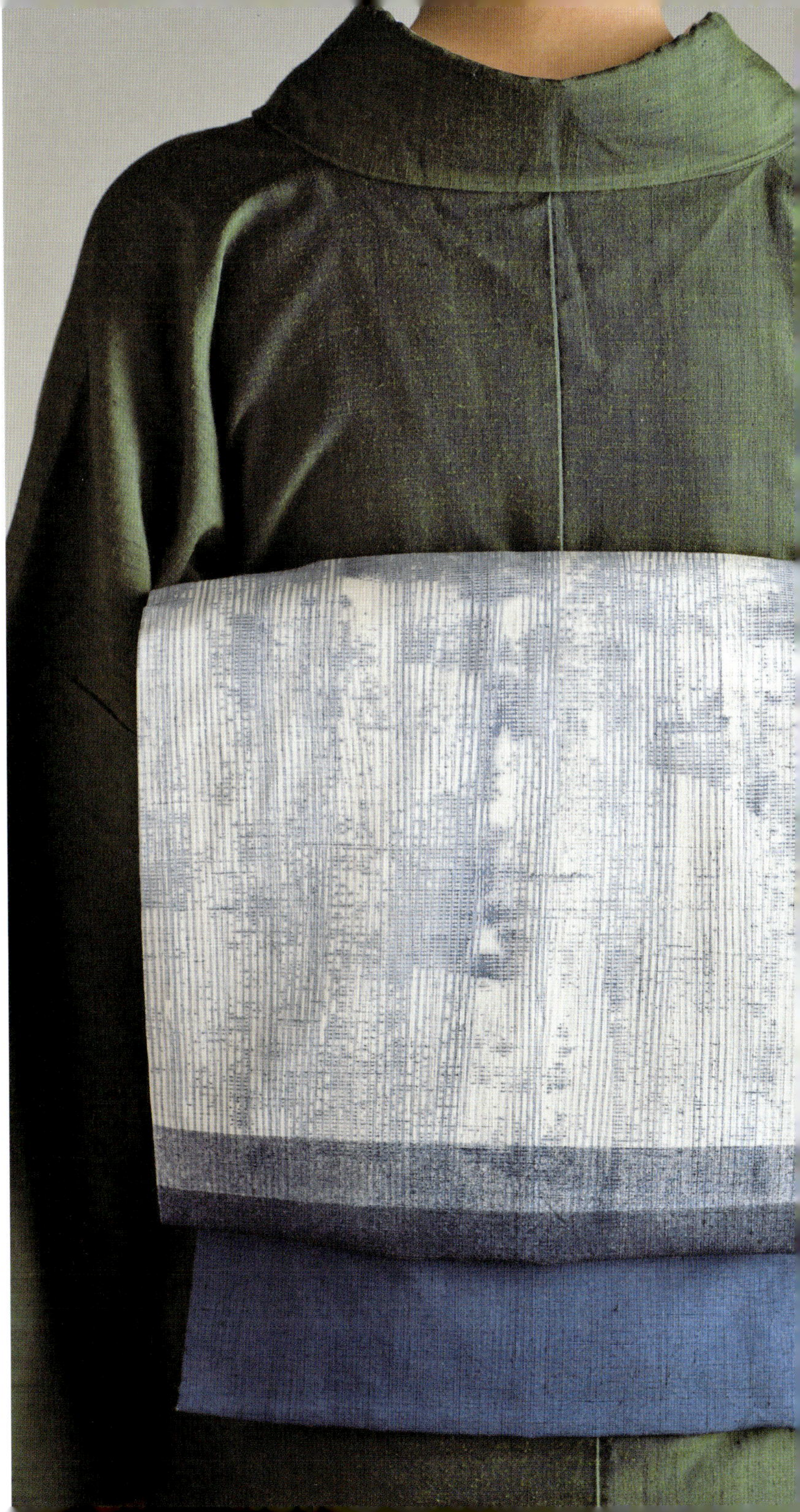

◉大人の着物選びの要

TPOから決めるおしゃれバランス

おしゃれは自己表現ですが、大人のおしゃれは、まわりとの心地よい調和があってこそです。ですから、どんなときにどんな着物を着たらいいのかを考える上では、TPO（時間・場所・場面）を考えることは外せません。

フォーマルとカジュアルという言葉も使いますが、少しイメージで片づけられがち。着物のTPOをきちんと考える際には、昔からの日本人の感性にあったハレ（晴れ）とケ（褻）で分けるとしっくりときます。

ハレとは、結婚式やお正月という特別な場面、つまり非日常のこと。ハレのときに着る服が「晴れ着」です。逆にハレでない日常の場面がケです。日常に着る普段着は「褻着（ケギ）」とも呼ばれてきました。

ハレやケの場面で、期待される役割に合った装いで、対面する人になじむ装い。ひとことでいえば「バランスのいいおしゃれ」が、大人の女性を印象づけます。そうしたTPOに合わせて、着こなし力を養うヒントについて、この章でご紹介しています。

《ハレを着る、ケを着る》

※ハレとケの概念は日本民俗学の創始者 柳田國男（1875〜1962）が提唱

低　ハレ度　高

叙勲／園遊会
格式のある結婚式
成人式
披露宴
お宮参り／七五三
入学式／卒業式
茶会
正月／節句
稽古事の発表会
同窓会
授業参観
新年会
夏祭り
デート
女子会
週末のお出かけ
散歩

ケの場面	ハレの場面
日常の延長線上	儀礼や式典、お祝い
↓	↓
着物を楽しむために装う	**他者のために装う**
↓	↓
自分も周囲も心地よい装い	**慣習や決まりごとに沿った装い**

TPOの道しるべ

1　着るものを選ぶ前に

まず「誰のために、何のために、いつ着る」という条件をピックアップしましょう。

●誰のために着る?

□家族のため　例）子どもの入卒式、夫の仕事上のパーティ
□第三者のため　例）恩師の還暦祝い、友人知人の祝賀会
□自分のため　例）休日のお出かけ、同窓会、女子会

●何のために着る?

□お祝いや感謝を表現する　例）姪の結婚式、喜寿のお祝い会
□お客様をお迎えする　例）茶会の主催者として、外国人のお客様の対応に
□和文化を観に行く　例）日本画の美術展、歌舞伎観劇

●いつどこで着る?

□格式のあるハレのシーン　例）結婚式で一流レストラン
改まった茶会で老舗の料亭
□格式ばらないハレのシーン　例）同窓会で話題のレストラン
気軽な茶会で公共スペース
□日常の延長線上のシーン　例）地域の花火大会、近所のカフェ、犬の散歩

2　ターゲットとテーマを明確に

着るための条件を踏まえて、誰に向けて装うか「ターゲット」を決めます。たとえば、夫の仕事関係のパーティなら「夫の上司」です。そしてテーマを決めましょう。「エレガント」「クール」といった簡単なイメージでもいいでしょう。テーマに合わせて、着物や帯を選び、小物をコーディネートします。

3　装いに思いやりを込めて

自分の気持ちが上がるおしゃれであることは大事ですが、自分だけのためにならないように。たとえばパーティなどでは同席者とバランスをとることも大事です。

タキシードの方と同席するなら、着物も訪問着や付下。ジャケットにノーネクタイの方と同席なら、ラフに小紋といった感じで。またお祝い会なら、感謝を表現するために、主催者にまつわる柄をまとうなど。慣習やドレスコードとは別に、「想像力」や「思いやり」を持った装いを考えましょう。

今様スタイル提案 1

普段着物でお出かけ

ちょっとおしゃれをしたい休日に着る着物。決まりごとは頭に入れつつも、がんじがらめにならずに。忘れてはいけないのは、着物もファッションなので、着る人自身がおしゃれを楽しんでこそ、ということです。

手持ちの着物を工夫して、どう自分らしく着こなすか——あれこれ試して着て、自分の「好き」や「似合う」を探していく。そんな積み重ねがきっと自分らしい着物スタイルを育てます。なによりおしゃれ力を養える普段着物について、コーディネートのコツをご紹介します。

◉コーディネートのポイント

・小紋や紬など、ワンピースのように気軽に着られる着物を持つ。
・着物でも帯でも、装いの主役を決めてそれに合わせて組み立てる。
・同系色を中心に、全体を3色までにまとめるように心がける。
・譲り受けた着物や帯も上手に活用して、着こなしの幅を広げる。
・昼と夜では小物を替えるなど、メリハリをつけた装いを楽しむ。

同じ着物でも昼とバッグをチェンジ。
夜はクラッチバッグなどを合わせると
雰囲気が変わってくる。

◉シチュエーション例

休日のお出かけ、美術館、女子会、音楽会、和の習いごと、お花見などへ。

※普段着物に合うアイテムは、着物と帯の早わかり図（P.14、P.40）参照。

銀鼠無地の米沢紬／白銅色の螺鈿（らでん）の名古屋帯

祖母の帯を主役にお気に入りの美術館へ

古九谷らしき陶器の絵のような帯柄は、じつは織りで表されたもの。
独特の雰囲気を持つ帯を今らしくするカギは、色の調和。
銀鼠色の無地紬に同系色＋1色ですっきり。
美術館の企画展などの、着ていく先と関連づける見立ても楽しい。
《洋服なら：シンプルなワンピースで古風なアクセサリーを際立てたスタイル》

おしゃれを楽しめるパーティには華やか小紋で

日頃はシックな着物が多いけれど友達主催のパーティへは、
唐草柄のレモン色の小紋をセレクト。薄暗い会場なら少し派手なくらいがちょうどよい。
柄の着物は帯と小物で濃淡の色をつなぐと大人っぽくまとまる。
《洋服なら：ツヤ感のあるプリントのトップスに
膝丈スカートで華やいだスタイル》

角通地紋に唐草文様を染め上げた
レモン色の小紋［白イ烏］／
白鼠（しろねず）の地に雪輪の刺繍の名古屋帯［紅衣］

細い横段の白藤色地の綿麻／
白地の輪奈織（わなおり）の名古屋帯［OKANO］

気どらない綿麻着物でお気に入りのカフェへ

休日の午後、綿麻素材の着物に軽くて締めやすい名古屋帯を合わせて、
近くのカフェまで。まわりの人になじむカジュアル感を醸すために、
赤い帯締めで遊び心をプラス。足もとはラバーソールの履物で今らしく。
《洋服なら：リネンのロングワンピースに
バレエシューズを合わせたナチュラルなスタイル》

今様スタイル提案 2

大人の半幅帯でお出かけ

着物生活が日常だった時代、半幅帯はやわらかい染めの着物にも締められていた点を見直して。単にカジュアル系だけに絞らずに、ドレッシーな装いにも活用すれば、さっと軽やかに着られるものですから、気ばらずにコーディネートの幅が広げられます。小物使いや帯結びを工夫して、浴衣姿とはひと味違う、大人がひときわ輝く半幅帯スタイルを提案します。

◉コーディネートのポイント

・染めのやわらかい着物にもなじむ、シンプルで上質素材の半幅帯をセレクトする。
・シックな印象にしたい日は、着物も帯も色柄を絞ってシャープさを演出する。
・きちんと感のある半幅帯結びで大人っぽさをアップする。
・シーズンによって羽織を加えて、落ち着いた印象をプラスする。
・サブアイテムの帯留めなどを加えて、センスアップする。

江戸切子の帯留め［小川郁子］／輪違い文様の帯留め［日本橋三越本店］

帯留めは、シックな半幅帯コーデにほんのり味を足したいときに有効。

◉シチュエーション例

普段着物のシーンに加え、ドレッシーな半幅帯は、観劇、クラシックコンサート、気軽なパーティなどへ。

※大人の半幅帯結びはP.98～参照。

薄藤色の柄のないぼかし染めの小紋［紅衣］／
格子状にぼかし染めした半幅帯［祐斎］

やわらかい素材感と色をおさえてドレッシーな印象に

半幅帯に染めのやわらかい着物でエレガントなコーディネートに。
淡いトーンの小紋や色無地などの上等な着物に
半幅帯を合わせるとカジュアルダウンでき、
お友達との食事やホームパーティなどで気軽さを演出することもできる。
《洋服なら：光沢感のある素材のワンピースに手染めのストール》

前からは名古屋帯のような表情に

無地紬にシンプルな柄の半幅帯を締めたシックさをベースに、細い三分紐と帯留めでおしゃれ感をプラス。前からは名古屋帯に見えるコーディネート。

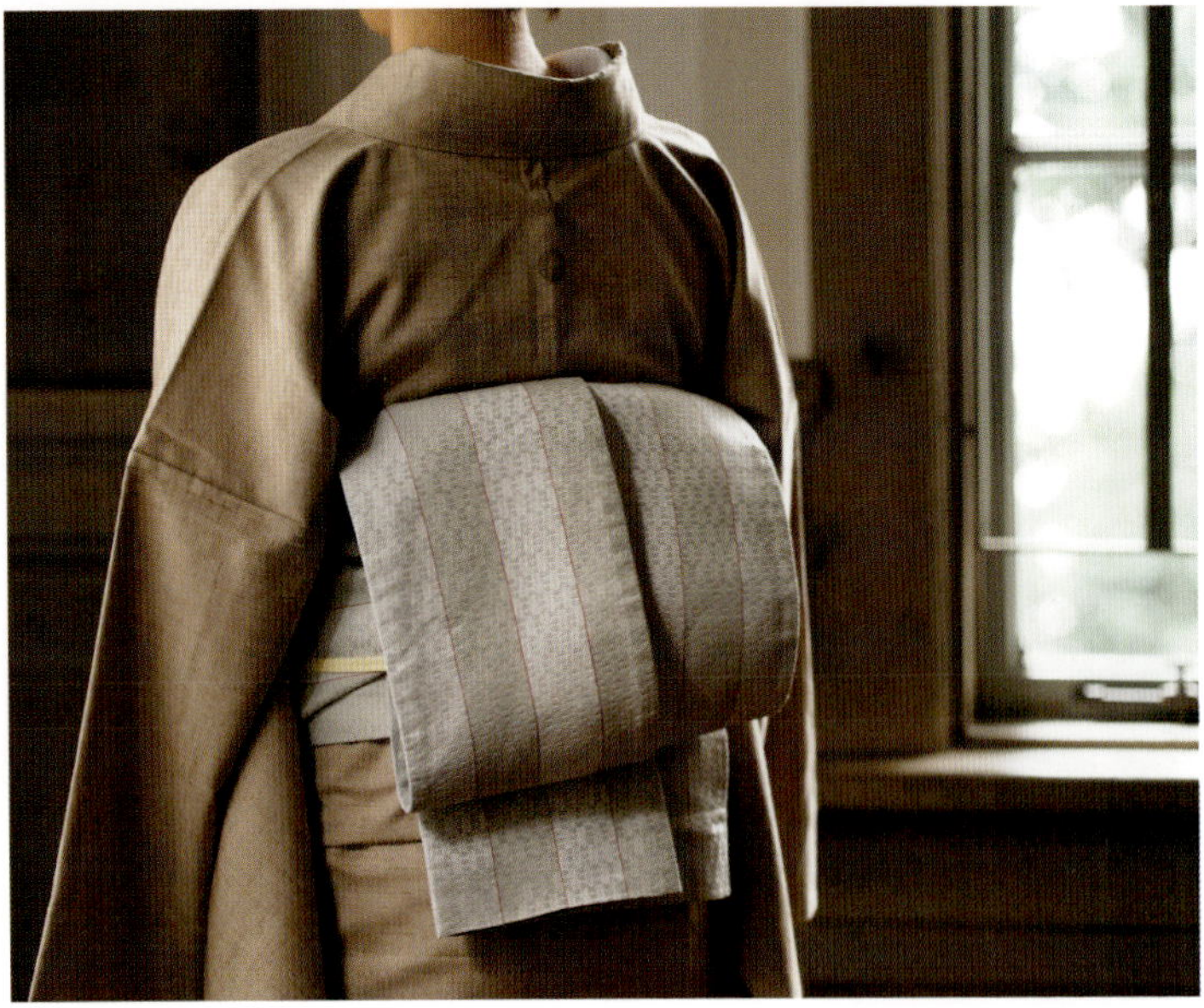

後ろの帯結びはお太鼓風に

後ろの帯結びは、お太鼓風のアレンジ。長めの半幅帯は結びやすく、ボリューム感のある表情が作りやすい。着物によってはお太鼓部分の大きさやタレの長さを変えて、カジュアルダウンすることも。

朽葉色の無地紬／半幅帯［OKANO］

半幅帯スタイルに羽織を組み合わせて

半幅帯に羽織を着用すると、外からは半幅帯とはわからないスタイルに。
羽織は帯結びに自信がない日も隠してくれる安心アイテムで、
着物を着る心理的なハードルがさらに下がる。
《洋服なら：着心地の良いパンツとカットソーに上質な素材のカーディガン》

柳色と女郎花色（おみなえしいろ）が横段になった米沢紬の羽織

今様スタイル提案③

ハレ着物のお出かけ

昔よりドレスコードがゆるやかになったとはいえ、晴れやかな場にお招きされた際は、現代感覚に合ったハレ着物で臨みたいもの。礼装だからといってコーディネートのおしゃれのセンスをがらりと変えて選ぶ必要はありません。礼に適った装いを第一にして、そこに自分らしさを加えてドレスアップすることが大事です。

招かれた空間にもなじみ、同席者も自分も心地よい、そんなハレの装いができたら、年齢を重ねた着物のおしゃれが楽しみになるはずです。

●コーディネートのポイント

- ・センスや個性を目立たせるよりも、上品さを大切に選ぶ。
- ・着物の柄や帯でも、どこか見せ所を1点におさえたコーディネートが有効。
- ・黒系の付下、黒系の訪問着などフォーマル度が高く見えるブラックで魅せるのも。
- ・淡い色合いの着物や帯は小物も同系色でつなげてワントーンで。

品よく華やぎたいときは、
光沢感のあるきれい色の色無地や
シンプルで上品な柄ゆきの付下で魅せる。

●シチュエーション例

お茶席、ホテルでの新年会や結婚式、入学式・卒業式、家族のセレモニーなどへ。

※ハレ着物に合うアイテムは、着物と帯の早わかり図（P.14、P.40）参照。

薄藤色の柄のないぼかし染めの訪問着／
淡紅藤地に霞ぼかしの刺繍名古屋帯［ともに紅衣］

クラシカルな空間になじむ淡いトーンのハレ着で

同窓会や夫婦の記念日などに招かれた場合、
頑張りすぎた着物姿にはなりたくないもの。
空間になじむよう、フォーマル系の着物でも色柄が控えめな訪問着や付下に、
帯も織りにこだわらず染め帯で引き算コーディネート。
《洋服なら：淡い色のワンピーススーツでエレガントスタイル》

気軽なお茶会に季節感を問わない上質シンプルのハレ着で

着物を着る機会を増やそうと茶道を始めると、
お茶会に誘われる機会も増えるもの。

お茶会に招かれた際に重宝するのは、シンプルな色無地や季節を限定しない色柄の付下。

帯を替えて少しあらたまった会食などにも広く使える。

《ともに洋服なら：ベーシックカラーのスーツでシンプルスタイル》

写真右は、露芝地紋の色無地［紅衣］／石畳地に華文の名古屋帯［OKANO］
写真左は、藍白地に松風のぼかし付下／墨地の菱つなぎ紋の袋帯［ともに紅衣］

お茶会は後ろ姿のお太鼓に目がいく見せ場。
柄がなくても、季節のしつらえに合わせた色みなどを
コーディネートに取り入れてみると風情がある。

目上の方との会食に清楚に華やぐ無地感覚のハレ着で

お世話になっている方や目上の方とご一緒する会では、落ち着いた着姿を目指したいもの。

色数が少なくあっさりタイプの付下に金銀糸が目立たない焦げ茶系の袋帯を合わせて。

控えつつも地味すぎないよう小物の赤い色でさじ加減。

《洋服なら：ハリ感のあるワンピーススーツに小さなジュエリーを合わせたスタイル》

生成地に七宝のぼかし付下／憲法茶地に唐草七宝紋の袋帯［紅衣］

漆黒地にかずら帯文様の付下［キモノヴィラ京都］／
色紙唐花文の西陣織の袋帯［紅衣］

家族の慶び事に顔映りのいい黒のハレ着で

黒地にかずら帯文様が描かれた付下に、白地に銀糸が入った華やかな袋帯。
柄のボリューム感は決して多くありませんが、
黒地にプラチナ色の帯を合わせることで礼装度の高い印象に。
結婚式の参列などご家族のお祝い事にぴったり。
《洋服なら：ブラックのロングワンピースに華やかなジュエリーを合わせたスタイル》

格と家紋の押さえどころについて

Q1 着物でよく使われる「格」はどう理解するといい？

A 格について、「着物の組み合わせの決まりごと」と理解してしまう方がいらっしゃいますが、本来は着物や帯の価値や等級をさす言葉です。

「着物と帯の格が合わない」という場合、着物と帯の「クラス感のバランスが合わない」という意味になります。

「訪問着に袋帯を締める」といった慣習上は問題のない組み合わせも、着物が上質なもので帯が陳腐なものだとしたら、質感のバランスが合わないことも。また綴れ織（本綴れ）の名古屋帯が訪問着などの準礼装にも合わせられるのは、大変貴重な帯ゆえに、特別なときに締める価値があるとされたからです。このように名古屋帯でもクラス感があるとされるアイテムもあります。洋服でもそういったバランスがあるように、昔の人たちも着物の「格」という言葉で、装いの調和を考えていたのです。

Q2 「格」がわかるようになるにはどうしたらいい？

A 着物の格の感覚を磨くためには、「よい着物にたくさん触れること」が一番。着物と帯、そして小物を合わせる経験が増えるにつれ、バランスが読み取れるように。和のものに限らず、工芸品や美術品など良品逸品にたくさん触れることで、感覚は磨かれます。

Q3 フォーマルをおしゃれに装う考え方は？

A 礼装シーンがカジュアルになった今、「フォーマル」に加え「ドレッシー（＝優美で改まった装いの意）」という視点を持つと選びやすいでしょう。フォーマルとドレッシーなコーディネートには、次のような違いがあります。着物を決まりだけで覚えるのではなく、シーンに調和する格とおしゃれで着物を考えると、装いのバランス感覚が磨かれます。

◉レストランウエディングなどで「平服で」と招かれた場合

①フォーマルな装い
華やかな訪問着×礼装用の袋帯

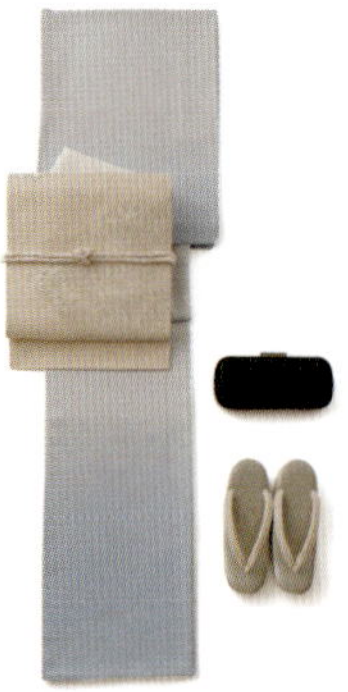

②ドレッシーな装い
シンプルなぼかしの付下×シンプルな袋帯

①は礼装としては教科書通りで正しくはありますが、格がありすぎてまわりから浮く場合も。②は①よりもフォーマル度は低いのですが、ドレッシーで「平服」の場にも沿う装いに。※冠婚葬祭の「平服」は普段着ではなく大抵「略礼装」の意。

写真上の草履／バッグ［ともに神田胡蝶］

Q4 家紋（紋）は、そもそもどういうもの？

A 家紋の始まりは、平安貴族が牛車の標識に用いたという説も。江戸時代は武士を中心に、名字が広く許される明治以降はより一般化。もともと家紋のない庶民の間では、近所で黒紋つきの貸し借りができるように「五三桐《ごさんのきり》」がよく用いられたよう。

Q5 よそゆきの着物には、家紋を入れたほうがよい？

A まず家紋を入れる位置は決まっており、数が増えるほどより格式があがります。逆に格が高くなると、おしゃれ着に着回しづらくなるので、最近は黒留袖や喪服以外では、訪問着や付下なども家紋を入れない傾向です。茶道をされる方などは、茶席用の色無地に一つ紋を目立たない縫い紋で入れることが多いようです。

◉紋の位置と数

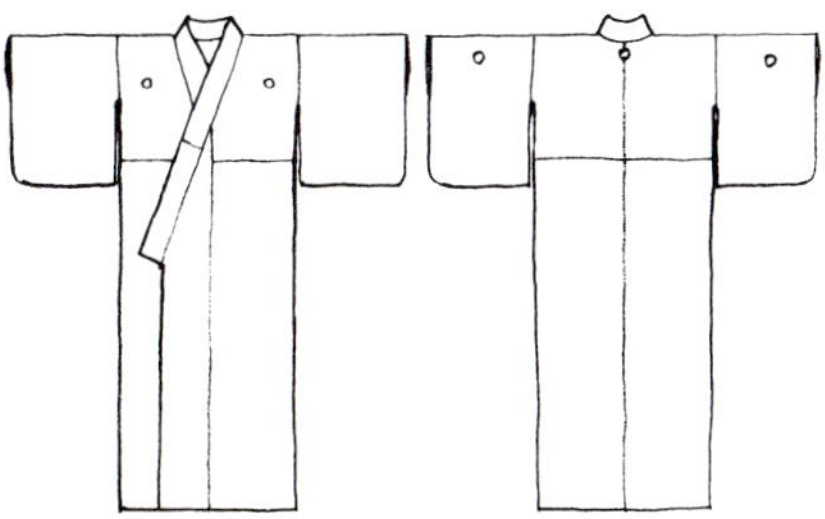

一つ紋…後身頃の背中心に一つだけ入れたもの。訪問着、付下、色無地、礼装用の江戸小紋に入れる。

三つ紋…後身頃の背中心、両袖で三つ。色留袖、色無地に入れる。日向紋が基本。

五つ紋…前身頃の両胸、後身頃の背中心、両袖で五つ。黒留袖、色留袖、喪服に入れる。日向紋が基本。

◉家紋の主な種類

日向紋

●染め抜き紋

日向紋《ひなた》…紋全体を白く染め抜いたもので正式な紋。

陰紋《かげ》…紋の輪郭だけを線で白く染め抜いたもの。日向紋より略式。

すが縫い

●縫い紋

すが縫い…紋の全部を縫い込んだもの。

陰すが縫い…線だけを縫ったもの。まつり縫いよりも線が強調される。

まつり縫い

まつり縫い…一本の線のような縫い方。縫い紋として一般的。

けし縫い…芥子粒を散らしたような最も目立たない縫い方。

Q6 おしゃれに使う紋はどんなものが？

A 色無地などシンプルな着物に洒落紋を入れるなど、なにか物語のある洒落紋を入れても。茶会などには着られませんが、ちょっと通なおしゃれを楽しめます。

洒落紋入りの着物［弓月・京店］

洒落紋…好みで入れる装飾的なお洒落用。礼装には使わないのが一般的。

加賀紋…家紋をアレンジし、装飾したもの、花紋。

女紋…母から娘へ譲られる紋のこと。関西を中心とした西日本に多い。

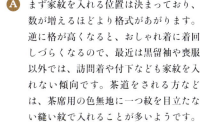

着回しの味方、帯締め・帯揚げの配色について

Q1 帯締め・帯揚げの色使いで、おしゃれ度があがる？

A 帯締め・帯揚げは小物といわれるけれど、着こなしでいえば「大物」です。「着物1枚に帯3本」はよくいわれる言葉で、帯でコーディネートを広げるのは正攻法。ただコストも考えて着回し力をアップするなら帯締め・帯揚げの色や種類を増やしていくのがいいでしょう。
とくに無地感覚の着物が多く、シンプルなコーディネートが好きな方なら、思い切って帯1本の予算を小物にかけてみると、コスト以上におしゃれ効果が上がります。

Q2 帯締め・帯揚げは、色を揃えるのが基本？

A 両方の色を揃えると優等生コーディネートですが、別々な色使いで楽しんでも。
配色に悩むという場合は、
①帯締め・帯揚げの、片方を薄い色にしたら、片方は濃い色で差をつける。色のトーンを揃えたほうが今らしい。
②青なら青紫、黄色なら黄緑、と色相チャートの隣の色を持ってくるとなじみやすい。

Q3 着回しがよい、帯締め・帯揚げの定番カラーはある？

A 定番の色は人によって違います。まず手持ちの着物や帯を出して、よく観察してみて。最もよく着る色を見つけたら、その着物や帯の定番カラーに合わせて帯締め・帯揚げの配色を研究しましょう。
色の好みは気分や時代で変わるもの。定期的に新色を定番に加えると、着こなしがリフレッシュされます。

Q4 今までにない色にトライするなら、帯締め・帯揚げのどちらから？

A 帯揚げがおすすめです。理由は着方で色の分量の調整ができるから。室内でコーディネートを決めても、色の印象は光によって変わってくることも。外出先の自然光で見て色を強く感じたら、帯揚げを帯内へ入れ込んで色を減らせます。

Q5 アクセントカラーは、強い色を利かせるのがセオリー？

A 必ずしも強い色でなくてもいいのです。配色次第で、薄いきれいな色も垢抜けたアクセントカラーになります。濃く暗い色目の着物や帯なら、全体から1色を選び、同系色の薄いクリアなトーンの帯締め・帯揚げをプラスするときれいな差し色に。

Q6 同じ着物でも、帯まわりの配色でイメージを変えて着回せる？

A 帯締め・帯揚げは小さい色面積ですが、
配色でまわりの人に与える印象が変わってきます。
たとえば食事会のシーンや季節によって、
次のようなコーディネートで比べてみました。

◉ 季節で配色

春をイメージ
帯締めの黄色を利かせて春らしく爽やかに。また桜をイメージしてピンクと薄めの黄緑の色合わせでも。

秋をイメージ
帯揚げの濃い紫を利かせて。季節のモチーフがなくても配色で秋の気配がするコーディネートに。

◉ シーンで配色

女友達との食事会をイメージ
帯揚げのレモンイエローで、しゃれ感をプラス。同性同士の場ゆえ、おしゃれの鮮度を意識。

目上の方との食事会をイメージ
帯締めの藤色が控えめなやさしさを醸す。同席する相手により、自分の役割を考えた色選び。

着慣れレッスン❶

古い着物でこなれる

おしゃれの最短アプローチは、とにかく「着る回数を増やす」こと。着物を着始めると、家族や周囲の方々から着物を譲り受けることが増えるもの。現実的に、季節やＴＰＯに適ったワードローブを揃えるには時間もコストも掛かるものですから、戴きものの着物を上手に活用しましょう。

洋服では着ない色柄や自分の好みとの違い、サイズ感の違いもあり、それを自分にどう調和させるか。この課題がコーディネート力を鍛える絶好の練習にもなります。そうした古い着物の着こなしに向け、ちょっと役立つヒントをご紹介します。

◉はみ出し袖の調整方法

最もありがちな問題は、着物と手持ちの長襦袢の裄《ゆき》や袖丈が違って、袖口やたもとから襦袢が飛び出してしまうこと。コーディネートが素敵でも、袖や脇から襦袢袖がチラチラのぞくと落ち着かない。自分サイズの襦袢に合わせて着物の袖の裄や丈を統一するか、仕立て直すほどでもない簡単な対応としては次のような工夫ができる。

・長襦袢の袖を安全ピンなどで留める。着る前なら肩と袖の縫い目あたりを留め、着た後に袖から出てしまった場合は、袖口から少し離して肘近くで留める。

・着物のたもとから襦袢の袖が飛び出る場合は、応急処置として襦袢のたもとに手拭いや匂い袋などを重りとして両袖に入れる。

・筒袖タイプの襦袢を活用する。袖が筒型なので着物の袖にすっぽり隠れて飛び出さない。

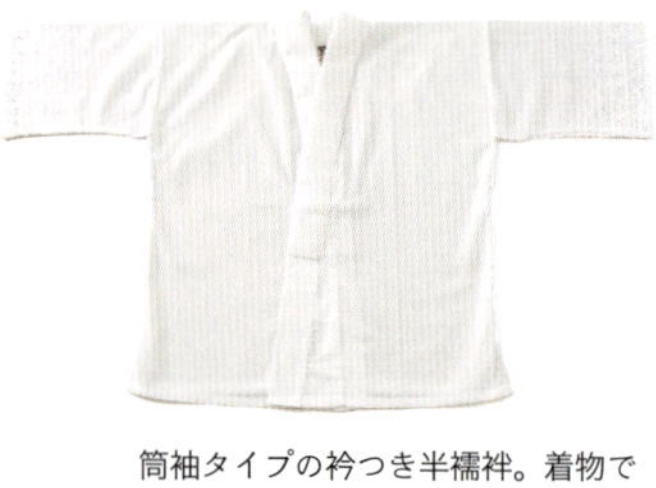

筒袖タイプの衿つき半襦袢。着物で働く女性たちにも愛用されている。

◉おしゃれを更新するには「小物を新しく」

戴いた着物がどことなく古っぽく感じたとしたら、やはりそれは時代の違い。洋服に比べれば着物の流行のスピードは遅いのですが、流行がないわけではない。着物と帯はそのままでも、小物に今らしいものをプラスして、さらに帯まで替えると一新。とりわけ帯揚げと帯締めは、時代が出やすいアイテムなので、替えることで印象も新しくなる。

古着を現代風にコーディネート

昭和の着物や帯は、色数が多く華やかなものが多いことが特徴。

かたや昨今の洋服は、無地感覚のモノトーンがおしゃれの中枢。

時代のおしゃれ感覚を活かしながら、とくに祖母や母など家族の物語がある古い着物や帯を、
自分らしく今らしくモダンに着て受け継ぐこと。

これも着物ならではの楽しみ方で、意義深いコーディネートです。

◉昭和の着物を活かす

複雑な柄を多色で染め上げた更紗の着物。とても華やかな小紋だが、色数の多さがコーディネートの迷いどころ。

地色が白系かベージュ系のシンプルな帯を合わせると、洗練された印象に。着物の中に3色以上の色がある場合は、色数を増やさないように白や着物の地色と同系色を使うのがコツ。

鉄黒地に柿色や琥珀色など多色の更紗／白鼠地に雪輪柄の刺繍名古屋帯［紅衣］

◉昭和の帯を活かす

昭和のひと頃に大流行したのが写真の帯のような鮮やか朱色やピンク。最近の洋服では少ない色で、この強い色に合わせる配色が悩みどころ。

強い色の帯には、モノトーン系の着物を取り合わせると色数が抑えられてバランスよく調和。もっと強い色の帯を使う場合は、全体を2色でまとめるとモダンな印象に。

白花色のシンプルな御召／祖母から譲り受けた引き箔の葡萄唐草の名古屋帯

着慣れレッスン❷

マイサイズのお誂《あつら》え

百貨店や呉服専門店、ネットショップまで、着物の購入にも選択肢が増えてきました。では「どこで買う?」の選び方ですが、大切なことが一つ。それは「着物に対する価値観に共感できて、おしゃれの好みを共有できる人」と出会えるかどうか。家族や友人など着物に詳しいよき助言者がいらっしゃるなら安心ですが、そうでない場合は着物のプロに相談できれば頼りになります。

同じお店でも、人によって着物の考え方、知識や経験値は差があります。気になる店へ足を運び、よき出会いを見つけてみましょう。

●着物を購入する選択肢

《百貨店の呉服売場》
着物から小物まで品揃えが豊富。
適正価格が明確に表記され、接客にも信頼感がある。
とくに初心者のうちは、着物に触れて学ぶ場所としておすすめ。

《小規模の呉服専門店》
店の個性や店主の好みがあるいわゆるセレクトショップで、
センスや気が合えば相談ごとも心強い。
店のホームページなど事前にチェックしてから訪ねてみるといい。

《呉服チェーン店》
セール商品やメンテナンスなどが手頃な価格帯で、
店舗数も多く、入りやすい雰囲気。
若い店員さんが多く気軽な店もある一方、
経験値が物足りなく思われる方も。

《着付け教室の催事》
いろんなタイプの着物を見られ、着物の知識も豊富。
ただ学校との関係から断りにくい面もありがちなので、
入会前に販売機会のシステムを聞いておくといい。

《リサイクルショップ》
仕立て上がりが安価に揃うが、
中古着物なのでサイズが合うか必ず試着をして。
状態の良し悪しに幅があり、シミなどの確認も忘れずに。

《ネットショップ》
古いものから新しいものまで総じて価格が安く、気軽に手に入る。
現物を手に取って見られないので、ある程度の割り切りは必要。

※あくまで一般的な特徴で、店や店員さんによって異なる。

◉反物から着物を誂える手順

既製服に慣れている私たちにとって、生地から選んで仕立てるオーダーメードの「お誂え」は、最初は心理的なハードルがあるもの。ハイブランドに親しんできた人でも、洋服以上に自分の体にぴったりと合う「マイサイズの着物」の心地よさに、価値を感じるもの。もちろん洋服以上に高価なお買い物ですから、予算に合わなかったり、腑に落ちないところがあれば無理な購入は禁物。わからないことは遠慮せずに質問して、自分の思いを伝えて形にする。もの作りのワクワクした経験も含めて、愛着が深まるはず。

1 店に行く前にやっておくこと

・着用の目的と、予算を決める。
・ネットで行ってみたいお店をリサーチしておく。

〈お店に行ったときのマナー〉

・来店目的を伝えてから商品を見る。
購入意思があるなら「〜に着てみたいと思って」とか、勉強目的ならば「着始めたばかりなので参考にさせてください」などと伝えると、店側の対応もスムーズ。
・勝手に反物や商品を触らないこと。
これは皮脂が後々シミになる場合もあるので気をつけて。

2 店に足を運んでみる

・伝えるべき項目
□着用目的とその時期を伝えること。
仕立てなどの時間は店によりけりなので確認を。
□無理のない予算を明確に伝える。同じカテゴリーの商品でも、予算によって的確に絞り込める。
・要望に沿った着物を見せてもらう。
検討したいものがあれば、実際に反物の顔映りを見る。
・袷、単衣など季節や場面に合った裏地類や仕立てなど、反物代にプラスされるものを含めて見積もりをしてもらう。
・複数のお店に行き、同じ相談をして比較してみる。
※とくに初めてのお誂えの場合はムードに流されず、しっかりと納得したお買い物を心がけて。

3 選ぶときの検討項目

□着用する目的に適ったアイテムかどうか？
例）式典や茶会といった着用目的、
または自分の行動範囲で着やすい汎用性の高さを考える。
□「色、柄、生地感」が自分の肌質や雰囲気に合っているかどうか？
反物は必ず顔近くにあててみて、顔映りのよさを見る。
□手持ちの帯と合わせやすいかどうか？
3パターン以上のコーディネートが浮かぶかを考えてみる。
□予算と合致するかどうか？
買える範囲内で検討することが大事。
無理をすると先が続かないので現実的に。

マイサイズの採寸

着物を誂えるには数カ所の採寸が必要になります。
中古着物の場合は、なるべく身丈と裄《ゆき》が合うものを探しましょう。

◉採寸すべき箇所

「裄」「バスト」「ヒップ」「身長」の採寸が必要。

◉知っておきたい「裄」の測り方

肩幅、袖幅を合わせたものが「裄」。

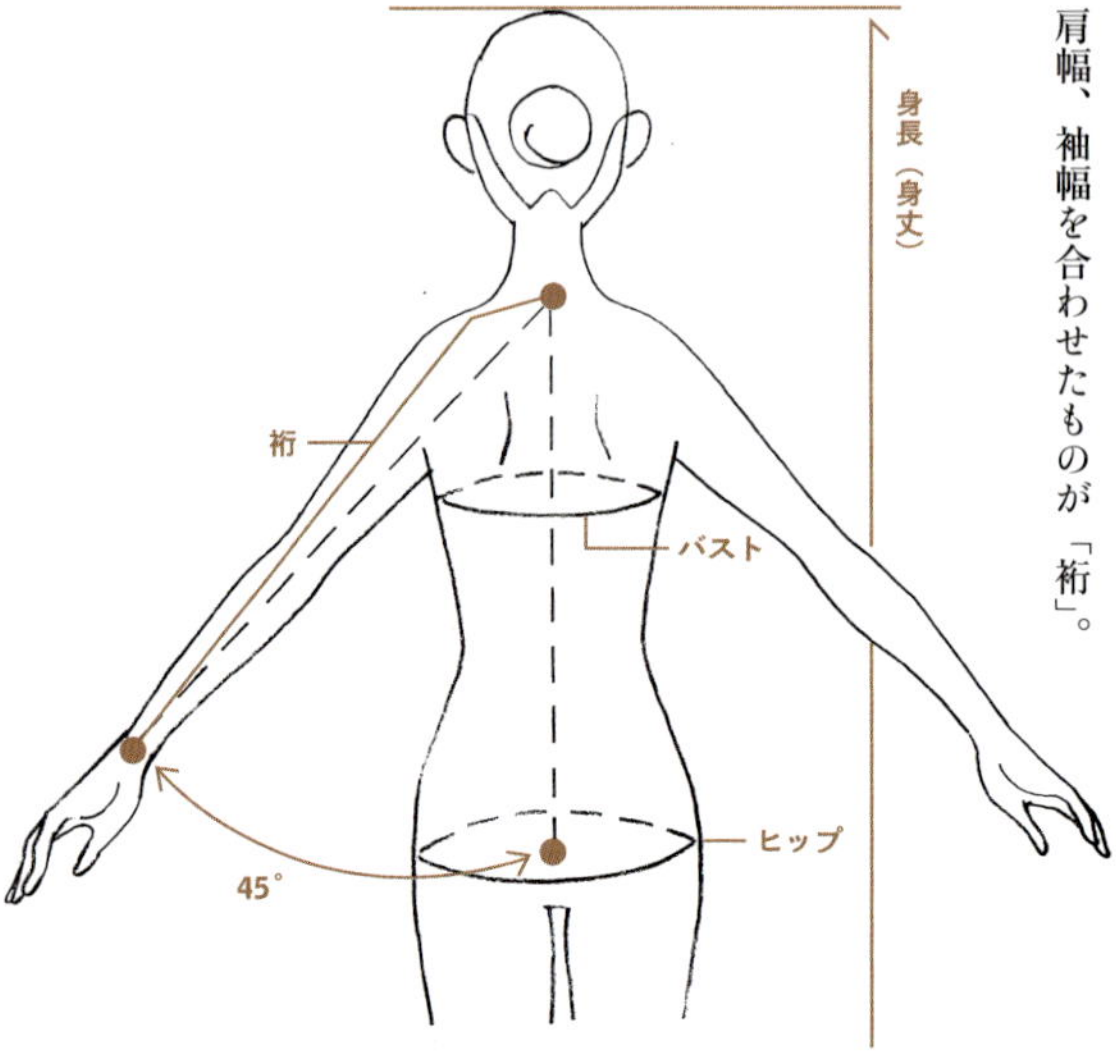

腕を斜め45度にして、首のつけ根のぐりぐりから、肩山を通り、手首の出っ張った骨まで。

◉着物の主な寸法箇所

自分サイズをメモしておくと便利。（＊以外は店や和裁士さんが算出）

＊身丈［　　　cm］
＊裄［　　　cm］
前幅［　　　cm］
後幅［　　　cm］
袖丈［　　　cm］
繰越し［　　　cm］
袖幅［　　　cm］
褄下［　　　cm］

※着物の名称と箇所は、P.10イラスト参照。※身丈＝ほぼ身長ですが、着方によっては少し長いと感じる方も。裄は手首のぐりぐりの骨の手前くらいがエレガントに見える（「裄の測り方」イラスト参照）。

◉寸法についての留意点

・生地がのびやすいやわらかものの着物と、ハリのある織りの紬や麻では、同じ寸法で仕立てても着たときの感じが違ってくる。
・ライフスタイルによって「ちょうどいい寸法」は変えていい。茶道などで正座をすることが多い方は、座った際に少し身幅に余裕があるとはだけにくくなる。ただし、身幅は大きすぎると巻き込みが増えて着づらかったり、脇にシワがよりやすくも。料理をするなど日常的に着たい着物なら、昔に倣って裄は少し短めにすると袖が汚れず実用的。何枚か誂えながら、自分に合ったマイサイズを整えるといい。

気軽なお誂え

近年気軽に着物を着たい人たちの声が高まり、洋服メーカーが浴衣を作ったり、ワンピース価格のデニムやコットンのプレタ着物も増えてきました。着物屋さんでも、既定サイズのオーダーや気軽でつけやすい作り帯の提案などが少しずつ広がっているようです。

● 洋服地から着物や帯をお誂え

海外の素敵なテキスタイルや肌触りの抜群な洋服地などお気に入りの布から、カジュアルに楽しめる着物や帯を仕立てることができる。和裁士さんや呉服屋さんに相談したり、ネットで調べるといった手も。また半幅帯などはシンプルな造りなので、和裁本を参考にミシン縫いで自作を楽しまれる方も。

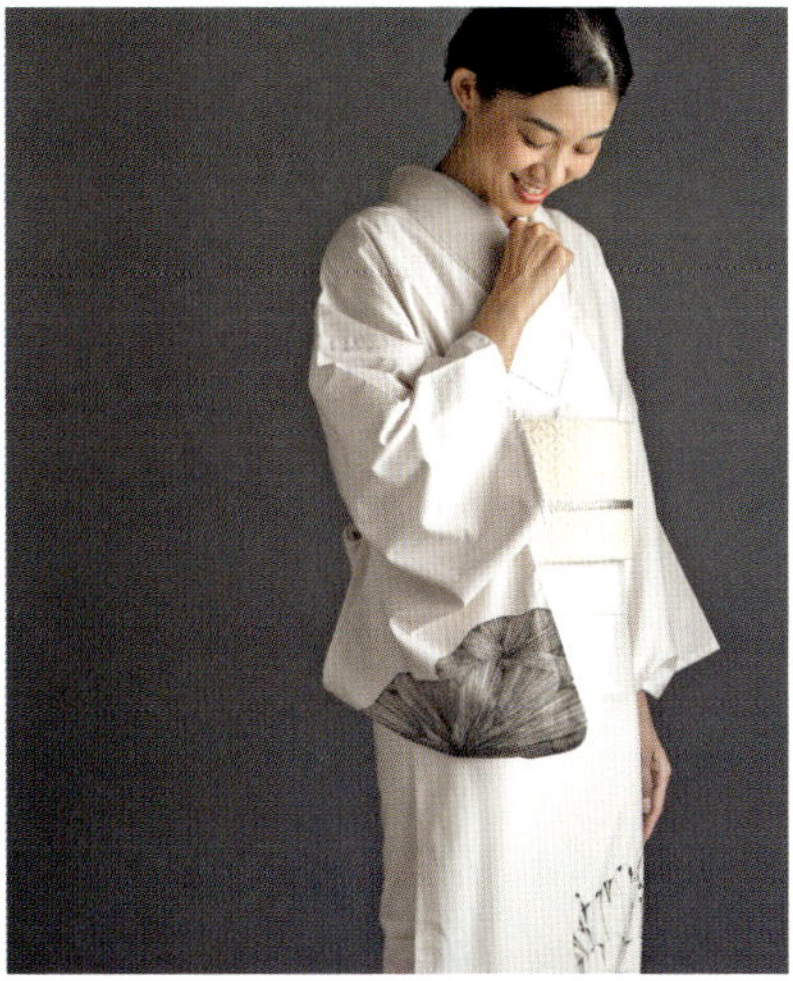

やわらかい風合いが魅力の着物は、オーガニックコットンの生地から作られたもの。白のよそゆき感から、ちょっとしたパーティドレス風に着られる。

オーガニックコットンの絵羽着物／
オーガニックコットンの半幅帯［ともにプリスティン］

● 作り帯のお誂え

帯のお仕立てをする際に、帯結びが苦手だったり面倒だという方が作り帯にすることがある。通常は帯を切ってしまうため、一度作り帯にしてしまうと元に戻せないが、最近は帯を切らずに作り帯にする方法もある。

● 作り帯の結び方

お太鼓の形に仕立てられた帯を体に巻きつけ、紐で結び留めるだけという簡単さ。時短をしたい方にもおすすめ。

刺繍のような文様の袋帯は、切らずに作り帯スタイルに誂えたもの。欧風華文の袋帯。［梅垣織物］

着慣れレッスン3

着物で旅に出かける

着物で旅に出かけると、おのずと着用時間が長くなって習熟度が高まります。旅先では動きやすく体がラクなように、よそゆき着よりゆるやかな着方になってきます。そのラフな加減が、きちんと着なきゃ、という着方への気負いをなくし、自然とまわりの目にも「着慣れた風情」に見える、とプラス効果を招くようです。

旅先では、着物をきっかけにコミュニケーションが増え、うれしい思い出も増えてきます。旅着物ビギナーは気候のよい春や秋に、国内の小旅行から始めると自信がつきやすいでしょう。

●旅におすすめの着物

旅着物のテーマは、「ラクで楽しい」こと。
体の負担が大きいと楽しさにつながりません。
まず着疲れしないアイテム優先で選びましょう。
帯や履物も、新しいものは避け、長時間着ていてもラクなものを厳選して。

- **着物**…紬やウール、木綿など汚れても気になりにくい素材がいい。
- **帯**…締めやすい名古屋帯に、半幅帯はリバーシブル帯があると変化がつけやすい。
- **下着と長襦袢**…下着は日数分、長襦袢は着ていく分のみでOK。補整はいつもより少なめがベター。
- **履物**…ラバーソールの履物など、足に合って歩きやすい履物で。
- **足袋**…足袋は日数分、足袋カバーは汚れ防止に必須。長時間の飛行機移動では、足がむくむのでストレッチ足袋がおすすめ。
- **ストール**…夜が肌寒い時期は大判のストールを持参するといい。

●移動中のスタイル

行き帰りは半幅帯でラクな結び方を選ぶ。着方や補整も比較的ゆったりと、長い髪もひっつめはやめて三つ編みなどに。

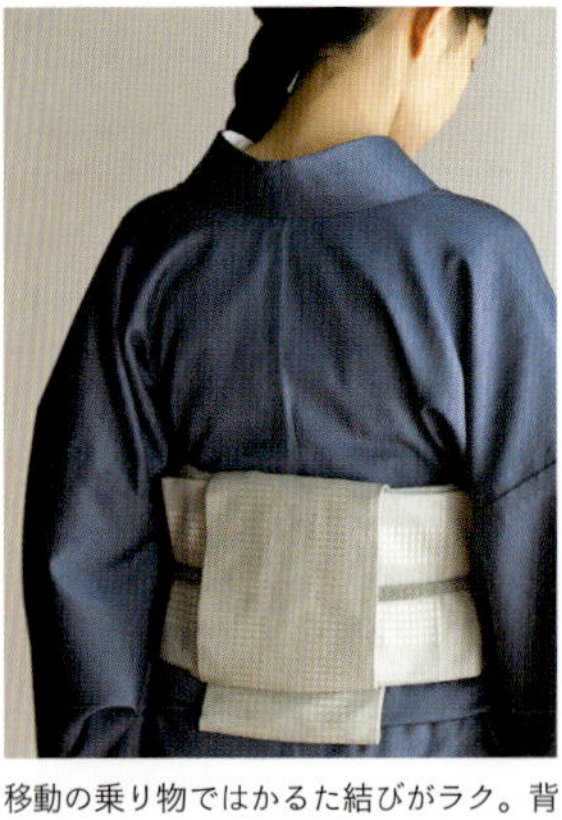

移動の乗り物ではかるた結びがラク。背中が平面になり、椅子にもたれても大丈夫なので負担がかからない。むしろ帯で腰が固定されてラクという方も。

おすすめの旅着スタイルは——

特別暑くなければ、コートや羽織をまとうと何かと安心。
移動中は意外と汚れやすいものですから、着物や帯の塵除けに。
帯結びも気になりません。
足もとはクッション素材の入った草履やラバーソールの履物など、
歩いても疲れにくいものがおすすめです。

スーツ生地の着物［紅衣］／スーツ生地のコート／
草履［菱屋カレンブロッソ］

2泊3日の旅着物コーディネートは

春先に3日間、国内旅行のコーディネートプランはこんなふうに。
着物は染めと織りの2枚、
帯は半幅帯を1本と名古屋帯を2本。
夜のドレスアップが不要ならば、名古屋帯は1本でも十分です。

◉初日と3日目の日中《移動の装い》

移動はできるだけラクな組み合わせ。
旅着の定番は、伸縮性のあるウール着物とシンプルな半幅帯。

スーツ生地のウール着物［紅衣］／リバーシブル柄の半幅帯［OKANO］

◉初日の夜《気軽なディナーの装い》

後ろ姿にハッと目が留まる帯柄。何かポイントがあると旅先で声をかけられることが多くて、心楽しい。

右に同じ／松竹梅の型染め名古屋帯

◉2日目の日中《観光の装い》

やわらかい着物に初日と同じ半幅帯を裏面で合わせて。
帯結びを変えて帯締めの色を利かせる、着回し術。

水色の薔薇柄の色無地／上と同じ

◉2日目の夜《おしゃれディナーの装い》

夜の白っぽい装いは上品に映える。旅先で素敵空間を訪れるなら、ドレッシーな組み合わせを一つ入れて。

右に同じ／毘沙門亀甲の名古屋帯［OKANO］

◉荷物のパッキングの工夫

着物の旅荷物は、折り畳むと平らになるものが多く、立体的な洋服よりも収まりやすい。旅先ではアイロンがけなどメンテナンスがしづらいので、スーツケースの中で着物や帯にシワがよらないように、詰め方が大事なところ。

「結ばず包む」を鉄則に
畳紙《たとうがみ》に入れたままではかさばるので、着物と帯は風呂敷にまとめて包む。ただし、結ぶとシワがよるので御法度。

・着物がシワになる原因は、スーツケースの中で着物が動くこと。つまり「動かないように詰める」が最大のコツ。隙間の部分は、ほかの荷物で埋めて固定して。
・着物は三つ折りにする。バッグが小さめなら、三つ折りをさらに半分に折り、間に帯揚げや布などを挟むとシワになりにくい。
・なるべく同じ形状のものでまとめる。平たい着物や帯は一緒に入れて、風呂敷に包む。小さく畳むものは折り目を互い違いに入れて詰める。

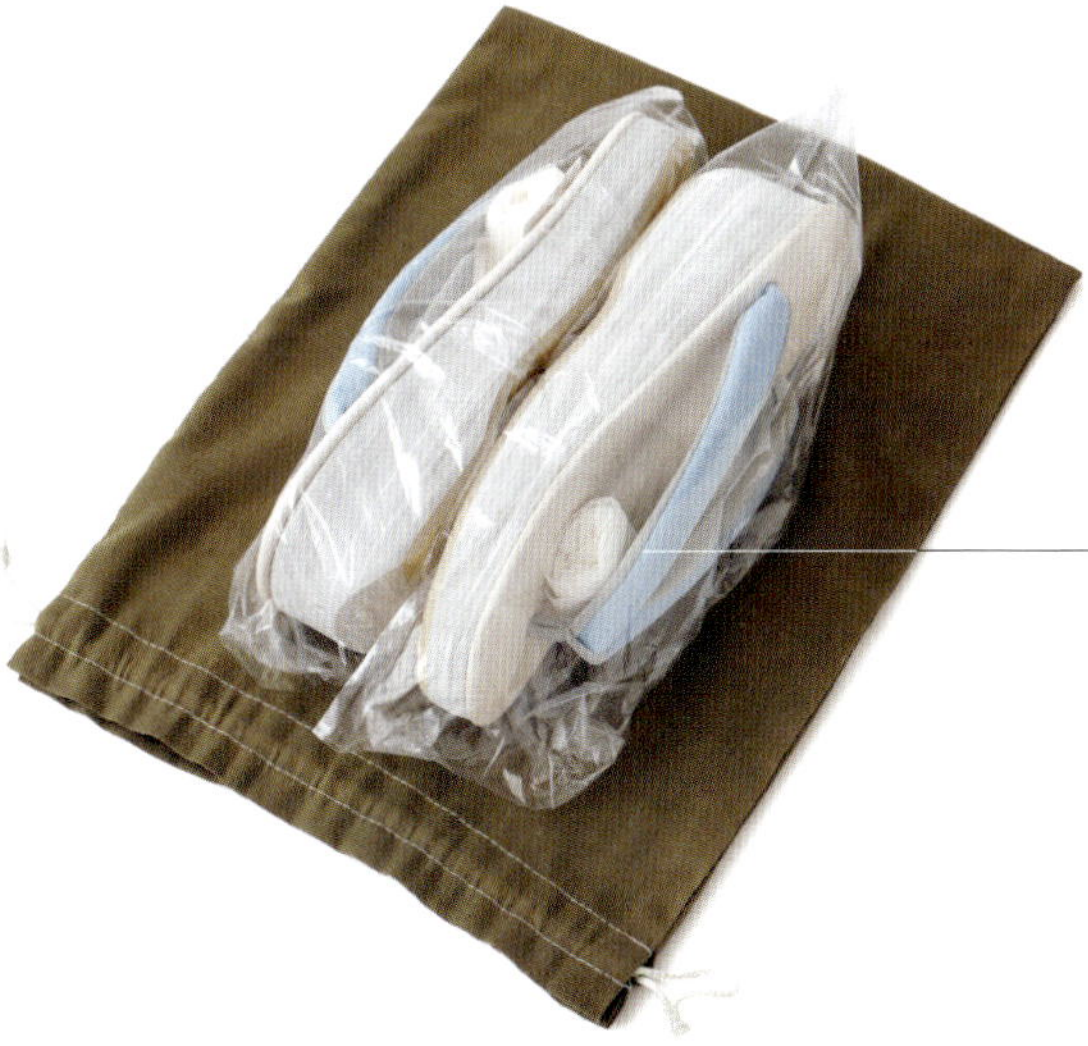

鼻緒が潰れないように
爪先にティッシュを丸めて詰める。履物の底同士を合わせて袋に入れて収まりよくする。

・着付け道具や小物類は関連グッズごとに、風呂敷や袋に入れてひとまとめにする。
・荷物のチェックリストを作っておいて、最終的に入れ忘れがないか一つ一つ確認。とくに出発時に半幅帯を締めるときは、名古屋帯で使う帯枕などの詰め忘れに注意して。
・伸縮タイプのハンガーもあると便利。また荷物に余裕があるときは、帯揚げや帯締めを多めに持っていくとコーディネートに変化がつけやすい。

着慣れレッスン❹

家族で着物に親しむ

日常に着物を取り入れたい。そんな思いを具体化させるとしたら、家族で着物を着る機会を増やしていくことをおすすめします。最初は浴衣から、お子さんやご主人とお揃いで作って、夏の間に何度か着てみてください。それだけでも家族の着物への理解が深まって着やすくなってきます。よそゆき着ではお宮参り、七五三、入学式・卒業式の家族行事へ。シンプルな小紋や紬、木綿などを活用して、お花見やお正月、夫婦でのお食事など。肩肘はらずに着物を健やかに着ている風景を、ぜひ次の世代へ残してほしいものです。

◉家族行事から普段までの着回しコーデ

《子どもの入学式に参列》

金銀糸が少なめの落ち着いた袋帯に小物は白できちんと感を醸して。

竜胆色（りんどういろ）地に雪輪の飛び柄小紋／牡丹唐草文様の袋帯［ともにキモノヴィラ京都］

《週末に夫とランチデート》

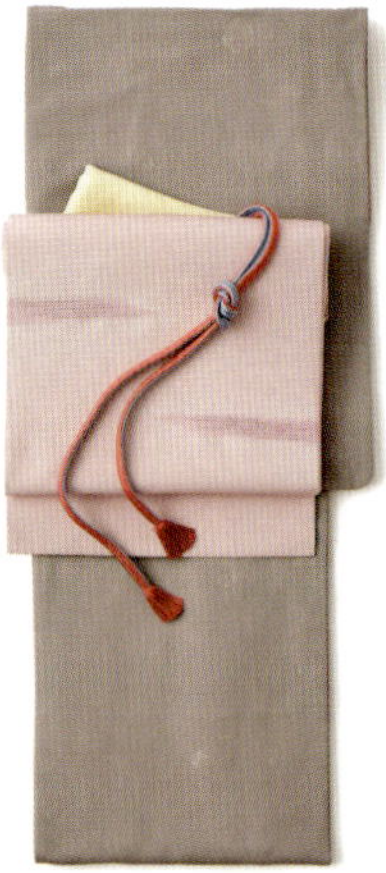

刺繍のアクセントがある帯と小物の色で、かわいらしさをプラスして。

着物は右と同じ／淡紅藤地に霞ぼかしの刺繍の名古屋帯［紅衣］

《学生時代の女友達と食事会》

モダン柄の帯に大人っぽい小物の色で、同性ウケするカッコいい組み合わせ。

着物は右と同じ／幾何学文様の博多織の八寸名古屋帯［OKANO］

◉家族の着物姿を記念写真にして

夫婦で、夏の浴衣

ペア柄もいいが、大人の浴衣はさりげなく縞で揃えたり、藍などベースカラーで合わせても。浴衣なら家族分を揃えても手が届きやすい値段。

写真右から、濃紺地の久留米絣／紺地花唐草の浴衣／レモン色の兵児帯［紅衣］

お正月の着物

年初のご挨拶や初詣を家族揃って着物で過ごせば、お子さんのよき思い出にも。汚れても自宅で洗える木綿の着物がおすすめだが、お正月なので帯や小物に明るい色を一つ加えて。

写真右から、濃藍の横段の久留米絣／久留米絣の子どもの着物／浅縹色（あさはなだいろ）の縞の着物／レモン色の兵児帯［紅衣］

着慣れレッスン⑤

ディテールで印象を上げる

人の視線は、美しいディテールに留まるもの。おしゃれな着姿には、着物や帯のコーディネート以外にも、よくよく見ると「小さな素敵」がたくさんちりばめられています。たとえば所作で、たもとを押さえるなにげない着物を大切にする仕草は、その人を美しく魅せるもの。逆に、気にして着物を触りすぎると、着慣れない印象を与えてしまいがち。

メイクやヘアも、コーディネートの一部として雰囲気づくりに大きく影響するところで、細部を見る視点と、全身を見る視点が必要です。

◉所作

・階段を上るとき、少し着物の上前を持ち上げると、所作もエレガントで、汚れ防止にもなる。

・椅子に座ったとき、少しだけ右足を引き、上前がめくれないようにほんの少し手を右にずらして太ももへ。

◉メイク

・**フォーマルのメイク**…華やかな着物に合わせて、普段のメイクよりややプラスするイメージがほどよい。

・**カジュアルのメイク**…着物とメイクの質感がチグハグにならないように少しだけ気を配って。マットな素材の着物の場合、メイクがあまりにキラキラのラメ系だとマッチせず、光沢のある素材の着物の場合はツヤ感があったほうがなじむ。何ごともバランスで、装いと雰囲気の合ったメイクを心がけて。

◉香水

・香水をつける習慣がある方は、残り香がつくことも考えて着物のときはやや控えめに。着物は洋服と違い、一度着た着物に次に袖を通すのは少し先になることが多いので、香水の種類が変わると、前の残り香と混ざってしまうことも。

・手首、首の血管など、香水をつける箇所が着物や長襦袢がじかに触れそうなら、つけた後に少し拭いたほうがベター。

ヘア

・**基本**…顔まわりはすっきり、ヘアトップはふんわりで、立体感のあるバランスが大事。自分でヘアアレンジする際は、横から見た感じも意識するといい。
・**短めスタイル**…後頭部にボリュームがあると、バランスが取りやすい。装いの雰囲気に合わせて前髪を変えてみる。分け目を変えたりふわりとさせたりするなど、前髪のニュアンスの小さい変化でも、顔のまわりの印象がかなり違ってくる。
・**まとめ髪スタイル**…まとめる位置の高低で、印象が変わってくる。注意すべきは衿足。とくに首まわりにショールをかける際は注意して。後れ毛があまりにもぼさぼさでは着姿が台無しなので、ワックスなどで固定しても。外出先で髪が乱れることもあるので、コームやスタイリング剤などは持ち歩くと安心。

全体をとくブラシと毛流れを作るコーム、自分が整えやすいものを選んで使い分けるといい。

アクセントのかんざしで表情をプラスして。まとめ髪にはビニールゴムやUピンなどを使うと、結び目が目立ちにくい。かんざし [quirk of Fate]

アクセサリー

・**フォーマルスタイル**…装いが華やかなのでアクセサリーは盛りすぎないように。指輪くらいで控えめにしたほうが、着姿が映える。リングは石が引っかかる危険があるので、着物を着た後につけて。
・**カジュアルスタイル**…ファッションとしては何をつけても自由。大人っぽい装いには、ピアスやイヤリングは小さめがおすすめ。ネックレスは衿もととのバランスが合わず不向きで、ブレスレットなどは袖口が傷みそうであれば避けて。

小さなピアスやイヤリングをつけると着物のトレンド感が上がってくる。絹の着物にはパール、小さめダイヤなどの煌めきが好相性。ピアス [quirk of Fate]

コラム❹

「着物警察」を「着物応援隊」に

着物で出かけると、ふいに街中で面識のない方から「お着物、いいですね」と褒められる経験をされる方は少なくないでしょう。ときには、「あら、お太鼓が曲がってるわ」と、いつのまにか見知らぬおばさまに帯を直されたり、「それ単衣ね？　いまは季節外れよ」などと辛口のアドバイスに出くわすことも。そうした着方や着こなしの取り締まりを、ちまたでは「着物警察」と呼んでいるとか（笑）。ただ着る人によっては、恥ずかしく感じ、着物を着ることが億劫になる場合もあるようで、まったくもったいないことです。

実際は、着物姿につい声をかける方々に悪気はなく、むしろ「よかれ」の善意。それに洋服では、知らない人のおしゃれに声をかけることはありえないわけで、よほど心がきゅんとした着物姿に向けてのアクションなのです。ただし、着物は生活の衣服なのですから、地域や世代で価値観は多種多様。その違いをていねいに理解して、一定の距離と思いやりのある言葉選びが、とても大切だったりします。

また近年、わたしたちは着物を通じて日本文化を世界に広げようと、年に数回海外でのワークショップも行っています。そうした活動で気づくのは、外国で暮らす日本人の方はもちろんですが、外国人の方たちも、ほんとうに深く着物をリスペクトしてくださること。さらに「自分も着たい」とすぐにチャレンジされる姿に、いつも行き着く答えがあります。着物は着る人とその周囲を幸せにする衣服であると——。

生活環境の変化で着物の世界もどんどん変わっています。着物を好きな人たち一人一人がたおやかな心持ちで、着物応援隊としてエールを送り合い、気軽に着やすい時代の空気を作ること。それがこれから何にも増して大切だと実感します。

香色地の小紋／西陣織の名古屋帯［白イ烏］

美しい着物姿にはついつい視線が集まる。着る人にとっても
「素敵ですね」の声や温かなまなざしは、おしゃれ心が弾むもの。

メンテナンス❶

お手入れと収納

着物のお手入れは「自分でする」「プロに任せる」に区分されます。自分で手入れできる軽い汚れとは別に、生地にしみ込んだ汚れはプロに任せたほうがよいもの。とくに正絹の着物は基本として自宅では洗えないので、プロに任せます。

◉自分でできるお手入れ

《着た後のお手入れ手順》

1 脱いだ着物、長襦袢、帯をハンガーにかける。直射日光の当たらない、風通しのよい場所に一晩置いて干し、湿気をしっかり飛ばす。洗えるものは洗濯へ（左ページ参照）。

2 干した着物を畳む前に、汚れをざっとチェック。ほこりや皮脂汚れを軽くぬぐっておく（下記参照）。

3 着物、長襦袢、帯などを手アイロン（P.77）でやさしくなで、シワをのばしながら畳む。腰紐、伊達締め、帯揚げなども湿気が飛んでいたら畳む（くるくる巻いておくだけでもシワがのびるのでOK）。

《着用中の注意点》

・正絹は水が大敵で、水ジミは自宅のお手入れではとれません。とくにお手洗いでは気をつけて。

・食べこぼしなどで汚したら、「慌てない」「生地をこすらない」「熱を加えない」「乾いた布で水分を吸いとる」を心がけて。「おしぼりで拭く」は絶対厳禁。

◉ほこりや皮脂汚れをぬぐう（デイリーケア）

外出でついたほこりや皮脂汚れのシミ化を防ぐため、とくに汚れやすい、衿まわり（A）、袖口まわり（B）、裾まわり（C）を軽くぬぐう。

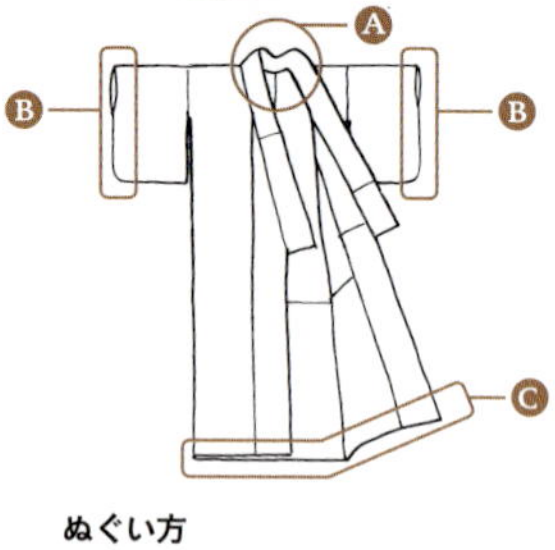

ぬぐい方
「布目に沿ってやさしく」かつ「手をかけすぎない」要領で。さっと表面をなでる程度に。強くこすらない。力任せにぬぐうと擦れて布が傷むので注意して。

おすすめ道具
・乾いたやわらかい布、タオル、ガーゼなど。着物に色移りしない白がいい。
・専用の別珍製「ふとん」（上）、衿まわりなどは化粧用パフ（下）なども活用。

◉溶剤を使う汚れとり（ポイントケア）

ファンデーションや皮脂の汚れなど、表面的な汚れをリグロイン（薬局などで入手可能）などの溶剤でぬぐいとるやり方。柄の多い着物、長襦袢などから試して。**❶汚れた箇所の下にタオルを敷き、リグロインをたっぷりめに含ませたタオルでやさしくぬぐう。❷布目に沿って、こすらないように、押さえるような感じで拭く。ハンガーに掛け、一晩置く。**

メンテナンス❷

自分で洗えるもの

着物の楽しみは、お手入れが適切にできると身近になってきます。洋服で洗っている素材は、基本として着物でも洗えるもの。あまり臆せずに、トライしてみてください。

◉肌着、下着などを洗う

紐などが絡まないように、ネットに入れて洗濯機で洗う。汗を吸ったモスリンの腰紐なども洗えるが、正絹の伊達締めはコシがなくなるので洗わない。

◉長襦袢を洗う

麻や化繊の二部式などはネットに入れて洗濯機で洗う。短めに脱水をかけてすぐにアイロンをかけるとシワがのびやすい。
※汗をかいていなくて、すぐに着る場合は風を通すだけでもいい。

◉半衿を洗う

つけ置き後、絹は手で洗い、化繊はネットに入れて洗濯機で洗う。汚れが目立つ場合は中性洗剤で軽く汚れの部分をつまみ洗いする。

◉足袋を洗う

汚れが軽いときはネットに入れて洗濯機で洗う。汚れがひどいときはつけ置き洗いが有効。縮むので乾燥機にはかけずにシワをのばし、干す。

ぬるま湯につけて、とくに汚れの激しい爪先や裏は、ブラシに石鹸をつけてこする。愛用者が多い固形石鹸「ウタマロ」は白く洗い上がる。

◉着物を洗う

木綿（浴衣）、麻、化繊などの洗える素材は、洗濯機で洗う。きれいに畳んでネットに入れて洗うと、シワがよりにくい。シワになるので、脱水の時間は短めに。※素材に適した洗剤を使用。

着物の洗いには、スラックス用の洗濯ネットが便利。身丈を半分に畳んでネットに入れ(上)、くるくると丸めて(下)洗濯機へ。

メンテナンス3

プロ（悉皆屋《しっかい》）に任せるお手入れ

悉皆屋さんの「悉皆」とは「ことごとく」の意で、着物のクリーニングから、お直し、加工や古くなった着物のリメイクなど、着物のメンテナンス専門のプロ。最近はその窓口を、呉服屋さんが担うところも多くなりました。お手入れの疑問や不安などは、予算を含めて相談してみましょう。

●洗いについて

シミをつけたら早めにプロに見てもらうのが最善ですが、生地の状態や先々どう着たいかによっても適切な方法は違ってくるもの。その際、知っておきたい洗いの手法をご紹介。

しみ抜き
洗剤や溶剤などを用いて職人が手作業で汚れた部分のみ処理。汚れの大小ではなく、一般的に手間と作業時間で費用が決まる。

汗抜き
わきや背など、汗がしみた部分だけを洗う。大量の汗がしみたまま保管して、後々シミになることもあるので早めの処理が安心。

丸洗い（生《き》洗い）
着物を解かずに溶剤などで洗う、いわゆるドライクリーニング。油性の汚れは落ちるが、汗など水性の汚れはあまり落ちない。

洗い張り（解き洗い）
着物を解き、一枚の反物に戻して洗う伝統的な方法。汚れが流されて繊維が整うので、古い着物も新品のように風合いが蘇る。仕立て代も必要なので、丸洗いより費用はかかる。

※プロメンテナンスの留意点
・カビなどがついている着物は自分で触らない。血液もシミになりやすく、生理時についた汚れも、プロにとっては当たり前なので気にせずに持ち込む。
・丸洗いは控えめにし、部分汚れ落としや汗抜きなどを上手に活用するといい。見積もりを依頼して予算オーバーなら、断ってもよい。
・洗うタイミングは、着た年数や回数ではなく、個人の感覚でも異なるもの。迷ったらプロに相談しながら自分に合ったタイミングを見つけて。

●そのほかのお手入れ

着物を反物に戻してリメイクを施しながら、親から子へと受け渡す知恵と職人技が、着物の伝統には根づいている。とくに古くなった着物に有効な方法を次にご紹介。優先順位もよく考えて。

八掛けを替える
八掛けがすり切れたり、着物の印象を変えたりしたいときにも有効。とくに昔の着物は、表地が渋い色でも赤や橙などの色を使ったものが多く、八掛けの色を変えると今らしい着物に。

※八掛けについて⇩P.121参照。

染め替える
着物の色柄が派手すぎたり、シミやカビ、色あせが、といった難点を、別色に染め替えて解決。新しい着物に生まれ変わらせることができる。
※元々の生地の色の上から染めるため、薄くてクリアな色は染まりにくい。イメージ通りに染め上がらない場合もある。

寸法や形を変える
サイズが合わない着物の寸法直しはもちろん、形をがらりと変えることも。

仕立て直しやすいもの
着物（男物を含む）⇩羽織、コート
男物のアンサンブル⇩着物

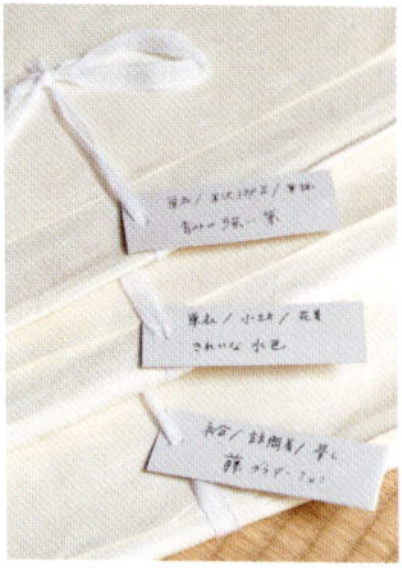

畳紙に名札をつけて管理するアイデア。着物ごとに情報も書いておくと、メンテナンスの内容も考えやすい。

メンテナンス4

上手にしまうコツ

収納には、取り出しやすく使いやすい「整理」と、シミや変色の原因を作らない「湿気予防」が大事です。

◉しまい方

着物の保管には密閉性の高い桐箪笥《きりだんす》が理想ですが、洋服ダンスに収めてもよいし、プラスチックケースなど収納グッズも上手に活用して。

《ポイント》

1 光が当たらない場所に保管する。太陽光や強い照明も色やけを起こすもとに。なるべく暗い空間が適している。

2 湿気やすい場所での保管は避ける。とくにプラスチックケースなどに入れる場合は、防湿剤を入れて。定期的に着物を取り出して、風を通すと効果的。また年に一度は、晴天の日に虫干しすると着物が長持ちする。

3 ウールや、稀に絹も虫喰いがあるので、天然素材の防虫剤を入れておく。

4 重ねすぎない。出し入れする際に、折れジワが入りやすく、生地を引っ張って傷めることにも。

着物の収納

・着物と帯は別々に収納するほうが管理しやすい。
・畳紙に入れて保管する場合は、畳紙の表に名札（右ページ写真）をつけたり、写真を貼っておくと、中の着物がひと目でわかる。
・畳紙から出して保管する場合、着物を重ねる際には凸凹ができるので、間に厚紙を1枚ずつ挟むと出し入れもしやすい。

小物の収納

・小物も長く使えるように、きちんとお手入れを施してからしまう。
・時々しか着ない方は、使う用途で「まとめ収納」が便利。使う段になってあれがないと探す時間のロスもない。

着付け小物はひとまとめに

腰紐やクリップ、帯枕なども、トレイや籠などを使って一カ所に集めておく。着る段になって使いやすい収納に。

・足袋は洗った後に左右バラバラにならないように、裏を合わせて収める。

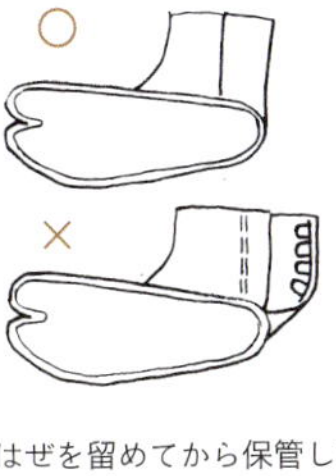

こはぜを留めてから保管しておくと、型くずれしにくい。

・帯揚げ、帯締めは、それぞれアイテム別に収納。デザインや色別に収めるとコーディネートもしやすく、うっかり重ね買いも防げる。
・帯締めは房の始末が悪いと、房が乱れて傷んでくるので必ず留めてから保管する。

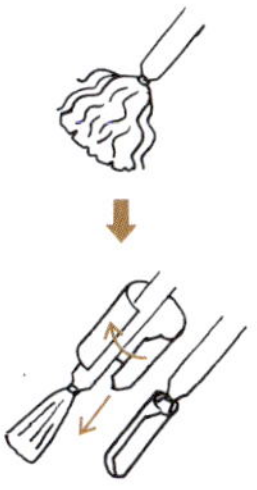

カバーをつける

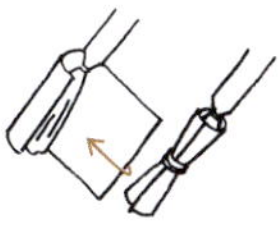

紙で留める

手で房を整えたら、市販のプラスチック製房カバーをつける（中）。プラスチックカバーがない場合は、イラスト（下）の要領で、房の根もとに紙を巻いて、紐やテープ、のりで留める。紙は付箋などでも。

腰紐

五角形に畳んでおくと、
シワもきっちりのびて次に使いやすい。
持ち運びにも便利。

1

中心で二つ折りにし、先端を斜めに折る。

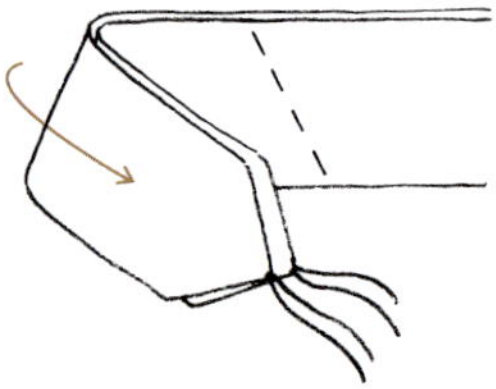

2

衿合わせの形をイメージし、角に合わせて畳む。

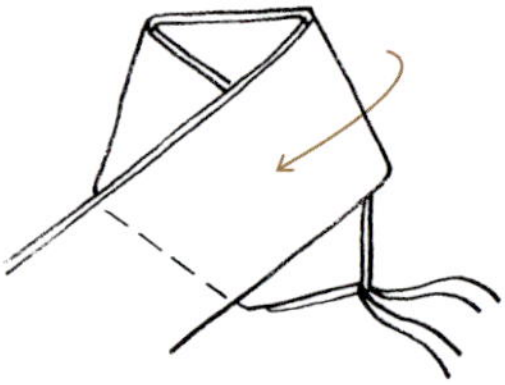

3

五角形に。これを繰り返す。

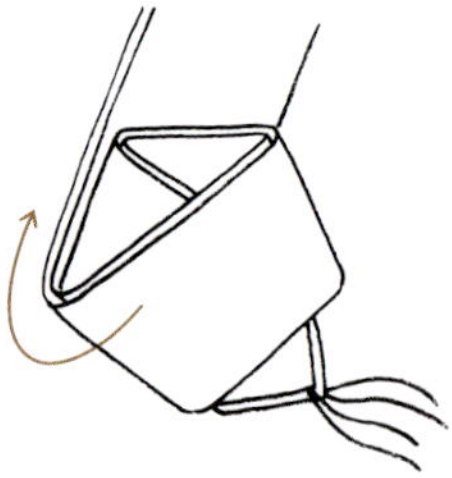

4

巻き終わりの輪を挟み込む。

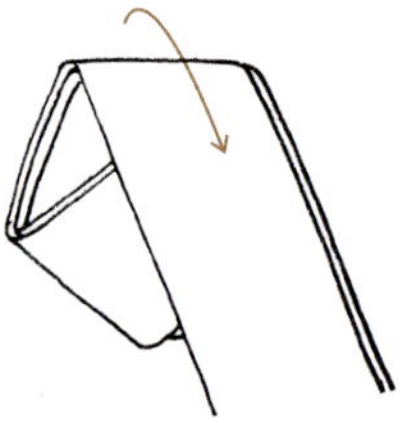

メンテナンス❹

覚えておきたい畳み方

畳む前に——
●必ず手を洗っておきましょう。
●汚れないように、
畳紙や清潔な敷物を広げて作業しましょう。

帯揚げ

色分けで収納する場合、
とくに2色ぼかしタイプはこの畳み方がおすすめ。

1

シワをのばして広げる。真ん中で二つ折りにする。

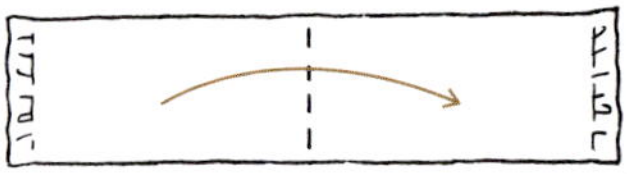

2

さらに二つ折りにする。

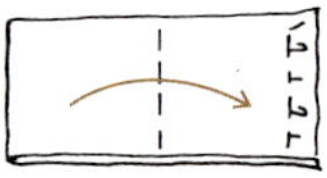

3

コンパクトにしたい場合、さらにもう半分に。

4

収納スペースによって、4か4の半分のサイズで保管。

着物

基本の畳み方。単衣も袷も、浴衣もこの畳み方です。

1　衿を左にする。着物をきれいに整えて、下前の脇を縫い目に沿って折る。下前のおくみを折る。

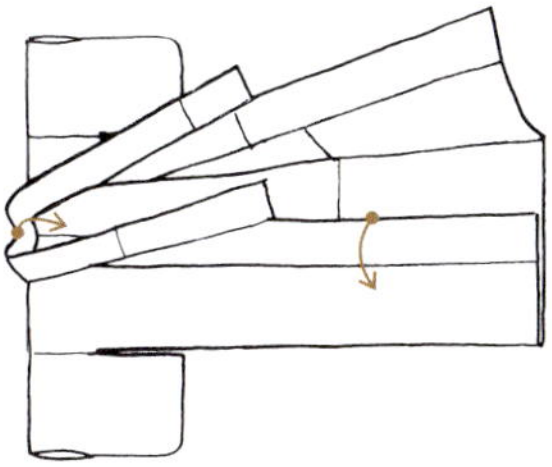

2　衿を整え、重ねて折る。手前に折った下前のおくみに上前のおくみを重ねる。

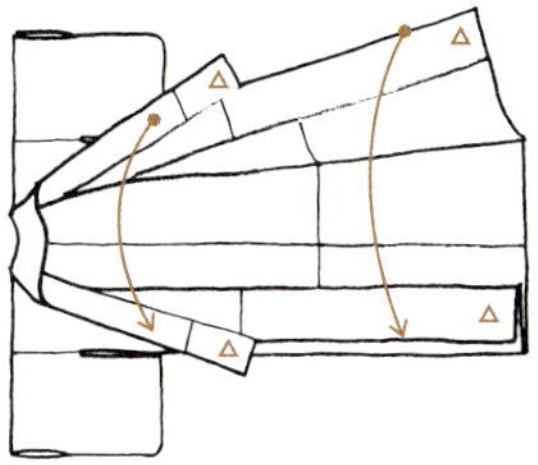

3　先に上前と下前の脇縫いを重ね、左右の袖も重ねる。手アイロン（P.77）で、着物を上から下へ、すーっとなでてシワをのばす。

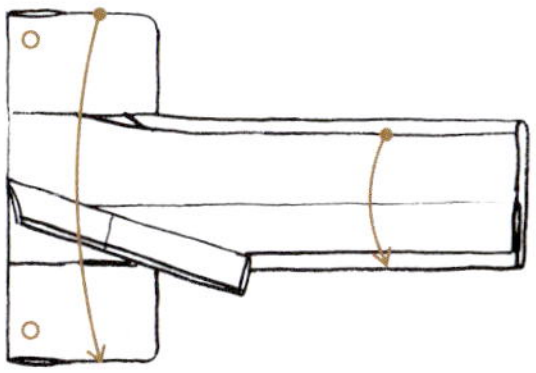

4　左袖を身頃に重ねる。

※衿は元々ある点線のラインできれいに、折り畳む。

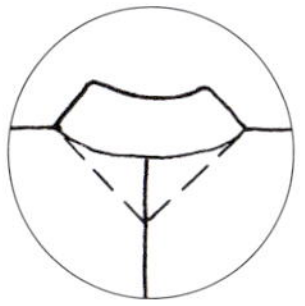

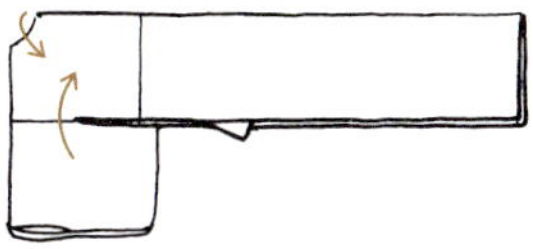

5　裾を袖山に向けて半分に折り畳む。
折り目を右手で押さえておくと畳みやすい。
右の袖は身頃の下側へ折り入れる。

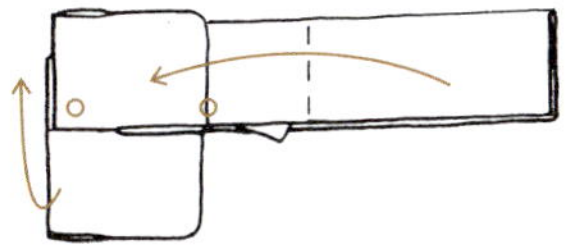

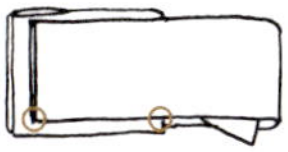

※着物を持ち上げるときは○部分を持ち、袖を入れる。へんなところを持つと、身頃がずれてシワのもとになる。

6　畳み上げた着物を畳紙へのせるときも、ずれないように下の図の位置を持って動かす。

※縫い目やもとの折り線以外に新しい折り線が入っていたら、畳み方が間違っているので注意して。

名古屋帯（名古屋仕立て）

名古屋帯の一般的な仕立て方の帯での畳み方です。

1 帯の表を下に、タレが右にくるように帯を広げる。ては手前にして置く。お太鼓の縫いどまりを三角に折る。て先が上になるように折る。

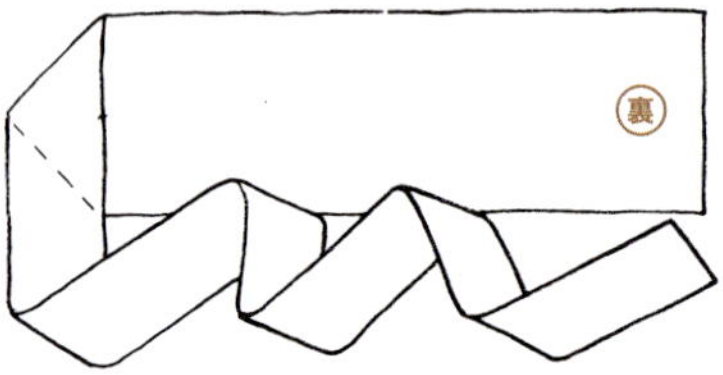

2 て先を三角形に、タレ先に沿って折り返す。

3 て先を三角に折り返す。

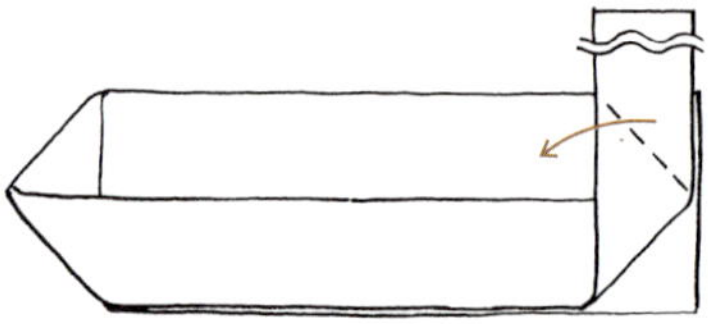

4 左の先端ではみ出すて先は折り返して畳んでおく。縫いどまりの三角を内に折る。

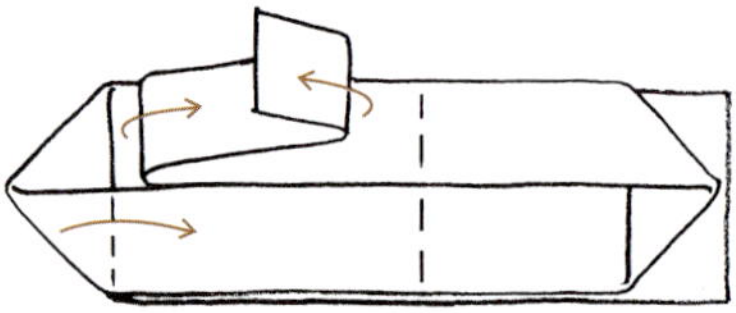

5 全体を二つ折りにして仕上がり。

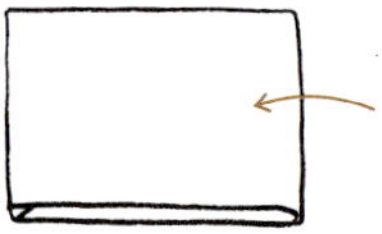

※お太鼓柄に折り線が出ないように注意。

4　二つ折りにする。

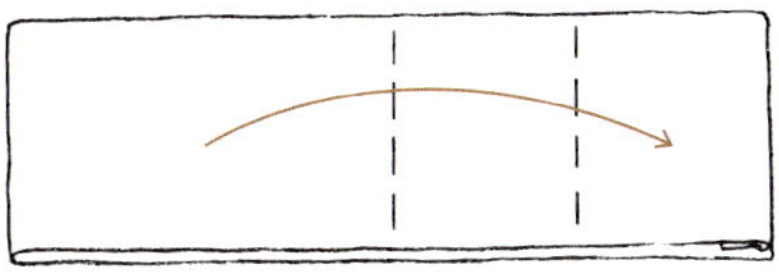

5　コンパクトにしたい場合、
さらに二つ折りにする。

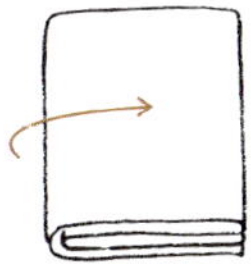

※お太鼓柄に折り線が出ないように注意。

名古屋帯（松葉仕立て）

て先の先端部分だけ半分に折って縫製された
松葉仕立ての帯の畳み方です。

1　て先を内側に、二つ折りにする。
て先部分を三角に折る。

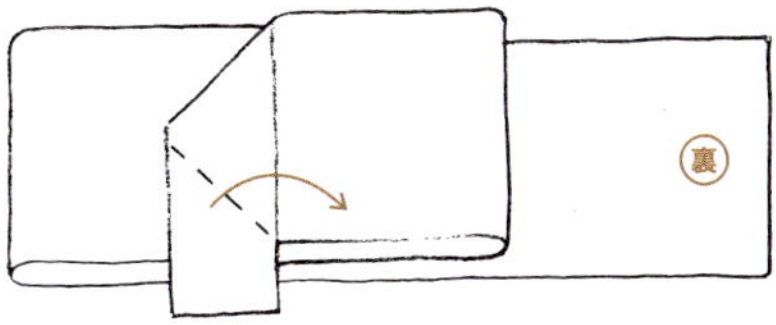

2　さらに三角を内に折る。

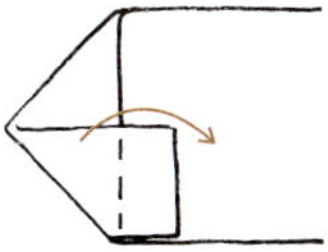

3　右端を揃える。

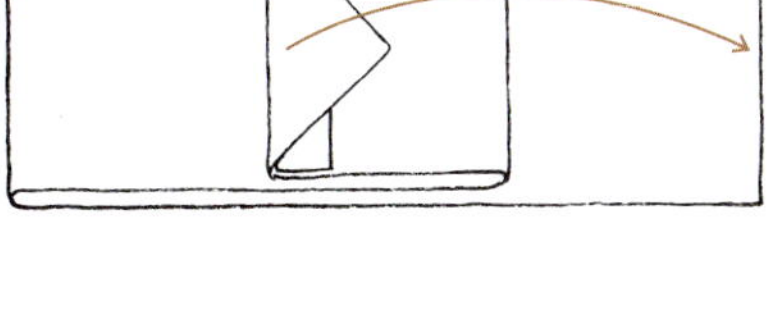

3 もう一度二つ折りにする。

※お太鼓柄の場合、または
お太鼓のところに線が入ってしまう場合、
柄に折り目が入らないように、
て先を少し内側に折ってから、折り畳む。

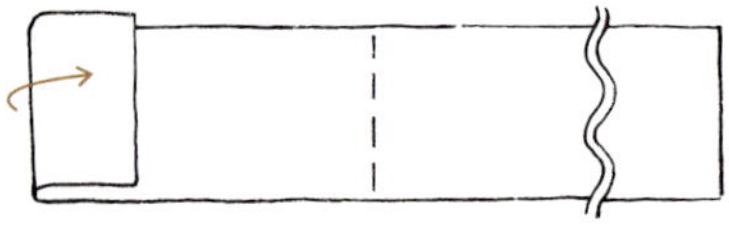

袋帯

金銀糸、刺繍などがあるところは、
和紙などをあてておくと安心です。

1 表を下にして広げてから、二つ折りにする。

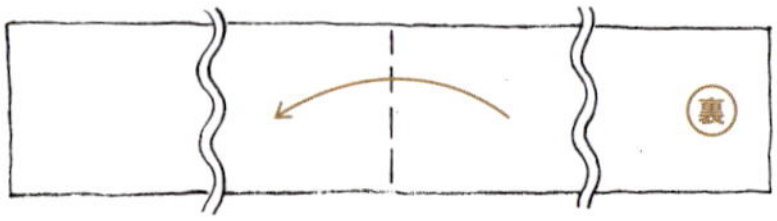

2 さらに二つ折りにする。

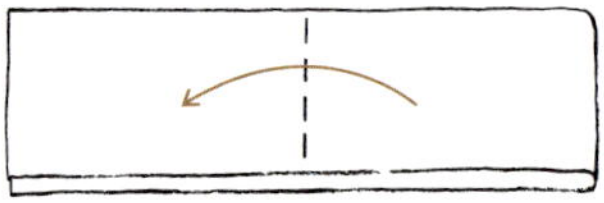

3 上にきた左袖を身頃に重ねる。

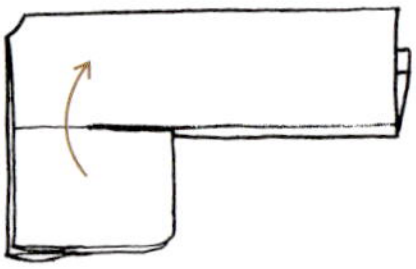

4 袖を身頃の下側へ折り入れる。
裾を袖山に向けて半分に折り畳む。

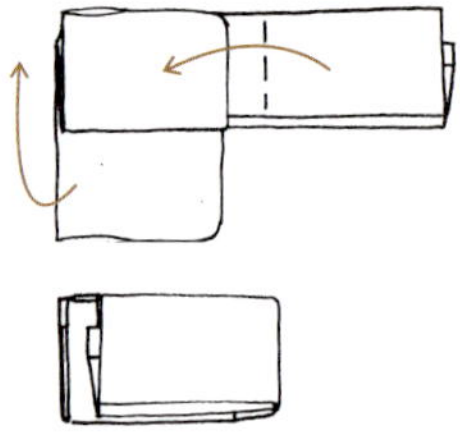

※縫い目やもとの折り線以外に新しい折り線が入っていたら、畳み方が間違っているので注意して。

羽織

衿を左に置いて畳みます。

1 左右の衿を縫い目に沿って折る。
左衿（上側）を、右衿に重ねる。

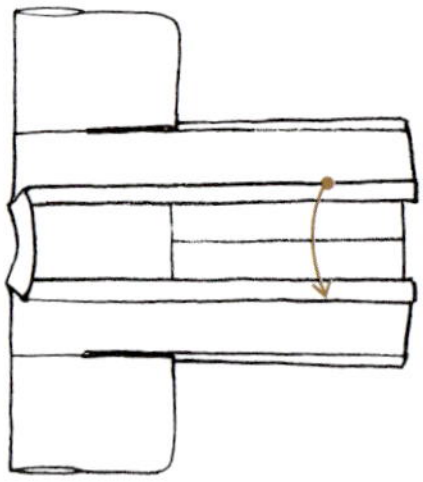

2 衿を整え、上側の脇の折り目を、
下側と重ねる。

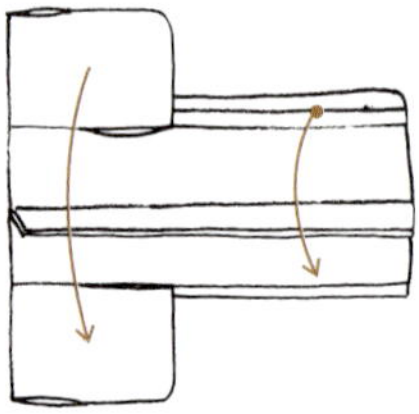

長襦袢

着物や羽織と同じように、衿を左に置いて畳みます。

1　衿を左にし、上前を上側におく。
襦袢をきれいに整えて広げる。

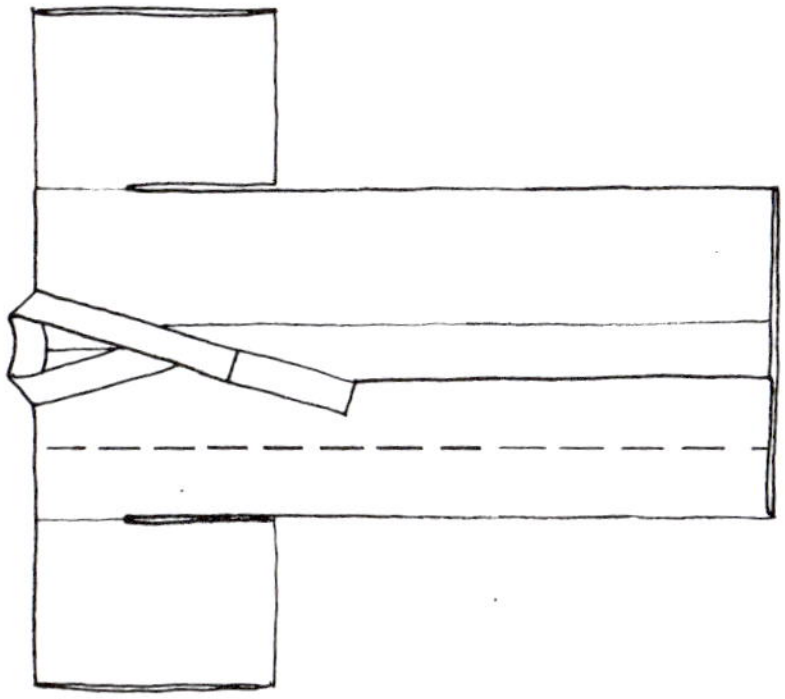

2　下前（下側）の脇縫いを
背中心に向かって内に折る。

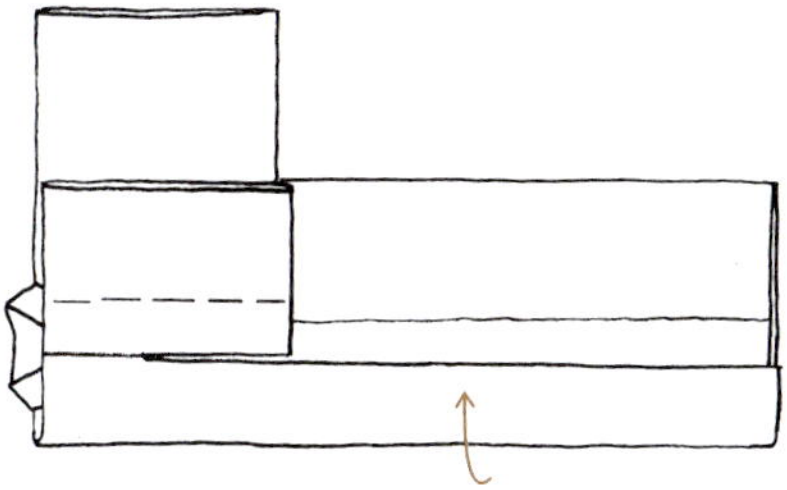

3　右袖は手前に折って重ねる。

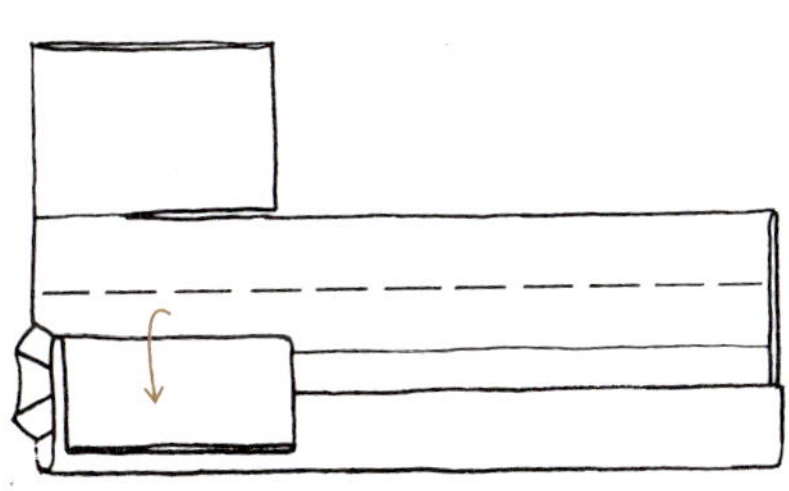

4　上前（上側）も同じように脇縫いを
背中心に向かって内に折る。

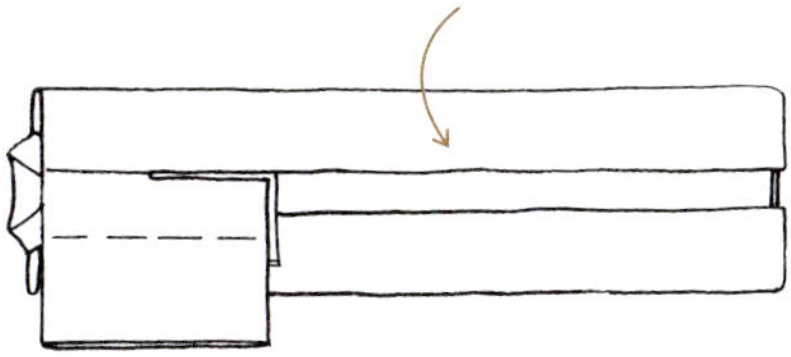

5　左袖も同様に折って重ね合わせる。

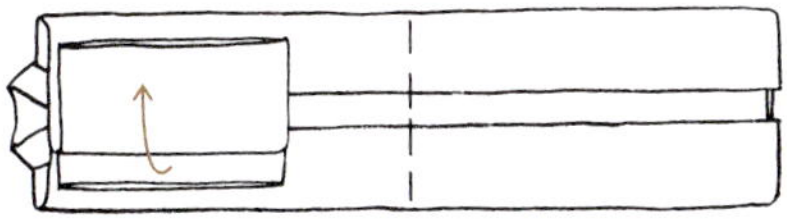

6　裾を持って二つ折りにする。

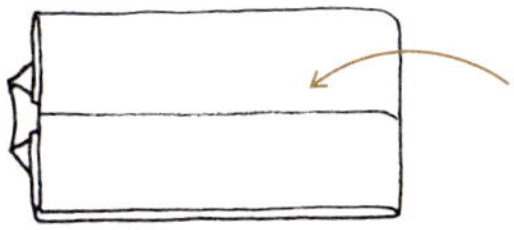

※縫い目やもとの折り線以外に新しい折り線が入っていたら、畳み方が間違っているので注意して。

縫い方

縫う前に――
◉半衿と長襦袢の衿に軽くアイロンをかけておく。
◉表側⇨内側の順で縫う。
※ここでは縫い線が見やすいように黒い糸を使用。
通常は白糸。

1　表側の半衿をマチ針で留める

半衿の端を、1.5cmくらいを目安に折り込む。背中心に合わせて半衿を張りながら長襦袢の表衿に重ねる。背中心からマチ針で留める。

折り線をアイロンでつけてもいい。折り込みが深いと着たときに半衿の端が見えるので注意。
※マチ針で留めるとき、重しを使うと引っ張りやすく、布がたるみにくい。

ポイント　マチ針をつける順番

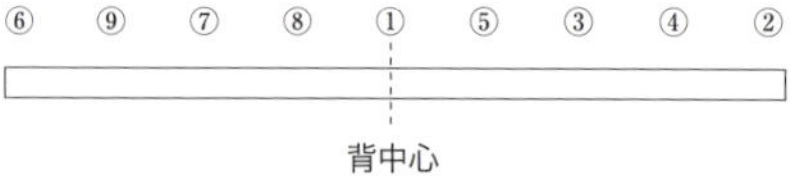

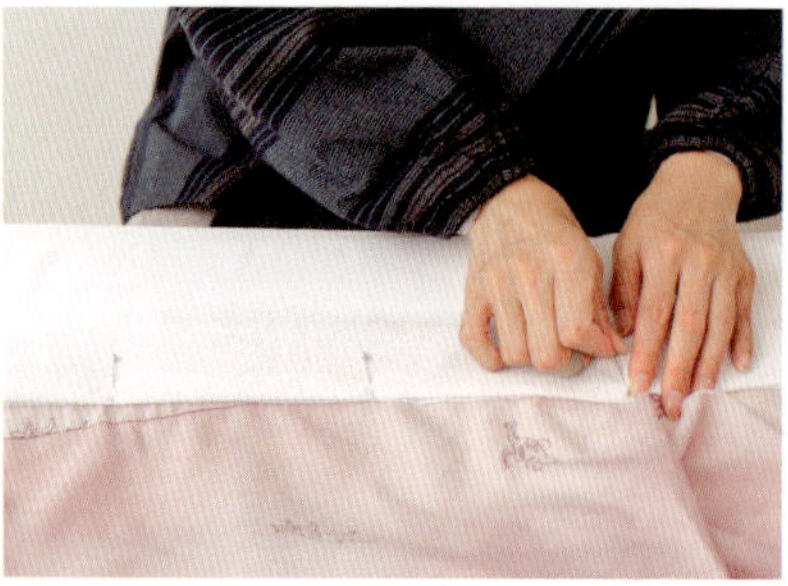

マチ針は順番がとても大事。

メンテナンス⑤

ラクできれいな半衿のつけ方

半衿つけには、木綿の衿芯（三河芯、P.72）を「縫いつけるタイプ」もありますが、ここでは一般的なプラスチックやナイロン素材の衿芯を「差し込むタイプ」の半衿つけのコツをご紹介。きれいな衿もとのラインは、きれいな半衿つけから。ポイントをおさえて手慣れれば、手軽につけられるようになります。

仕上げに差がつくポイント

◉針は手芸用がおすすめ

縫い針は、手芸用はすべりがよく、作業効率が上がる。糸は絹でなく木綿糸でいい。しつけ糸でもよいが、衿をつけたまま襦袢を洗う場合は切れやすいので不向き。

◉マチ針づけは平らな台で

きちんとマチ針づけすることが、きれいに縫い上げるための大事なコツ。平らな台の上で布を整えてつけると、作業がしやすくてきれいにつけられ、時短にもなる。

◉ 布をぴんと張ると縫いやすい

半衿は右側から左側に向かって縫っていくが、襦袢をぴんと張った状態で縫うと縫いやすい。

衿がある程度縫えたら、写真のように半衿を太ももに挟みながら縫うとやりやすい。

◉縫い目はメリハリをつける

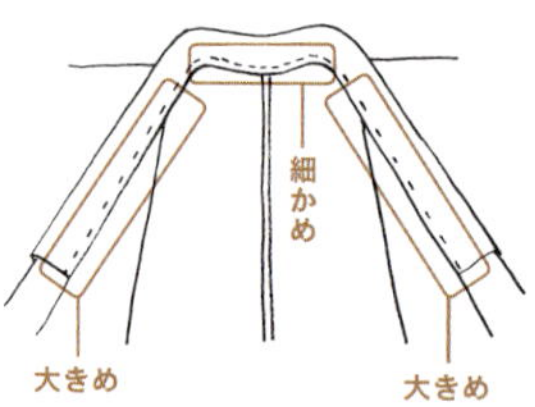

衣紋からのぞく内側、衿のラインをきれいに出したい部分だけ気を使い、あとは大雑把に縫ってもOK。

ポイント　マチ針をつける順番

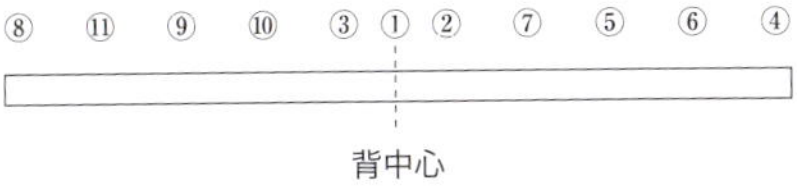

5　内側を縫う

表側と同じで、右端から背中心までと、背中心から左端の順に縫う。

衿中心以外は、半衿がたわまないように縫う。

内側の縫う手順

1. ①をマチ針で留める。軽く引っ張りながら、衿中心あたりの②③をマチ針で留める。布を移動させ④⑤⑥⑦とマチ針で留める。
2. ④から①に向かって縫う。④から⑦の間は2〜3cmの間隔で大きめに縫い、⑦から①は細かめに。
3. 今度は左半分。⑧⑨⑩⑪とマチ針で留める。
4. ①から⑧に向かって縫う。
①から⑩の針目は細かく、⑩から⑧の間は2〜3cmの間隔で大きめに縫う。

衿のきわを縫う。細かく縫う部分も並縫いの要領でいいが、表に縫い目が小さく出るような縫い方をする。

2　表側を縫う

右半分は右端から背中心まで、左半分は背中心から左端の順に縫う。衿のきわを並縫いをする。

表側の縫う手順

1. （右ページの図参照）①をマチ針で留め、軽く引っ張りながら②③④⑤とマチ針で留める。
2. ②から①に向かって縫う。表側は、着たとき見えないので、ざくざくと大雑把な縫い目でOK。
3. 今度は左半分。軽く引っ張りながら、⑥⑦⑧⑨とマチ針で留める。
4. ①から⑥に向かって縫う。

3　内側の半衿に取りかかる

次は内側へ。半衿で襦袢の衿をくるむ。
半衿の端を内へ折り込む。

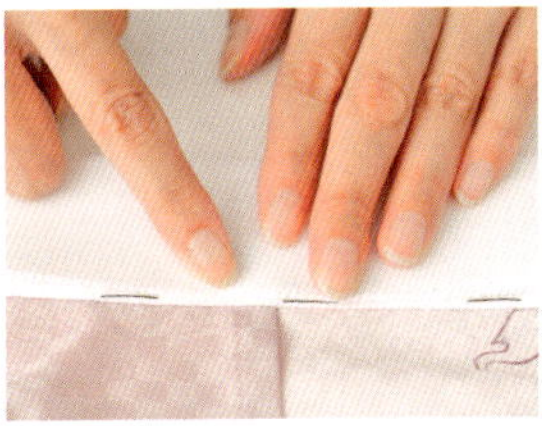

衿がたるまないように、写真のように差し込み芯を重ね、折り込む量を調整して。

4　半衿をマチ針で留める

表側と同じで、背中心からマチ針を留める（左上参照）。

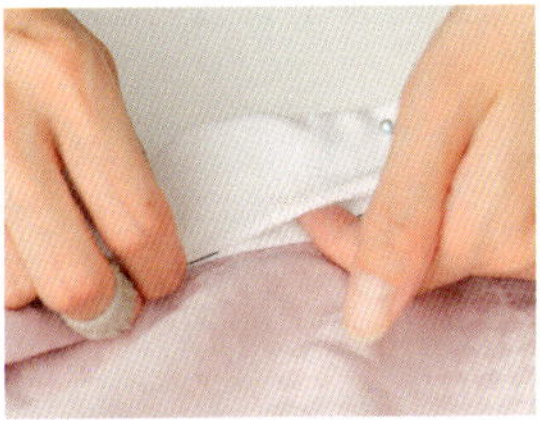

衿中心あたり（①と②、①と③の間）は衿の曲線に合わせて、内側の半衿を引っ張りぎみに留める。

衿まわりコツは写真のように、半衿と長襦袢の間に指1本入るくらいにあける。

お支度暦

季節	冬		春		
月	1月	2月	3月	4月	5月
素材の特徴	厚手		透けない		
着物（絹）	綸子・縮緬・御召・真綿紬		綸子・縮緬・御召・紬		
着物（絹）	袷				単衣／袷
着物（絹以外）	ウール・木綿				ウール・木綿・綿麻
着物（絹以外）	単衣				
帯	錦織・唐織・綴れ・塩瀬・綸子・博多帯・紬・木綿				
帯締め	冠組・平組				
帯揚げ	綸子・縮緬				綸子・楊柳
半衿	塩瀬・縮緬				塩瀬・楊柳
長襦袢	綸子・縮緬・麻（絽でないもの）				
長襦袢	袖無双・単衣				
羽織／和装コート	綸子・縮緬・御召・紬・ウール			1～3月と同じ（紬、ウールは薄手）	
羽織／和装コート	袷			袷・単衣	単衣

※表はあくまで目安。素材や地域・場面によって変わる。季節の変わり目は、天候や気温により柔軟に考えて。

	冬	秋			夏		
	12月	11月	10月	9月	8月	7月	6月
	厚手	透けない		薄い	透ける		薄い
	1～2月と同じ	3～5月と同じ		6月と同じ	絽・紗		絽・縮・夏御召・綸子・紬
	袷		袷 / 単衣	単衣			
*1 気温25℃以上が目安	1～4月と同じ		5月と同じ	6月と同じ	麻・綿麻・絹紅梅・浴衣		木綿・綿麻・麻*1・浴衣*1
	単衣						
	1～5月と同じ			6月と同じ	絽・紗・羅・麻・絽綴れ・紗献上・博多帯		絽・麻・絽綴れ・紗献上・博多帯
	1～5月と同じ			冠組・平組・細めの組み・レース（9月はレースを除く）			
*2 絽・絽縮緬は9月中旬頃まで	1～4月と同じ		5月と同じ	6月と同じ*2	絽・紗・麻		絽・楊柳・絽縮緬
	1～4月と同じ		5月と同じ	6月と同じ*2	絽・紗・麻		絽・楊柳・絽縮緬
	1～5月と同じ			絽・紗・麻			
	袖無双・単衣			単衣			
	1～3月と同じ（10月は紬、ウールは薄手）			6月と同じ	あまり着用せず		絽・紗
	袷	袷・単衣	単衣				

着物と帯の格合わせ一覧

帯／着物		袋帯 格のある柄 金銀糸	袋帯 格のある柄 金銀少	洒落袋帯 おしゃれ柄 金銀少
留袖		○	△	×
振袖		○	△	×
訪問着		○	○	○
付下		○	○	○
色無地		○	○	○
江戸小紋	格のある柄	○	○	○
江戸小紋	おしゃれ柄	△	○	○
小紋	格のある柄	○	○	○
小紋	おしゃれ柄	×	○	○
御召		×	△	○
紬		×	△	○
ウール	スーツ生地	×	△	○
ウール		×	×	×
木綿		×	×	×

※表はあくまで目安。場面によっても変わる。

●訪問着×袋帯（格のある柄・金銀少なめ）

●色無地×袋帯（格のある柄・金銀糸）

兵児帯	半幅帯	名古屋帯					
		紬／八寸	染／九寸		織／九寸		綴れ／八寸
				金銀刺繍		金銀糸	金銀糸
×	×	×	×	×	×	×	△*
×	×	×	×	×	×	×	×
×	△**	×	×	○	×	○	○
×	△**	×	×	○	×	○	○
×	△**	×	○	○	○	○	○
×	△**	×	○	○	○	○	○
△	○	○	○	○	○	○	△
×	△**	×	○	○	○	○	○
△	○	○	○	○	○	○	△
△	○	○	○	○	○	○	△
△	○	○	○	△	○	×	×
△	○	○	○	△	○	×	×
○	○	○	○	×	○	×	×
○	○	○	△	×	○	×	×

** 格のある柄の金銀糸

* 金銀糸の本綴れ

●ウール着物（スーツ生地）×半幅帯

●江戸小紋×名古屋帯（染－九寸）

◉ 吉祥文様《きっしょうもんよう》

喜びを祝う意味の文様が吉祥文様。吉祥とは「よいしるし」「めでたい」という意味。鶴亀・鳳凰・牡丹・龍・宝尽くしなど、主に中国に伝わる古代思想や信仰に基づくもので、語呂合わせの文様が多い。平安時代に年中行事が定まるにともない、松・鶴・菊花など日本独自の吉祥文様も生み出された。

唐草《からくさ》

つる草を曲線で図案化した文様で、葉や花、果実などをあしらったもの。つる草の生命力にあやかり、縁起が良いものとされる。

亀甲《きっこう》

亀の甲羅に似ていることから名がついた正六角形の連続文様。中に花菱や菊、鶴などが入ることで吉祥文様となった。[有職文様]

瓢箪《ひょうたん》

瓢箪は実の中央のくびれが面白い。「ふくべ」や「ひさご」とも言い、六つの瓢箪「むびょう」を無病の語呂合わせにして病除けに。

橘《たちばな》

橘は柑橘類の一種で、実と葉と花を意匠化したもの。不老不死の理想郷に自生するとされ、長寿を招き、子孫繁栄の意も。[植物文様]

千鳥《ちどり》

千鳥は鳥の種類ではなく、川辺や海辺などで群れをなす小鳥の総称。和歌にも詠まれ、古来から日本人に愛されてきた。

松《まつ》

松は千年の寿命があり、四季を問わず常緑であるため縁起のよい木として吉祥のシンボルに。若松、老松、松葉などがある。

七宝《しっぽう》つなぎ

円の円周を四分の一ずつ重ねてつないだ文様。四方に限りなく伸び、縁起がよいことから「しっぽう」に。小花や花菱の入る意匠もある。[有職文様]

葵《あおい》

「あおい」は太陽を仰ぐことを意味し、葵の花の向日性をもって縁起がよいものとされる。徳川家の三つ葉葵紋が有名。

四君子《しくんし》

梅・菊・竹・蘭の四つを揃えた図柄。古代中国ではこれらを君子にたとえ、愛でられた。丸文や菱など様々に表現され、季節を問わない。

南天《なんてん》

南天は「難が転ずる」という語呂合わせから、幸いを招く文様として好まれる。こちらは豊作の兆しとされる雪を持つ雪持ち南天。

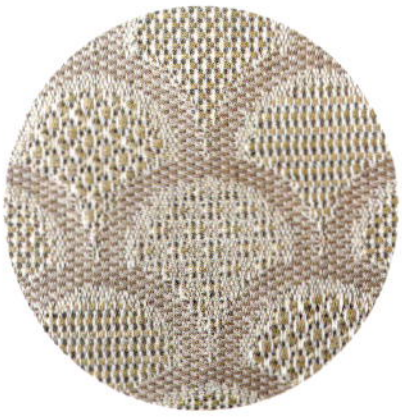

青海波《せいがいは》

同心円の一部が扇状に重なり合った波文様。広がる海が無限の幸福をもたらす文様とされ、古くは埴輪《はにわ》、舞楽や能装束にも見られる。

立涌《たてわく》

波状の曲線を向かい合わせに膨らみとへこみを繰り返す連続文様。水蒸気が立ち昇る雲気《うんき》に見立てたとか。

[有職文様]

扇《おうぎ》

扇は末が広がる形から「末広がり」として縁起がよく、様々なものが描かれる。宮中で用いられた木製扇の檜扇《ひおうぎ》も図案として好まれる。

松竹梅《しょうちくばい》

松・竹・梅の三つを組み合わせて文様化した、めでたい文様の代表。四季変わらぬ緑を保つ松と竹、寒中に咲く梅は古より好まれる。

宝尽《たからづ》くし

宝物を並べた福徳を招く文様。宝珠・宝鍵《ほうやく》・宝袋・打ち出の小槌・隠れ蓑・丁子《ちょうじ》・七宝などが散らされる。

◉ 有職文様《ゆうそくもんよう》

平安時代以来の公家たちが礼装に着用した織物の文様。本来「有職」とは平安時代の公家が教養として日常心得るべき、宮廷儀式や年中行事、服飾・調度についての知識のことをいう。有識に基づいて作られてきた織物が「有職織物」。文様の菱紋・唐草文・亀甲花菱・立涌文・丸文などが礼装に用いられ、江戸時代になって「有職文様」と呼ばれるようになった。

鱗《うろこ》

三角形が交互になった幾何学連続文様。魚や蛇の鱗に見立てて鱗文と言われる。鱗で身を守ることから厄除けの意も。

花菱《はなびし》

菱形の中に花びらを４枚入れた文様。花菱を四つ集めて一つにしたものは四花菱という。有職文様をはじめ伝統文様で随所に見られる。

浮線綾文《ふせんりょうもん》

唐花を中心に据えて周囲に四つの割唐花を配した円文。本来は糸を浮かせて織り出した綾織物のこと。浮線蝶や浮線菊などが代表的。

◉正倉院文様《しょうそういんもんよう》

東大寺・正倉院に伝わる染織品にみられる文様の総称。日本の古典文様として最古に位置づけられ、格調高い文様。「正倉院」は奈良時代に東大寺に献納された聖武天皇の遺愛品を保存した宝庫。西アジア（ササン朝ペルシャ）や中国（隋、唐）などから伝わる宝物は、染織品「正倉院裂《ぎれ》」だけでも十数万点。その文様に加え、所蔵されている調度品などの文様も含める。多くは帯の文様に用いられるが、格式の高い着物にも使われる。

宝相華《ほうそうげ》

インドから唐を経て奈良時代に伝来したという空想の花。当時の織物や工芸品に見られ、現代では華麗な文様として袋帯などに使用。

獅噛《しがみ》

獅子が歯をむき出しにした顔を文様化したもので、奈良時代の錦裂《きんぎれ》にある。「しがみつく」の語源はここから来ているとも。

狩猟《しゅりょう》

騎乗の人物が鹿・猪などの動物を弓矢で狩猟する様子を文様化。３～７世紀のササン朝ペルシャ時代の動物争闘文様が起源とか。

蜀江《しょっこう》

八角形と四角形で構成された文様に、牡丹唐草などの文様を入れた図柄。古代中国・蜀で織られた錦にある文様を「蜀江文」という。

花喰鳥《はなくいどり》

草花などを口にくわえた鳥の図案。正倉院にはペルシャから中国まで花喰鳥が見られる。和風化したのが鶴が松をくわえる「松喰鶴」。

鳳凰《ほうおう》

桐の木に棲み、竹の実を食べたという想像上の霊鳥。古代中国では麒《き》麟《りん》・亀・龍と共に四霊として尊ばれた。雄を鳳、雌を凰と称す。

連珠《れんじゅ》

小さな玉を連ねた文様で、獅子や騎馬・鳥獣などが円内に配置される。古代ペルシャで生まれ、法隆寺や正倉院に残る織物に見られる。

華文《かもん》

花を文様化したものの総称。特定の花ではなく、時代を超えて愛される普遍的な意匠。六つの花弁の文様は六弁華文《ろくべんかもん》。

双獣文《そうじゅうもん》

左右対称に獅子や羊などの動物を配した文様。力強い生命力の象徴とされる樹木と守護する動物が組み合わされていると考えられる。

◉幾何学文様《きかがくもんよう》

三角形・四角形・六角形などの多角形、円・楕円・直線などの図形を、移動・回転・拡大・縮小などして連続し、組み合わせた文様のこと。連続する幾何学文様は無限をイメージさせ、鱗や七宝など縁起がよいとされるものが多い。同じ幾何学文様でも複数の文様を組み合わせると変化がつき、染織技法によってもその趣は全く異なったものとなる。日本の幾何学の伝統文様と類似するデザインが、外国でも見られることがある。

麻《あさ》の葉《は》

大麻の葉に似ている幾何学連続文様。麻は丈夫で真っ直ぐ育つことにあやかり、産着や子ども着などに用いられた。江戸の歌舞伎衣装で人気に。

網代《あじろ》

茶室などの天井に見られる竹や葦《あし》・檜皮《ひわだ》などを斜めまたは縦横に編んだ幾何学文様。古くは牛車の屋根などにも見られる。檜垣文《ひがきもん》とも。

籠目《かごめ》

竹で編んだ籠の目を文様化したもの。江戸時代には籠目を鬼が嫌うという迷信があり、魔除けとして浴衣などに用いられた。

格子《こうし》

縞柄の一種で建具の格子の目を表したチェック柄のこと。江戸の歌舞伎役者が粋な格子を着用したことから、庶民にも好まれた。

市松《いちまつ》

平らな石を方形に縦横に並べた碁盤の目の文様。石畳の図柄を袴につけ評判となった、江戸の歌舞伎役者がその名の由来。石畳文《いしだたみもん》とも。

菱文《ひしもん》

菱形を基本とした図柄。菱つなぎ文様を襷文《たすきもん》とも。飛鳥・奈良時代の羅や綾織物の地紋に見られる。こちらは若松が菱になったもの。

紗綾形《さやがた》

卍字を崩して組み合わせ、連続文様にした柄。16世紀後半に中国から輸入された絹織物の紗綾《さや》の地紋が発祥。上級武士に用いられた。

松皮菱《まつかわびし》

上下に小さい菱をつけた幾何学文様。松の皮をはいだ形に似ていることに由来。他の文様を分ける「文様取り」に使われることも多い。

よろけ縞《じま》

縞がよろけたように表されている文様で、縞柄の一つ。直線の縞よりも印象がやわらかくなるため、着物や帯に幅広く用いられる。

◉器物文様《きぶつもんよう》

扇・文箱・色紙・短冊・笛・御所車など平安貴族の調度品をイメージするものから、番傘・網干《あぼし》・団扇《うちわ》・花籠などの生活用具など、あらゆる道具類を文様化したものを「器物文様」という。華やかな留袖や訪問着、袋帯などには公家文化を象徴とする器物文様が多数見られる。一方、江戸時代の庶民道具や歌舞伎役者の紋、しゃれっ気のある文様は、浴衣や江戸小紋に見られる。文様から、背景にある生活が垣間見られる。

鈴《すず》

古来から神事や祭事に用いられてきた鈴は、その形が美しいために文様としても好まれる。とくに子どもの衣装に多い。

貝桶《かいおけ》

貝桶は華やかに装飾された遊具・貝合わせを収める用具。貝合わせは一対の貝殻を組み合わせるため、公家や武家の重要な婚礼調度とされた。

鬘帯《かずらおび》

能装束で女性役が頭に巻いて背中に長く垂らす装飾用の帯のこと。文様は、リボン状に美しい紐を伸びやかに表現したものが多い。

楽器文《がっきもん》

鼓・琴・横笛・琵琶などの楽器の美しい音色は、神に伝える方法とされ、物事が「鳴る＝成る」を文様化。

源氏香《げんじこう》

香の組み合わせを示す符号を文様化したもの。平安貴族に流行した香合わせは、その後武家に引き継がれ香道として確立。

風車文《ふうしゃもん》

風を受けて回転する風車を図案化したもの。「まめに動く」の意味から縁起物として神棚に飾られることもあり、家内安全を祈る意味も。

片車《かたくるま》

乾燥でひび割れないように川に浸した牛車の木製の車輪を文様化したもの。水面から半分しか見えない車輪がその名の由来。

色紙《しきし》

風景や和歌など様々なものを描いた色紙を、他の文様と組み合わせたもの。日本独特の文様として桃山時代から江戸時代に愛用される。

矢羽《やばね》

矢につけられた羽根を文様化した図柄。武家の大切な武具であり紋章にも用いた。正月に神社で出す破魔矢《はまや》は邪気を払う意味がある。

◉自然文様《しぜんもんよう》

自然と共に生きる日本人が身近な自然を感性で写しとり、着物や帯をキャンバスに、文様で表現したもの。太陽や月・星などの天体、雲・霞・風・雨・雪・波・流水といった自然現象。遠山や名所などの風景も。日本人の信仰心や精神性を感じさせるものも多い。単独の文様のほか、動植物や他の文様と合わせて描かれることで豊かな文様に。

観世水《かんぜみず》

流水が渦を巻いている様子を文様化。止まることのない流れで、未来永劫を表す。能楽・観世太夫が使ったことが名の由来。

雪花《せっか》

雪の結晶の形を花のように文様化したもの。江戸後期に雪の結晶を紹介する書物『雪華図説』が刊行されたことで庶民にも流行した。

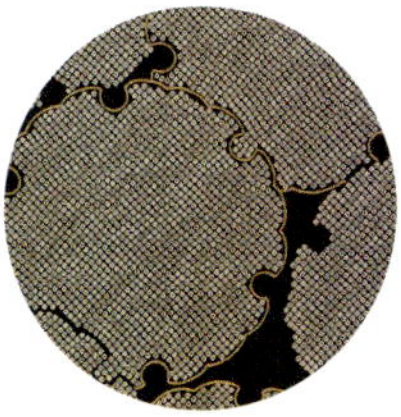

雪輪《ゆきわ》

雪の結晶を六弁の花のように表した文様。抽象化された形で、季節を問わず、着物や帯に幅広く用いられる文様の一つ。

ヱ霞《えがすみ》

カタカナのヱのように霞を表現した文様。霞の中に松竹梅や宝尽くし、吉祥文様などと描き合わせたものは華やかさがある。

雲取《くもど》り

雲がたなびいている様を線や色で表した文様。その形の周囲や中に草花や様々な図柄を表現することでリズム感を出す効果も。

月《つき》

古から太陽と月は日本人の信仰の対象とされ、とくに旧暦では生活と切り離せない存在。文様としてよく使われるものの一つ。

遠山《とおやま》

遠くに見える山並みの重なり合ったさまを文様化。大和絵風のなだらかな半円は、染め・織りを問わず日本人に好まれるデザイン。

波《なみ》

古くから用いられる波は小波・大波・さざ波・荒波・波頭など、その表現は多様。形式化された「光琳波《なみ》」「青海波」などの図案も。

雪持文《ゆきもちもん》

笹や松、柳など植物の葉に雪が積もったさまを文様化した図案。こちらは幾何学文様化された「雪持笹」で、積もる雪も雪輪で表現。

◉ 植物文様《しょくぶつもんよう》

四季の豊かな日本ならでは、古来から衣装の柄に最も多いのがこの植物文様。春なら桜、夏は朝顔、秋なら紅葉、冬は椿など、それぞれを象徴する草花をはじめ、「松竹梅」や「桐」など吉祥文様として季節を問わず用いられる文様も多い。それぞれ単独では季節感があっても、「桜楓紋」「吹き寄せ」のように、組み合わせることで通年用いられる文様もある。

朝顔《あさがお》

朝顔の文様は、ラッパ状の花が意匠としても印象的。季節感がはっきりしているので浴衣や夏物、夏帯などで使われることが多い。

紫陽花《あじさい》

古くは『万葉集』にもみられるが、文様として多く使われるのは江戸時代以降。梅雨から盛夏に咲くため、主に夏のモチーフとなる。

桔梗《ききょう》

古くから鑑賞に加え根を薬用に重用されてきた桔梗は、和歌・絵画・文様の題材に。夏の文様として以外に、秋の七草にも加わる。

菊《きく》

高貴な吉祥文様の一つで、花や葉の意匠は様々。奈良時代に中国から長寿の霊草として用いる風習が伝わり、平安時代に宮中に定着。

撫子《なでしこ》

春から夏にかけて咲くため常夏とも呼ばれ、秋の七草の一つとしても親しまれている。複数の草花と組み合わせた文様も多い。

菖蒲《しょうぶ》

単独で季節感を出す文様とする以外に、風景やほかの文様と組み合わせた柄も。「尚武《しょうぶ》」や「勝負」に通じるため武家に好まれた。

松葉《まつば》

針状の松の葉を文様化したもの。葉のもとが結ばれ、直線で二股に分かれた形が特徴的。アレンジ系では「松葉襷《たすき》」「松葉七宝」など。

露芝《つゆしば》

三日月形に描いた芝草を幾重にも重ねて表現した文様。露の玉をあしらったものも多い。こちらは露のかわりに蛍がアクセントに。

萩《はぎ》

萩は秋に花が咲くことからこの字が当てられた。古くから野生し、『万葉集』には秋の七草の一つとして数多く詠われている。

◉動物文様《どうぶつもんよう》

動物をモチーフにした文様は多いように思われるが、農耕民族の日本は狩猟民族の他の国に比べると少ないほうだとか。中国から染織品が伝わるとともに伝わった鳳凰や麒麟、龍などは架空の動物だが、現代でも浸透している文様。名物裂に描かれた鹿や馬、吉祥文様を代表する鶴亀に、多産の象徴とされる兎は月と組み合わせ、縁起のよい存在。動物柄の代表「鳥獣戯画」は現代でも人気がある。

ふくら雀《すずめ》

冬の寒さから全身の羽を膨らませた雀の姿を文様化。写真のように図案化されたものは「福良雀」ともいい、季節を問わない縁起柄。

蝶《ちょう》

青虫から美しく成長する蝶は不死不滅の象徴として武士に好まれた。現代では華やかな振袖や袋帯などに用いられる。

唐獅子《からじし》

獅子（ライオン）を知らない時代の日本に、その図案のみが中国から伝わる。室町以降は牡丹と組み合わせた「唐獅子牡丹文」も多い。

◉名物裂《めいぶつぎれ》

主に室町時代から桃山時代に中国、インド、ペルシャなどから渡来した染織物で、「時代裂《じだいぎれ》」とも。金襴《きんらん》、緞子《どんす》、間道《かんどう》といった貴重な織物のこと。茶道の袱紗《ふくさ》や茶入れの袋などに使われ、中にはその所有者にちなむ文様名で呼ばれるものも。

荒磯文《あらいそもん》

波間に鯉が跳ねるさまを織りだした吉祥文様の名物裂。明《みん》代末期の作品と伝わる荒磯緞子に由来し、室町時代に渡来したとされる。

角倉文《すみくらもん》

名物裂の「花兎文《はなうさぎもん》」の一種。桃山時代の富豪・角倉了以《すみのくらりょうい》が愛蔵していた角倉文は前足を上げた兎で、花兎文とその点で異なる。

有栖川文《ありすがわもん》

鹿や馬・飛龍などを変わり襷《たすき》や菱形、八角形で囲んだ文様。有栖川宮《ありすがわのみや》が所蔵していた名物裂「有栖川宮錦」に見られる。

P.208、211、213、214［竺仙］／P.209、210、211、212、213、215［斉藤勝巳商店］

本書に出てくる主な用語、索引

あ

会津木綿（あいづもめん） ⇩P.34　福島県会津若松市を産地とする綿織物。江戸時代に会津藩の武士の妻の内職として始まったという。厚地で丈夫なことから、主に日常着として使用。

アクセントカラー（あくせんとからー） ⇩P.140

麻（あさ） ⇩P.36　麻繊維、麻織物のこと。

汗抜き（あせぬき） ⇩P.194　お手入れ方法の一種。

後染め（あとぞめ） ⇩P.38

雨コート（あまこーと） ⇩P.148　雨除けのコート。

洗い張り（あらいはり） ⇩P.194　お手入れ方法の一種。

袷（あわせ） ⇩P.120

居敷当て（いしきあて） ⇩P.121　単衣の着物の後ろ身頃につける、裏地の布のこと。

伊勢型紙（いせかたがみ） ⇩P.20　柿渋によって張り合わせた紙を、彫刻刀で細かい文様を切り抜いた型紙。武士の裃を染める小紋に用いられた。

伊勢木綿（いせもめん） ⇩P.34　三重県津市を産地とする木綿。江戸時代に藩主の奨励で発展し、伊勢商人が江戸へ売り出した。江戸庶民の人気を博し、全国に普及した。綿の肌触りのよさで現代でも人気。

一重太鼓（いちじゅうたいこ） ⇩P.44, 85　帯の結び方の一種。

五つ紋（いつつもん） ⇩P.173

色留袖（いろとめそで）　着物の地色を黒以外の色にした留袖。既婚・未婚ともに着られる正装。黒留袖と同様、親族の結婚式などで着られる。

色無地（いろむじ） ⇩P.18　黒以外の一色で染められた柄のない着物の種類。

いわれ柄（いわれがら） ⇩P.20

インクジェット染色（いんくじぇっとせんしょく） ⇩P.22　インクジェットプリントによる染色法。染め型が不要で、色柄のデジタルデータがあれば着物一枚から染められる。

ウール着物（うーるきもの） ⇩P.32

右近（うこん） ⇩P.65　下駄の一種。

後幅（うしろはば） ⇩P.10　着物の部分の名称。

後ろ結び（うしろむすび） ⇩P.96

薄物（うすもの） ⇩P.138　絽、紗など、夏の透ける着物のこと。

うそつき襦袢（うそつきじゅばん）　一般に二部式の襦袢のこと。着姿で見える袖だけが絹や化繊などの襦袢で、身頃は晒の木綿を用いたものが一般的。

上っ張り（うわっぱり） ⇩P.114　仕事や遊びのときに、着物の上から汚れ防止のために着る外衣。主に木綿などで作られる。

上前（うわまえ） ⇩P.10　着物の部分の名称。

越後上布（えちごじょうふ） ⇩P.36　新潟県小千谷（おぢや）市、十日町（とおかまち）市を中心に作られる上質の麻織物。苧麻（ちょま）から手紡ぎした細い麻糸を使い、昔ながらの手織り機「地機（じばた）」で織り、寒中に雪ざらしをして漂白するなど、膨大な手仕事から生み出される極上の夏の生地。

江戸小紋（えどこもん） ⇩P.20

絵羽模様（えばもよう） ⇩P.16　白生地を着物や羽織の形に仮縫いし、縫い合わせを越えて文様がつながるように染めたもの。

衣紋（えもん） ⇩P.70　着物を着たときの後ろ衿の部分。「衣紋を抜く」は、衿の後ろを引くこと。

衣紋抜き（えもんぬき） ⇩P.75　衿を抜きやすくするために、長襦袢の衿につける細長い布のこと。

衿芯（えりしん） ⇩P.72　長襦袢の半衿に入れる芯で、衿の形をきれいに整えるもの。長襦袢に縫いつける三河木綿の芯と、後から入れるプラスチック製の芯がある。

お誂え（おあつらえ） ⇩P.178　既製品に対し、オーダーメイドで作ること。

近江縮（おうみちぢみ） ⇩P.36　滋賀県で生産される麻織物。凹凸のシボを出した麻の縮織は生地が肌にはりつかず、さらっと肌触りがいい。

大島紬（おおしまつむぎ） ⇩P.28　鹿児島県・奄美大島で作られている伝統の紬織物。

おくみ ⇩P.10　着物の部分の名称。

お太鼓（おたいこ） ⇩P.42, 44, 85, 90　名古屋帯、袋帯の一般的な帯結びの形。または結んだ際に背中に出る部分のこと。袋帯は二重太鼓、名古屋帯は一重太鼓。

小千谷縮（おぢやちぢみ） ⇩P.36　新潟県小千谷市周辺で作られている麻織物のうち、緯糸（よこいと）に強撚糸を使い、凹凸のシボを出した麻縮織。「小千谷縮・越後上布」の伝統の手技は、ユネスコの無形文化遺産に登録されている。
お直し（おなおし） ⇩P.194
おはしょり ⇩P.70　女性が着物を着るとき、着丈より余った分を腰のところで折り返すこと。またはその部分を指す。
帯揚げ（おびあげ） ⇩P.54, 106
帯板（おびいた） ⇩P.73, 84
帯締め（おびじめ） ⇩P.56, 108
帯留め（おびどめ） ⇩P.56, 162　帯締めや三分紐に通して使う、帯まわりの装飾小物。
帯枕（おびまくら） ⇩P.73, 84
帯山（おびやま） ⇩P.70　袋帯や名古屋帯を結んだときの、お太鼓など背の上部を指す。
御召（おめし） ⇩P.26
織り（おり） ⇩P.38, 52, 206
女紋（おんなもん） ⇩P.173　紋の一種。

か

蚕（かいこ） ⇩P.39　カイコは正式な和名はカイコガと呼ばれる昆虫で、繭から絹糸をとる目的で改良したもの。

格（かく） ⇩P.172　主に着物や帯の価値、等級などを表す言葉。

陰すが縫い（かげすがぬい） ⇩P.173
化繊（かせん） ⇩P.15　ポリエステルをはじめとする化学繊維。近年では化学繊維の技術が発達し、絹の着物と見分けがつかない化繊着物も登場。

絣（かすり） ⇩P.34　織る前にあらかじめ文様にしたがって染め分けた絣の糸で織り上げた文様織物。

片貝木綿（かたがいもめん） ⇩P.134　新潟県小千谷市片貝町から発展した木綿織物。さらっとした肌触りのよさが特徴。

型染め（かたぞめ） ⇩P.22　木型、紙型などの型を使って文様を染める染色法。

帷子（かたびら） ⇩P.119 江戸時代に夏に着た単衣仕立ての着物のこと。

鰹縞（かつおじま） ⇩P.127　鰹の体色が背中から腹にかけてだんだん薄くなっていくように、濃い色から薄い色へと変化をつけた縞のこと。

裃（かみしも） ⇩P.20　江戸時代の武家が出仕に着用した、男性の礼装。元々「上下（かみしも）」は同色同文同地のもの。肩衣の両胸と背の3カ所と、袴の腰に家紋を入れて着用。

家紋（かもん） ⇩P.173　代々伝わる家の印。「紋」とも。

唐織（からおり） ⇩P.42　もとは中国から渡来した織物の総称だったが、西陣で織り始めた豪華絢爛な織物のこともいうようになった。刺繍のように見える織地が特徴。

絡み織（からみおり） 経糸が、緯糸に絡みながら組み合った、透き間のある織物のこと。涼感のある生地に仕上がり、羅、絽、紗など夏着物によく用いられる。「もじり織」とも。

生洗い（きあらい） ⇩P.194　お手入れ方法の一種。

生糸（きいと） ⇩P.39　蚕の作った繭から取ったままの細い糸を数本合わせ、糸にしたもの。精練していない絹糸。

幾何学文様（きかがくもんよう） ⇩P.211
着尺（きじゃく） 着物一枚を仕立てるのに必要な生地のこと。

吉祥文様（きっしょうもんよう） ⇩P.208
絹紅梅（きぬこうばい） ⇩P.134　夏の着物の一種。
※新潟県栃尾にある織工房が登録商標を保持。
着物衿（きものえり） ⇩P.146　衿のデザインの一種。

着物暦（きものごよみ） ⇩P.118　季節に応じた着物の衣替えの目安となる暦。

九寸名古屋帯（きゅうすんなごやおび） ⇩P.44
強撚糸（きょうねんし） ⇩P.26　強く撚りをかけた織物用の糸。縮緬などで、凹凸のシボを出すのに使われる。

京袋帯（きょうふくろおび） ⇩P.44　京袋帯は仕立て方で、袋状の名古屋帯と考えるとわかりやすい。長さは名古屋帯と同じで、帯結びは一重太鼓が中心に。格のある柄なら、付下や色無地にも向く。

金銀糸（きんぎんし） ⇩P.42　礼装用の着物や帯に多用される金や銀の金属糸のこと。

銀座結び（ぎんざむすび） ⇩P.94　帯結びの一種。

組紐（くみひも） ⇩P.56　糸、または糸の束を組み合わせて作られた紐。

久米島紬（くめじまつむぎ） ⇩P.130　沖縄県久米島で作られている伝統の紬。紺系、茶系の縞物が多いのが特徴。江戸時代には「琉球紬」といわれた。

繰越し（くりこし） ⇩P.11　着物の部分の名称。

クリップ（くりっぷ） ⇩P.73
久留米絣（くるめがすり） ⇩P.34, 134　久留米市周辺を中心として作られている、絣の木綿織物。紺地に白、または青の細かい絣柄が特色。肌触りがよく丈夫な織物で、庶民の日常衣とされた。

黒留袖（くろとめそで） ⇩P.14　地色が黒の留袖に五つ紋を入れた、既婚女性の正装。裾に華やかな模様のある慶事の着物は、子どもや親族の結婚式などに着用。

けし縫い（けしぬい） ⇩P.173　紋の縫い方の一種。

下駄（げた） ⇩P.64　履物の一種。

格子（こうし） ⇩P.28, 34

高麗組（こうらいぐみ）⇩P.56　帯締めの一種。

コーリンベルト（こーりんべると）⇩P.73, 104　着物を着るときに使う道具の一種。名称はコーリン社の商標だが、一般的な道具名として使われることが多い。

腰紐（こしひも）⇩P.73, 104, 196

腰ベルト（こしべると）⇩P.73

駒下駄（こまげた）⇩P.65　下駄の一種。

小紋（こもん）⇩P.22　繰り返し柄が全体に入った染めの着物。

さ

佐賀錦（さがにしき）⇩P.42　江戸時代から佐賀・鹿島藩の家中で作られてきた手芸品。金銀漆の箔の和紙を細く裁って経糸として、絹糸を緯糸に用い、柄を織り出したもの。長さのある帯を織り上げる技術が上がると、礼装用の袋帯のように扱われるように。

先染め（さきぞめ）⇩P.38

先つぼ（さきつぼ）⇩P.62　履物の部分の名称。

定め柄（さだめがら）⇩P.20

更紗（さらさ）⇩P.177　木綿地に人物・花・鳥獣などの模様を多色で染め出したもの。インドやジャワなど南蛮から渡来した模様染めで、日本独自に発展したものは「和更紗」とも。

三分紐（さんぶひも）⇩P.56　通常の帯締めより細い三分（約1㎝）の紐。帯留めを使うときに用いる。

三役（さんやく）⇩P.20　江戸小紋の格のある柄。

塩瀬（しおぜ）⇩P.60　生糸による絹織物の一種。経糸を密にし、太い緯糸を用いて平織にしたもの。帯地・袱紗（ふくさ）・半衿・羽織地などに使用される。塩瀬羽二重。

下前（したまえ）⇩P.10　着物の部分の名称。

悉皆（しっかい）⇩P.194　白生地を染め出すお誂えや、丸洗い・洗い張り・しみ抜き・お直しなどメンテナンス全般をする業務、または専門とするプロのこと。

シボ（しぼ）⇩P.36　縮緬（ちりめん）、御召、縮（ちぢみ）などの織物で、糸の撚りで、布面に表れる波状あるいは粒状のシワのこと。

絞り（しぼり）⇩P.22　布の一部をつまんで糸でくくったり、板で挟んだりして防染し、染料で染めたもの。「絞り染め」とも。

縞（しま）⇩P.28, 34

染み抜き（しみぬき）⇩P.194　お手入れ方法の一種。

地紋（じもん）⇩P.18　生地に織り出した地文様のこと。織りで文様を描いたもの。

紗（しゃ）⇩P.50, 134　夏の素材で着物や帯に使われる。生糸を用いた絡み織（からみおり）の一種。織り目が粗く薄くて軽い。

ジャカード織機（じゃかーどしょっき）⇩P.26　フランスのJ・ジャカールが考案した紋織に使用される装置の一つ。複雑な織物を動力で織れるようにしたもの。

紗献上（しゃけんじょう）⇩P.50　博多織の紗の夏帯。

社交着（しゃこうぎ）⇩P.16　社交の場で着られる服のこと。

洒落袋帯（しゃれふくろおび）⇩P.42　おしゃれ向きの袋帯の種類。

準礼装（じゅんれいそう）⇩P.14　正装に準ずる装い。訪問着や色無地、江戸小紋など。

正絹（しょうけん）　混じりけのない絹糸、または絹100％の絹織物のこと。正絹の着物は最高級品。

上布（じょうふ）⇩P.36, 134　苧麻や大麻から手紡ぎして織り上げた、薄地の良質な麻織物。「上等の布」の略ではなく、江戸時代に上納品であったことから「上納のための布」からの名称とか。越後上布、能登上布、宮古上布が有名。

白生地（しろきじ）⇩P.39　白糸で織り上げられた生地そのままの反物。

シルクウール（しるくうーる）⇩P.32　ウールと絹の交織の織物。

裾すぼまり（すそすぼまり）⇩P.83　帯下から裾にかけてのシルエットが、広がらず、徐々にすぼまっている状態のこと。

裾回し（すそまわし）⇩P.121　「八掛け」とも。

裾よけ（すそよけ）⇩P.58　腰に巻きつけてまとう、着物の下に着る下着。

背中心（せちゅうしん）⇩P.10　着物の各部名称。

背紋（せもん）⇩P.26　着物の背の縫い目の上部につける紋。一つ紋。

全通（ぜんつう）⇩P.52　帯の全体に模様が入っている柄づけ。

総柄（そうがら）⇩P.23　布地などの全体に文様をつけたもの。

草履（ぞうり）⇩P.62　履物の一種。

袖丈（そでたけ）⇩P.10　着物の部分の名称。

袖幅（そではば）⇩P.10　着物の部分の名称。

袖無双（そでむそう）⇩P.58　表地と裏地が同じ布で仕立てられた袖のこと。気候の変化により、袷の長襦袢よりも袖無双にした単衣の長襦袢が一般化。「無双袖（むそうそで）」とも。

染め（そめ）⇩P.38, 52, 206

染め替え（そめかえ）⇩P.194　お手入れ方法の一種。

染め抜き紋（そめぬきもん）⇩P.173　染め抜いた紋のこと。

た

経糸（たていと）　織物の縦の方向に通っている糸。
⇔緯糸

伊達締め（だてじめ）⇩P.73, 105

畳紙（たとうがみ）⇩P.195　厚い和紙などに折り目をつけた紙で、着物を包むのに使うもの。

足袋（たび）⇩P.61

タレ（たれ）⇩P.11　帯の部分の名称。

反物（たんもの）　和服地の総称。現在の一反の長さは、着尺で幅約36～37cm、長さは12m以上。

縮（ちぢみ）⇩P.36　織面にシワのような、シボのある生地の総称。木綿のものは綿縮といい、夏の肌着に使われる。麻のものは、小千谷（おぢや）縮、絹のものには十日町明石（あかし）縮などがあり、主に盛夏の生地に使われる。

注染（ちゅうせん）　染料を布に注ぎ込む染色法。

鳥獣戯画（ちょうじゅうぎが）⇩P.58　平安後期から鎌倉初期の絵巻、京都高山寺蔵。兎や鼠など、小動物が人のように遊び興ずるさまを描いた墨画。長襦袢や帯の図案として好まれる。

千代田衿（ちよだえり）⇩P.146　衿のデザインの一種。

苧麻（ちょま）　イラクサ科の多年草で、麻糸の原料。「からむし」とも。

縮緬（ちりめん）⇩P.26, 54, 60, 204　絹織物の一種で、表面に細かい凹凸のシボのあるのが特徴。緯糸に強撚糸を使って織り上げた後に、精練することで、撚りが戻ろうとして布面にシボが表れる。

塵除け（ちりよけ）⇩P.144, 146　塵を防ぐこと。また、そのための道具。着物では羽織やコートを指す。

作り帯（つくりおび）⇩P.181　簡単に締められるように結んだ形に加工してある帯。結ぶ部分と胴の部分が分かれる二部式タイプと、切らずに作ったものとがある。「付け帯（つけおび）」とも。

付下（つけさげ）⇩P.14, 16

筒袖（つつそで）⇩P.176　着物の袖の形の一つ。たもとがなく、筒の形をした袖。

綴れ織（つづれおり）⇩P.53　二色以上の色糸を使った緯糸で、糸を綴るようにしてだぶつかせて模様を描く織り方で、平織の一種。綴れ織を使った帯は綴れ帯と呼び、金銀糸を多用した格式のある文様のものは名古屋帯であっても礼装に用いられる。

褄下（つました）⇩P.10, 180　着物の部分の名称。

紬（つむぎ）⇩P.28　着物の種類。

紬糸（つむぎいと）⇩P.28　屑繭（くずまゆ）、または玉繭（二匹の蚕が作った繭）から精練した真綿の状態から、切れることなく撚りをかけて紡ぎ出した絹糸。太くて節がある紬糸で織った生地は、自然の味わいが出る。

て、て先（て、てさき）⇩P.11　帯の部分の名称。

手アイロン（てあいろん）⇩P.77

手描き友禅（てがきゆうぜん）⇩P.22　染めの手法の一つ。

手刀（てがたな）⇩P.77

天（てん）⇩P.62　履物の部分の名称。

胴裏（どううら）⇩P.121　着物の裏地の一種。

道中着（どうちゅうぎ）⇩P.146

胴抜き仕立て（どうぬきじたて）⇩P.121

解き洗い（ときあらい）⇩P.194

飛び柄（とびがら）⇩P.23　模様の間隔をあけて、飛び飛びに柄づけされたもの。

な

長襦袢（ながじゅばん）⇩P.58, 78　着物の下に着る下着。

名古屋帯（なごやおび）⇩P.44, 85, 198　帯の種類。

名古屋仕立て（なごやじたて）⇩P.44

夏帯（なつおび）⇩P.50

夏着物（なつきもの）⇩P.36, 134, 138

捺染（なっせん、なせん）⇩P.26　染料を糊に溶かした色糊で布地に柄づけし、模様を施す染めの技法。

錦、錦織（にしき、にしきおり）⇩P.42　多色の糸で地色と文様を織り出した華やかな織物の総称。経糸で文様を表した「経錦（たてにしき）」と、緯糸で文様を表した「緯錦（よこにしき）」のほか、「唐錦（からにしき）」などがある。

西陣織（にしじんおり）　京都西陣産を中心とした織物の総称。錦、金襴、繻子、緞子などをはじめ、様々な織物がある。

二十四節気（にじゅうしせっき）⇩P.119　節分を基準に一年を24等分して約15日ごとに分けて季節を表す呼称をつけたもの（年によって数日ずれる）。

二重太鼓（にじゅうだいこ）⇩P.90　袋帯で締める基本的な結び方。お太鼓の布が二枚になるので、こう呼ばれる。

二部式（にぶしき）　上下に分けて仕立てられたもの。

二部式コート（にぶしきこーと）⇩P.148

二部式襦袢（にぶしきじゅばん）⇩P.58

縫取織（ぬいとりおり）⇩P.54　もともと縫取（繍い取り）は刺繍の用語。縫取織は縫取風の織物のこと。文様を表す糸を部分的に織り入れて表現される手法で、織り上がった生地が厚く重くならない。

縫い紋（ぬいもん）⇩P.173　紋の一種。

布目（ぬのめ）　布地の経糸、緯糸の織り目。

能登上布（のとじょうふ）⇩P.36　石川県能登地方で生産される伝統の麻織物。紺地や白地に絣などの模様が多い。

は

羽織（はおり） ⇨P.144

羽織裏（はおりうら） ⇨P.144 「羽裏（はうら）」とも。

羽織紐（はおりひも） ⇨P.144 羽織の衿にある紐。

博多織（はかたおり） ⇨P.144 福岡県を産地とする厚地の絹織物、または西陣織と並ぶ帯の産地のことを指す。経糸に細く練った練糸（ねりいと）を強く張り、緯糸に太糸を強く打ち込んだハリのある織物。女性の名古屋帯、男性の角帯、伊達締めにも使われる。

博多献上（はかたけんじょう） 黒田藩が江戸幕府に献上したことが名前の由来。「献上博多帯」とも。仏具の一種である「独鈷（どっこ）」をモチーフにした伝統文様のことを指す場合と、織り上げた帯を指す場合がある。

箔（はく） ⇨P.38 金、銀、銅、プラチナなどの金属をたたき、薄く平らにのばしたもの。着物や帯地に装飾用として使われる。

バチ衿（ばちえり） ⇨P.136 半分に折った状態で縫い留めた衿で、浴衣や木綿着物などに使われる。

八掛け（はっかけ） ⇨P.120, 194 着物の裏地。「裾回し（すそまわし）」とも。

撥水加工（はっすいかこう） ⇨P.148 シリコン樹脂など水をはじく効果のあるものを布に施し、汚れを防ぐ加工。ガード加工とも。

八寸名古屋帯（はっすんなごやおび） ⇨P.44

鼻緒（はなお） ⇨P.62 履物の部分の名称。

羽二重（はぶたえ） 経糸、緯糸ともに撚れていない上質の生糸を用いて織り上げた、光沢のある絹織物。礼服や羽織、羽織裏、胴裏などに用いられる。

半衿（はんえり） ⇨P.60, 204

半襦袢（はんじゅばん） ⇨P.58 長襦袢を簡略化したもので、衿や袖がついた上半身部分だけの襦袢。

半幅帯（はんはばおび） ⇨P.48, 98, 162

菱衿（ひしえり） ⇨P.146 衿のデザインの一種。

毘沙門亀甲（びしゃもんきっこう） ⇨P.184 三つの亀甲を二辺を接するように合わせ、内側の線を除いた形。毘沙門天の鎧（よろい）の鎖が名前の由来。

単衣（ひとえ） ⇨P.120, 122

平組（ひらぐみ） ⇨P.56 帯締め、羽織紐などの組み方の一種で、平たく組まれた組紐。

広衿（ひろえり） ⇨P.136 その名の通り、二倍の衿幅で仕立てたもので、着る際には半分に折って着る。

袋帯（ふくろおび） ⇨P.42, 90, 200 帯の種類。

房カバー（ふさかばー） ⇨P.195

舟形（ふながた） ⇨P.65 下駄の一種。

振袖（ふりそで） ⇨P.14 袖丈の長い晴れ着で、未婚女性の正装。

ベーシックカラー（べーしっくからー） ⇨P.140

兵児帯（へこおび） ⇨P.48 帯の種類。

へちま衿（へちまえり） ⇨P.146 衿のデザインの一種。

防染糊（ぼうせんのり） ⇨P.22 染色の際に、着色を防ぐために施す糊。

訪問着（ほうもんぎ） ⇨P.14, 16

ぼかし染め（ぼかしぞめ） ⇨P.22 濃淡のグラデーションをつける染色法。

補整（ほせい） ⇨P.72, 78, 112 着姿を和の美のシルエットである、なだらかな筒型にするための調整。

本天（ほんてん） ⇨P.62 履物の部分の名称。

本袋（ほんぶくろ） ⇨P.42 表側の生地と裏側の生地とが、一枚の生地で筒状になっている帯地。縫い合わせて袋状に仕立てたものではなく、織る時点で袋状に織られた袋帯のこと。「本袋帯（ほんぶくろおび）」とも。

ま

前幅（まえはば） ⇨P.10 着物の部分の名称。

前結び（まえむすび） ⇨P.84

松葉仕立て（まつばじたて） ⇨P.44, 199 名古屋帯の仕立て方の一つ。

繭（まゆ） ⇨P.39 蚕の作る白い俵形で、生糸の原料になるもの。繭から取り出した数本の糸をつないで連続する一本の生糸を作る。

丸洗い（まるあらい） ⇨P.194 お手入れ方法の一種。

丸ぐけ（まるぐけ） ⇨P.56 布に綿を入れて縫った筒状の帯締め。

丸組（まるぐみ） ⇨P.56 帯締め、羽織紐などの組み方の一種で、丸く編まれた組紐。

真綿（まわた） ⇨P.28, 39 糸にできない屑繭（くずまゆ）を引き伸ばし乾燥した綿（わた）。軽くて強く、暖かい。引き綿・布団綿としたり、紬糸の原料とする。

三河芯（みかわしん） ⇨P.72 三河木綿を用いた衿芯。

三河木綿（みかわもめん） ⇨P.72 愛知県東部で織られた木綿。厚手の生地で、帯芯、衿芯、足袋裏などに使われる。

身丈（みたけ） ⇨P.10 着物の部分の名称。

道長取り（みちながどり） ⇨P.129 色、柄の違ういくつかの模様を、ちぎって貼り合わせたようにコラージュした文様構成のこと。藤原道長が好んだことからの名称とか。

道行（みちゆき） ⇨P.146 和装コートの一種。

三つ紋（みつもん） ⇨P.173

宮古上布（みやこじょうふ） ⇨P.36 沖縄県宮古島で作られる麻織物。苧麻（ちょま）を原料にした糸で、手織りした絣柄が特徴。通気性がよく、丈夫で光沢のある最高級の夏着物。

身八つ口（みやつぐち） ⇩P.10　着物の各部名称。

綿麻（めんあさ） ⇩P.36　綿と麻の交織の織物のこと。

綿コーマ（めんこーま） ⇩P.134　木綿の浴衣地のこと。コーマ生地、コーマ地ともいう。

綿絽（めんろ） ⇩P.134　透け感のある綿と絹の交織の織物のこと。

綟り織（もじりおり） ⇩P.24　「絡み織」とも。

紅絹（もみ） ⇩P.121　紅花で赤、緋色に染めた絹地。昭和初期頃まで、女性の長襦袢や胴裏、袖裏などによく用いられていた。

木綿（もめん） ⇩P.34　綿繊維のこと。綿の着物。

紋つき（もんつき） ⇩P.14　家紋を入れた着物で、礼装に用いられる。五つ紋、三つ紋、一つ紋がある。

や

結城紬（ゆうきつむぎ） ⇩P.28　主に茨城県結城市周辺で織り出される伝統の紬織物。

有職文様（ゆうそくもんよう） ⇩P.18, 209　中国から伝来して日本に定着した格調高い文様のこと。

浴衣（ゆかた） ⇩P.134, 136　夏の遊び着の一種。

裄（ゆき） ⇩P.10, 180　着物の部分の名称。

湯通し（ゆどおし）　お湯に布地を入れ、作る過程でついた糊を落とすこと。

冠組（ゆるぎぐみ） ⇩P.56　主に帯締めで、表が真ん中で半分に割れたような組紐。平安時代に武官の冠に用いられた編み方であったため、この名称に。

楊柳（ようりゅう） ⇩P.204　経糸に強撚糸を用い、縦に柳の葉のようなシボを織り出した縮緬の一種。「クレープ」とも。

緯糸（よこいと）　織物の横の糸。ぬき糸。⇕経糸

芳町（よしちょう） ⇩P.65　下駄の一種。

米沢紬（よねざわつむぎ） ⇩P.159　山形県米沢盆地を中心に織り出される紬織物。江戸中期に藩主・上杉鷹山の奨励で発展。この地ではほかに米沢琉球紬、紅花紬などの産地紬がある。

ら

羅（ら） ⇩P.50　薄く織った絹織物。「羅」は鳥を捕まえる網を意味する言葉とも。紗や絽と同じく絡み織で、織り地に隙間が表れ、透け感が強い。羅の織り技は国の重要無形文化財に指定。

螺鈿（らでん） ⇩P.159　貝殻の真珠色に光る部分を薄片にし、模様を描く工芸技法の一つ。織物のほか漆地や木地の装飾に用いられる。

利休バッグ（りきゅうばっぐ） ⇩P.151　和装バッグの定番。着物に似合う横長型で、帯地や着物地など様々な生地で作られる。

略礼装（りゃくれいそう） ⇩P.14　準礼装を略した装いのこと。行事の軽重や内容に応じて、礼装・準礼装・略礼装を使い分ける。

綸子（りんず） ⇩P.54　絹の紋織物の一種。撚りのない生糸を経糸、緯糸に使って織り出したもので、しっとりと滑らかで、光沢のある生地が特徴。

礼装（れいそう） ⇩P.14　冠婚葬祭など、儀式に出席するための正式な装い。正装であり、準礼装、略礼装より上。行事の軽重や内容に応じて、礼装・準礼装・略礼装を使い分ける。

絽（ろ） ⇩P.50、134　経緯の糸を絡ませて透き目を施した、絡み織の一種。夏帯や夏着物に用いられる織物。絹以外に綿を使った綿絽もある。

六通（ろくつう） ⇩P.52　お太鼓のタレ先から胴まで、約6尺模様がある帯の柄づけ。「六尺通し柄」の略。

絽綴れ（ろつづれ） ⇩P.50　夏帯の一種。

わ

和装ブラ（わそうぶら） ⇩P.72　胸もとのふくらみをなだらかなシルエットにするために着用する、和装用ブラジャー。

輪奈織（わなおり） ⇩P.161　布面に輪奈（ループ）状になった糸で組織した織物の総称。パイル織ともいう。ビロード、別珍（べっちん）、タオル地なども輪奈織が使われる。

本書に登場する空間、店など

この本の制作にあたり、撮影場所や商品掲載など、たくさんの心強いご協力者を得て、紙面を作ることができました。心から感謝申し上げます。

◉ 永青文庫（えいせいぶんこ）

本書の第四章「普段着物でお出かけ」「大人の半幅帯でお出かけ」「ハレ着物のお出かけ（P.168〜169除く）」では、撮影場所としてご協力いただきました。

永青文庫が建つのは、今は遠き武蔵野の面影をとどめる目白台の一画。江戸時代から戦後にかけて所在した、広大な細川家の屋敷跡にあります。

国宝級のすばらしい美術品はさることながら、日本の歴史や物語を深く感じる永青文庫は、着物がとても心地よくなじむスポットです。周辺の自然も豊かで、季節折々に着物でのお出かけを楽しんでください。

DATA

住所	東京都文京区目白台1-1-1
電話	03-3941-0850
開館時間	10:00〜16:30（入館は16:00まで）
休館日	月曜日（祝日の場合は開館、翌火曜日が休館）、展示替期間、年末年始

http//www.eiseibunko.com
旧熊本藩主細川家伝来の美術品・歴史資料、
16代当主細川護立の蒐集品など約10万点を収蔵
※展覧会情報などは随時HPにてご確認ください。

◉撮影協力店リスト ※ご紹介した商品は現在取り扱われていない場合もあります。ご了承ください。

- 梅垣織物 www.umegakiorimono.co.jp
- 衿秀 www.erihide.jp
- OKANO okano1897.jp
- 小川郁子 お取り扱い：日本橋三越本店／銀座三越
- 神田胡蝶 www.zouri.co.jp
- キモノヴィラ京都 kimono-villa.com
- 京絞り寺田 kyoshibori.com
- quirk of Fate www.quirkoffate.com
- 紅衣 KURENAI www.kimonokurenai.com
- こまもの玖 www.komamono-9.com
- 斉藤勝巳商店 京都府京都市下京区 岩上通四条下ル佐竹町393番地
- 坂田織物 www.sakataorimono.com
- 三勝 www.sankatsu-zome.com
- 白イ烏 www.461k.jp
- 竺仙 www.chikusen.co.jp
- 西村織物 www.oriya-nishimura.co.jp
- 日本橋三越本店 mitsukoshi.mistore.jp/store/index.html
- 菱屋カレンブロッソ www.calenblosso.com
- 廣瀬染工場 komonhirose.co.jp
- プリスティン www.pristine.jp
- 前結び宗家きの和装学苑 www.kino-wasou.co.jp
- matohu www.matohu.com
- 結城澤屋 www.yukisawaya.com
- 祐斎 www.yumeyusai.jp
- 弓月・京店 yuzuki-net.jp
- ワタマサ www.watamasa.jp
- Wafure wafure.com

◉参考資料

- 『江戸服飾史』金沢康隆（青蛙房）
- 『家紋と名字』網本光悦（西東社）
- 『冠婚葬祭のきもの事典』家庭画報編集部編（世界文化社）
- 『着物しらべ』稲垣美穂子（読売新聞社）
- 『着物の事典』大久保信子監修（池田書店）
- 『きものの文様』藤井健三監修（世界文化社）
- 『きものの歴史』安田丈一（繊研新聞社）
- 『着物まわりのお手入れ』髙橋和江（河出書房新社）
- 『キモノ文様事典』藤原久勝（淡交社）
- 『キモノを着こなすコツ』笹島寿美（神無書房）
- 『旧暦読本』岡田芳朗（創元社）
- 『旧暦はくらしの羅針盤』小林弦彦（日本放送出版協会）
- 『最新きもの用語辞典』文化出版局編（文化出版局）
- 『昭和のキモノ』小泉和子（河出書房新社）
- 『続々と、旧暦と暮らす』松村賢治＋風力５編著（ビジネス社）
- 『丹波の生活衣』丹波生活衣振興会（北星社）
- 『二十四節気ときもの』中谷比佐子（三五館）
- 『日本の色』福田邦夫（主婦の友社）
- 『日本服飾考』塩谷壽助（金園社）
- 『日本服装史』佐藤泰子（建帛社）
- 『日本服飾史要』江馬務（星野書店）
- 『日本服飾小辞典』北村哲郎（源流社）
- 『服装の歴史』髙田倭男（中央公論新社）
- 『ミセス全集　きもの通　和服篇』浦野理一監修（文化服装学院出版局）
- 『礼装・盛装・茶席のきもの』木村孝（淡交社）
- 『礼服』武田佐知子・津田大輔（大阪大学出版会）
- 『和漢三才図会』寺島良安（平凡社）
- 『新版 和服裁縫ハンドブック』社団法人　日本和裁士会編（社団法人　日本和裁士会）
- 『新版 和服裁縫　上下巻』社団法人　日本和裁士会編（社団法人　日本和裁士会）

木下着物研究所
着る人側と着物を供する側とをつなぎ、現代の感覚にあった暮らし目線で伝える活動に定評がある。講演会やワークショップなどの活動を通し、着物文化の背景にある豊かさを国内外で伝えている。
kinoshitakimono.com

木下勝博（きのした・まさひろ）
木下着物研究所代表、着物コンシェルジェ。IT企業、老舗博多織元にて新規事業開発・取締役を経て独立。大手百貨店・老舗企業などの事業プロデュースを行う。公私ともに毎日着物生活をおくる。著書に『はじめての男着物』（河出書房新社）がある。

木下紅子（きのした・べにこ）
木下着物研究所 女将、着物ブランド「紅衣KURENAI」主宰。和裁技能検定試験成績優秀者。百貨店の企画部門等に勤務後、老舗博多織元の着物ブランドの女将を務める。プライベートもヨガと美容室以外を和装で過ごす。等身大のリアルな着こなしから、着方レッスンは常に満席。すっきりとモダンな着物センスにファンが多い。

編集・構成：おおいしれいこ
ブックデザイン：吉田昌平（白い立体）
撮影（着る人）：大沼ショージ
撮影（着方、静物）：武藤奈緒美
撮影（文様）：木下勝博
イラスト：岡田知子
着付補助：加藤鮎美
校正：ヴェリタ
着る人（敬称略）：木下勝博　木下紅子　玉腰亜古　那須由美子
都田恵理子　Kenneth Massa Case
ご協力（敬称略）：出口ちひろ　橋本久恵　前結び宗家きの和装学苑　村木美奈子

もっと身近《みぢか》に、大人《おとな》の和装《わそう》スタイル
あたらしい着物《きもの》の教科書《きょうかしょ》
2018年4月10日　第1刷発行
2020年3月1日　第4刷発行

著　者　木下着物研究所《きのしたきものけんきゅうじょ》
木下勝博《きのしたまさひろ》／木下紅子《きのしたべにこ》
発行者　吉田芳史
印刷所　図書印刷株式会社
製本所　図書印刷株式会社
発行所　株式会社 日本文芸社
〒135-0001　東京都江東区毛利 2-10-18　OCMビル
TEL 03-5638-1660(代表)
https://www.nihonbungeisha.co.jp/

Printed in Japan　112180330-112200221Ⓝ04(201050)　ISBN978-4-537-21566-3
　編集担当：吉村